KB236365

영상 산업과 문화 연구

영상 산업과 문화 연구

윤선희 지음

영상 산업과 문화 연구

지은이__윤선희
펴낸이__한기철
편집장__이리라 · 편집__이여진, 김유진

2005년 6월 20일 1판 1쇄 박음
2005년 6월 30일 1판 1쇄 펴냄

펴낸 곳__도서 출판 한나래
등록__1991. 2. 25. 제22 – 80호
주소__서울시 송파구 신천동 11-9, 한신오피스텔 1419호
전화__02) 419 – 5637 · 팩스__02) 419 – 4338 · e – mail__editor1@hannarae.net

필름 출력__DTP HOUSE · 인쇄제책__상지사 · 제책__성용제책
공급처__한국출판협동조합 [전화: 02) 716 – 5616, 팩스: 02) 716 – 2995]

ⓒ 2005, 윤선희
Published by Hannarae Publishing Co.
Printed in Seoul.

국립중앙도서관 출판시도서목록(CIP)

영상 산업과 문화 연구 / 윤선희 지음. — 서울 : 한나래, 2005
  243p. ;   23cm. — (한나래 언론 문화 총서 ; 45)

참고문헌
ISBN   89-5566-038-3 94330 : \12000
ISBN   89-85367-77-3(세트)

326.7-KDC4
384.54-DDC21   CIP2005001252

차례

일러두기

· 한글 표기를 원칙으로 하되, 필요에 따라 외국어와 한자를 병기하였다.
· 한글 맞춤법은 '한글 맞춤법' 및 '표준어 규정'(1988), '표준어 모음'(1990)을 적용하였으나 혼
란이 있는 경우는 출판사의 원칙을 따랐다.
· 외국어의 우리말 표기는 개정된 '외래어 표기법'(1986)을 원칙으로 하되, 그 중 일부는 현지
발음에 따랐다.
· 사용된 기호는 다음과 같다.
  신문, 잡지, 영화, 텔레비전 프로그램 등: <   >
  책이름: ≪   ≫

머리말

　　이 책은 지난 4년간 대학에서 '영상 산업' 교과목을 강의하면서 기획한 것이다. 사회적으로 영상 산업에 대한 관심이 광범위한 영역에서 부상하는 데다, 많은 대학에서 영상 산업 관련 과목이 개설되고 있지만, 변변히 참고할 교과서는 없는 실정이다. 부족하나마 나의 연구와 현장 경험을 바탕으로 책으로 묶어내게 되었다.

　　사회적으로 학문적으로 영상 산업에 대한 관심이 높아지는데도 불구하고, 학문적 성과가 출판으로 양산되지 못하는 이유는 영상 산업의 몇 가지 특징 때문이다. 첫째, 영상 산업은 사회적 필요와 관심으로부터 시작해 학문적 관심이 촉발된 것으로 아직 학문적으로 체계를 갖추지 못한 상태이다. 영상 산업에 대한 개념부터가 논쟁의 대상이고, 접근 방법이나 이론에 일반론 또한 확립되지 못한 상태이다. 이런 상황에서 영상 산업을 연구하려면, 관련 분야의 관련 이론을 영상 산업에 적용시켜 보는 수밖에 없게 된다. 이런 의미에서 영상 산업은 다양한 관련 연구에 대한 섭렵과 적용 방법의 개발이 선행되어야 비로소 연구가 가능해진다.

　　둘째, 영상 산업의 학문적 연구의 어려움은 방대한 데이터와 이의 유동성에 있다. 영상 산업을 연구하기 위해서는 광범위한 데이터를 수집, 분석해야 하는 부담이 있음은 물론, 데이터가 하루가 다르게 변화한다는 문제가 있다. 일정 시점에 조사한 결과는 며칠이 지나지 않아 전혀 다른 양상으로 변화될 수 있는 것이 영상 산업 영역이다. 지금 이 책에서 조사하고 분석한 결론들도 내년에는 또 다른 양상으로 변화하여 전혀 다른 결론을 도출해야 하는 경우가 발생할 수 있다. 그만큼 영상 산업은 현실적이며 유동적인 학문 영역이다.

셋째, 영상 산업은 진정한 학제적*interdiscplinary* 연구 영역이며, 새로운 인식론이 반영된 도전적 영역이다. 영상 산업은 커뮤니케이션, 경제학, 경영학, 정치학, 행정학, 법학, 미학, 영화학, 정보 통신학, 사회학, 철학, 미술, 디자인 등 인문 사회, 예술, 공학을 망라한 다양한 학문 영역을 포함한다. 광범위한 분야의 다양한 학문 경향과 지식을 바탕으로 연구가 가능하기 때문에 지식의 상당한 넓이가 요구되는 분야이다. 한편, 영상 산업은 새로운 지식 체계, 즉 인식론적 변화가 반영된 분야이기도 하다. 영상은 논리와 합리성을 근간으로 한 기존의 지식 체계에 저항하면서 새롭게 등장한 인식론에 바탕을 둔 학문 체계로 인식론적 전환을 전제로 할 때, 영상에 대한 이해와 산업에 대한 예측이 가능할 수 있다.

우리나라에서 영상 산업의 진흥 대책이 범국가적으로 모색되던 1990년대 말, 나는 방송진흥원 연구원으로 재직하면서 당시 문화관광부의 방송 영상 진흥 정책의 싱크 탱크*think tank* 역할을 하였다. 당시 영상 산업을 진흥하려는 정책적 요구가 있었으나, 지원 정책에 대한 구체적 개념도 서 있지 않은 상태였다. 프랑스나 캐나다 호주를 비롯한 다양한 국가들의 영상 산업 지원 정책을 참고로 우리 나라에 맞는 지원 정책 모델을 개발하고자 기초 작업을 하였다. 당시에 설계한 애니메이션 진흥 정책과 영상물 수출 지원 정책은 지금도 실행되고 있는 영상 산업 진흥 정책의 중심이다. 또한 1998년에 문화관광부와 함께 설계한 영상 산업 진흥 종합 대책은 이후 이어지는 영상 산업 정책의 기초가 되고 있다.

비판 이론가의 한 사람으로서 영상 산업 진흥을 위한 실제 정책 과정에 참여하면서 스스로 현실 정책에 함몰되는 것을 경계해 왔고,

실제 이론가로서의 이념을 유지하면서 현실주의적 정책 기술을 적절히 적용했다고 나름대로 자부한다. 정책 결정 과정에 다양한 이익 집단들이 개입하는 것은 사실이지만, 한국 영상 산업 진흥을 위해 우리 사회가 공통적으로 극복해야 할 문제들이 있기 때문에, 거시적 목적에 합의점을 찾을 수 있었다.

학계에서 순수 학문적 전통 아래 영상 산업을 이론화하고 방법을 개발하는 것이 나의 역할이라 생각되어, 이제는 현실 정책 과정에는 거의 참여하지 않고 있다. 현실 정책의 관심으로 촉발이 되었지만, 학계나 업계 모두를 위해 보다 체계적인 영상 산업의 이해가 필요할 때라는 생각이 이 책의 두 번째 집필 동기가 되었다. 물론, 무엇보다 후학 양성을 위한 지침서를 만든다는 것이 앞서 언급한 바와 같이 이 책 기획의 첫 번째 이유이다.

책이 나올 때까지 많은 분들의 수고와 도움이 있었다. 우선 이 책의 기획의 주역은 '영상 산업' 교과목을 수강한 한양대 학생들로 그들 모두에게 감사를 드리고 싶다. 특히 신문방송학과 98학번 이하 여러 학생들은 때로는 보석 같은 질문으로, 때로는 멍하거나 지루한 표정으로 설명이 보충되어야 할 부분이 어디인지 훌륭한 반응을 보여 주었다. 또 자료 수집에 직접적인 도움을 준, 한양대 신방과를 이제는 졸업한 김치형, 박현철, 송송이에게 고마움을 전한다. 무엇보다 졸고를 인내심 있게 편집하고 어여쁜 책으로 출간해 주신 한나래 출판사 이리라 편집장 이하 편집진에게 깊은 감사를 드린다. 시련의 수렁이나 기쁨의 고지에서 언제나 한결같이 나와 함께하신 하나님께 모든 감사를 돌리며, 내 인생에 작은 인연으로라도 만난 모든 이들에게도 똑같은 은혜가 함께하기를 바란다.

2005년 6월
윤선희

서론

영상 산업은 우리 사회 발전의 중요 기조로 떠오르고 있다. 특히 우리 사회의 경제적 발전을 위해 영상 산업에 거는 기대는 그 어느 때보다도 높다. 거시 경제적 발전 전략을 바탕으로 국가 경제를 이끌어 온 우리 사회에서, 1990년대 이후에는 국가 경제 발전 전략의 기조로서 문화 산업이 자리 잡고 있다. 장기화되는 경기 불황과 IMF 등 경제 위기를 잇따라 겪으면서, 문화 산업에서 경제 회복의 가능성을 보는 것이다. 영상 산업은 문화 산업의 핵심 분야이며, 영상 산업의 직접적, 간접적 시장 효과가 우리 사회 경제 발전의 기초가 된다는 의미에서 이에 대한 경제적 관심이 날로 고조되는 것은 자연스런 일일 것이다.

영상 산업의 경제적 관심이 높아지는 데 반해, 실제 업계나 정책 결정자와 같은 영상 산업 관계자들은 이를 체계적으로 이해하고, 운영하는 데 어려움을 겪고 있다. 이런 어려움으로 인해, 영상 산업은 위험 부담이 크고 예측이 어려운 '하이 리스크' 산업으로 인식된다. 영상 산업의 높은 관심에 비해, 거대 기업들이 쉽게 진입하려고 하지 않고, 일종의 벤처성 사업으로 인식하여 안정적인 투자가 확보되지 못하는 것도 이런 이유에서이다. 영상 산업이 3고(high risk, high tech, high capital) 특성으로 어느 정도 진입 장벽을 형성하고 있지만, 영상 산업의 고부가 가치성과 광범위한 후방 효과로 인해, 장기적으로는 어느 기업도 이를 외면할 수는 없는 실정이다.

영상 산업이 제공하는 경제적 기회와 위기는 경제 자체만으로 해결할 수 없고, 영상 산업 고유의 특성, 즉 문화재로서의 속성을 이해할 때 비로소 해결할 수 있다. 영상 산업의 고도의 위험 부담은 기존 산업 체계의 경영 원칙이 적용되지 않기 때문인데, 이것은 문화적 이해가 선행될 때 그 방책이 모색될 수 있다. 현재 영상 산업 중 가장 오랜 산업 기반을 갖춘 영화의 경우에도 한 영화가 개봉될 때마다 관객의 반응을 예측할 수 없어, 영화 제작자는 "며느리도 모르는 것"이라며 애를 태운다. 할리우드의 베테랑도 관객의 반응을 예측할 수 없어 수억 달러를 그대로 날리는 경우가 있는 반면, 전혀 예상치 않았던 소규모 영화가 기적적인 '대박'을 터뜨리는 경우도 있다. 이는 경제적 원칙으로만 설명할 수 없고, 그 사회의 문화적 맥락을 매우 예민하게 이해하고 직관력 있게 대처할 때 가능한 일이다.

문화는 현재 경제의 기축이 되는 영상 산업, 문화 산업을 이해하는 데 필수적 요소라는 것은 말 그대로 중언부언일 뿐이다. 문화 연구는 영상 산업의 경제적 예측에 보탬이 될 뿐 아니라, 사회의 장기적 변화와 사회 내부의 역동성을 심층적으로 이해하는 데 필수적인 요소이다. 영상 산업을 경제적으로만 접근하고 문화에 대한 이해가 부족한 현 상황에서 영상 산업의 성공은 낙관적이라 할 수 없다.

영상 산업을 위시하여, 현재 경제와 사회 전반에 문화의 힘이 그 어느 때보다 크게 작용하는 데 비해 문화에 대해 체계적으로 이해하려는 노력이 극히 부족한 실정이다. 현재 커뮤니케이션 분야만 해도 영상 산업이 발전하면서 문화 연구가 날로 번성하기는커녕, 그 중요성에 비해 관심이 다소 시들해지는 경향을 보인다. 문화 연구가 사변적이고 실용적 응용력이 떨어진다는 이유로 도외시하고, 정책 연구나 응용 경제학 수준으로 영상 산업을 풀어나가려는 시도가 성행하고 있다. 현실적으로 경제 체제 자체가 변하여 문화와 경제가 융합하는데, 문화의 이해 없이는 경제적 성공도 보장할 수 없는 것은 명약관화한 일이다.

문화 연구가 사변적이고 비실용적이라는 편견과 달리, 문화 연구는 매우 현실적 학문으로 출발하였다. 경제학이나 일반 과학이 오히려 추상적 학문으로 비현실적 전제에서 출발한 것이라 할 수 있다. 문화 연구가 대변하듯이, 현실의 분석과 설명은 결코 단순한 몇 개의 법칙으로 설명할 수 없는 것이기 때문이다. 인간의 정신적, 감성적 측면과 생활 양식의 세세한 측면들이 문화 연구의 총체적 접근 없이 설명하기는 힘들다. 또한 과거에는 단순한 법칙으로 설명할 수 있는 지배적 담론이 우세한 사회 구성 양식이었다고 해도, 현재는 그만큼 세밀한 차이들이 경제적, 사회적 가치를 갖는 구조가 된 것이다. 이런 맥락에서 문화 연구의 현실적 필요성은 그 어느 때보다 높다.

문화 연구가 하나의 진영을 구성하는 계기가 되었던 영국 문화 연구 전통은 유물론적 기반에서 실천을 학문의 목적으로 하여 출발하였다. 영국 문화 연구의 대들보라 할 수 있는 스튜어트 홀의 연구를 보면, 보수 정치와 문화에 대한 비판이 주류를 이루고 있다. 초기 레이먼드 윌리엄스에서 후기 몰리에 이르기까지 영국 문화 연구는 현실에 보다 근접하게 다가가기 위한 방법론의 개발과 이론의 정립에 많은 노력을 기울였다.

문화 연구가 보다 광범위한 인식론과 철학적 전통을 승계하면서 확대되는 과정 역시 현실 문제에 한층 천착하여 이론의 설명력을 높이기 위한 노력과 다름없다. 구조주의 전통에 쐐기를 박으며 새로운 이론을 정립한 푸코나 데리다, 들뢰즈 등 프랑스 전통의 이른바 포스트구조주의 이론들도, 이들의 난해한 인식론적 논쟁에는 결국 현실을 설명하기 위한 철학적 목적이 밑바닥에 깔려 있는 것이다. 이전의 구조주의 이론에서 추상적 법칙에 의해 사장되었던 일상에서 살아 숨쉬는 인간의 미세한 실천들을 담아내기 위해 새로운 이론틀을 정립하게 된 것이다.

현재 사회, 경제적 기반의 주축으로 떠 오른 영상 산업의 설명력도 문화 연구의 이런 전통에서 구할 수 있다. 영상 산업의 부상은 단순히 천재적 산업가의 발명도, 현명한 정책가의 수완에서 비롯된 것도 아니다. 영상 산업은 현대 문화적 사회 경제적 토대의 변화와 맥을 같이 하여 필연적으로 발전하게 된 것이다. 이런 의미에서 사회 변화의 맥과 문화적 일상성을 심층적으로 이해하지 못할 때 영상 산업에 대한 정책도 경영도 단기적 임시 방편이 될 수밖에 없다.

이 책은 상대적으로 신흥 분야인 영상 산업의 체계적 이해와 이론화를 목적으로 쓰였다. 영상 산업과 문화 연구를 연관시켜, 현재 학계나 업계에서 이해가 부족한 산업의 문화적 측면을 부각시키고자 하였다. 경제의 문화화, 문화의 경제화는 현실에서 필연적으로 융합되어 있고, 이런 현실을 간과했을 때는 부분적 설명은 가능하되, 전체적 이해와 장기적 예측은 불가능해진다.

경제와 문화의 융합이 최근의 현상이라 생각할지 모르지만, 학문적으로는 이미 수십 년 논쟁으로 이어져 풍부한 이론으로 정립된 부분이기도 하다. 커뮤니케이션 분야에서는 정치 경제학과 문화 연구의 논쟁이 그것인데, 토대와 상부 구조, 이론과 현실의 어울리지 않은 동거처럼 각 진영이 학파를 이루어 전쟁을 치르듯 논쟁을 이어 온 것이 사실이다. 현재도 둘이 융합되지 못하고 논쟁을 벌이고 있지만, 과잉된 논쟁의 와중에서 풍부한 방법론과 정치한 이론이 개발되기도 하였다. 많은 경험 연구에서 문화 연구와 정치 경제학이 합병되기 시작하였고, 전통 이론에서 둘의 조화를 찾는 연구들도 속속 등장하고 있다. 마르크스, 푸코, 들뢰즈 등 정파를 떠난 전통 이론에서 문화와 경제가 결코 별거한 적이 없었으며,

둘의 합치점은 이들 이론가들의 주요 관심사이기도 했다.

　　　　이 책에서는 문화 연구의 다양한 이론들과 함께, 전통 경제학, 정치 경제학 등을 포함시켜 영상 산업의 진정한 실용적 이론화를 도모하고자 하였다. 문화 연구의 다소 난해한 이론들이 소개되고 있기는 하지만, 학자는 물론 업계나 정책 결정자에게도 유용한 자료가 될 것이다.

　　　　영상 산업의 사회적 필요성에 부응하여 학문적 체계를 기초화하기 위해 이 책은 크게 세 부분으로 구성되었다. 첫째, 영상 산업 연구를 학문적으로 체계화시키기 위한 장이 그것이다. 이 책의 1부는 영상 산업을 연구하기 위한 이론과 방법론의 개발을 위한 논의의 장으로 할애되었다. 영상 산업의 개념으로부터 영상 산업 연구를 위해 적용 가능한 이론에 대한 논의를 줄기로 장을 구성하였다. 미디어 경제학과 미디어 정치 경제학을 중심으로 영상 산업에 적용 가능한 이론들을 사용하여 이론화를 시도하였다. 그리고 영상 산업의 기초 단위에 대한 다양한 이론의 접근법을 비교 설명한 바, 시장과 정책에 대한 논의가 그것이다. 영상 산업에 접근하기 위한 이론틀로는 주류 이론과 비판 이론을 모두 소개하고 이론적 입장에 따라 영상 산업 연구의 상이한 방법론들을 개발하고자 하였다.

　　　　둘째, 영상 산업의 현황과 방향을 진단하고 예측하는 것을 목적으로 장을 구성하였다. 이에 대한 논의는 2부의 주요 내용이며, 현재 변화하고 있는 방송, 영화 등 기존 미디어의 방향을 콘텐츠의 측면에서 접근하고, 새로운 콘텐츠 개발에 따른 미디어의 통합적 연구를 바탕으로 영상 산업의 현황과 방향을 분석하고 있다. 영상 산업의 기대주로 주목받고 있는 애니메이션과 게임 산업에 대한 장을 추가하였다. 영상 산업의 발전으로 기존 미디어와 뉴 미디어가 모두 변화하고 융합되는 현 시점에서 영상 산업의 체계적 연구는 현장이나 학계에나 유용한 자료가 될 것이다.

　　　　셋째, 영상 산업의 발전이 문화적으로 우리 사회에 어떤 의미와 영향을 주는가를 파악하기 위해 보다 심층적인 학문적 논의가 필요하다. 영상 산업은 경제적 가치로 구가되기 시작했지만, 필연적으로 문화의 산물이며 문화의 토대 위에 있다. 영상 산업의 문화적 측면을 간과한다면, 사회 전반에 끼치는 부작용을 피할 수 없으며, 장기적으로 경제적 가치도 산출할 수가 없게 된다. 영상 산업의 문화적 의미를 논의하기 위해 3부에서 방송, 영화, 애니메이션 산업의 문화적 권력의 측면을 각 장에서 다루었다. 현재 문화 연구 영역에서 가장 논의가 많이 되고 있는 포스트식민주의 이론을 적용하여 우리 사회에서 발전하는 영상 산업이 세계 권력 구도에서 어떤 의미를 생산하고 있는지를 살펴보았다. 이 책의 3부는 다소 난이도가 높은 이론을 영상 산업에 적용한 연구로 구성되어 영상 문화 연구의 초보자에게는 접근이 어려울 수 있다. 초보자의 경우는 1, 2부를 중심으로 공부하고, 영상 산업과 문화 연구에 경험이 있는 독자의 경우 3부까지 참고로 하면 될 것이다.

1부

영상 산업의 이론과 연구 방법

1

영상 산업의 이론과 방법

1. 영상 산업의 부상과 영상 문화

21세기 새로운 밀레니엄이 열리면서 영상 시대, 멀티미디어의 시대로 대변되는 현 세대에 영상에 대한 기대는 한층 높아지고 있다. 영상은 차세대 산업의 희망으로 또 차세대 문화의 핵심으로 인식되고 있다. 정부에서 미래를 이끌 10대 중점 산업으로 발표한 산업 부분도 다수가 영상과 관련된 것이다. 흔히 영화에서나 보는 미래의 생활 양상은 영상 산업을 근간으로 한 것이다.

영상은 산업적으로 또 문화적으로 새로운 세기의 개념으로 떠오르고 있다. 청소년층은 스스로를 영상 세대라고 지칭하면서 이전 세대와의 차이를 강조하기도 한다. 기존의 규칙과 범례를 따르지 않는 톡톡 튀는 삶의 양식을 대변하는 영상 세대의 문화는 때로는 의혹과 우려의 시선으로, 때로는 미래의 희망의 시선으로 바라보는 것이 사실이다.

이렇듯 영상은 새로운 세기의 새로운 키워드로서 가파르게 부상하고 있다. 영상은 과연 무엇이고, 영상이 이토록 급격하게 부상한 이유는 무엇일까? 사실상 영상이 오늘날과 같이 부상한 지는 그리 오래지 않으며, 영상이라는 말 자체가 사회에 회자된 지 불과 10년이 지나지 않았다. 학문적으로도 영상은 아직 체계화되지 않은 초기 개념 수준에 그치고 있다. 이렇듯 영상이라는 새로운 개념이 사회 관심의 초점이 된 것은 우연한 일이 아니고, 경제적, 기술적, 문화적, 사회적인 다양한 이유들이 작용하기 때문이다.

영상이 오늘날과 같은 유행어가 된 것은, 첫째로는 산업적 관심에서 기인한다. 영상의 산업적 가치를 이해하기 위해서는 근대 사회의 경제 구조의 기반과 그의 변화 양상을 이해하는 거시적 시각에서 출발해야 한다. 근대 사회의 기본 구조는 19세기 산업 혁명을 기초로 형성되는데, 이때 형성된 자본주의 체제의 기본 구조는 공장 시스템과 대량 생산 체제를 중심으로 유지되어 왔다. 19세기 산업 혁명으로 이전의 공동체적 생산 관계가 와해되고 산업적 분업화가 이루어지는 기초가 형성되었고, 그 후 한 세기 동안 근대화는 전 지구적 차원으로 확대되고 자본주의의 물적 구조도 최대한으로 발전하여 역사의 어느 시기에도 비견할 수 없을 만큼 폭발적인 생산력을 보이게 된다.

그러나 20세기 중반에 이르러 폭발적 생산력을 자랑하던 전통적 경제 구조는 이제 퇴화의 길을 맞게 된다. 대량 생산 체제를 근간으로 한 제조업 중심의 산업은 물적 풍요를 보장하여, 소비 시장이 충족되자 더 이상 근대화 초기와 같은 생산력의 증가를 보이기 어렵게 되었다. 이때 근대화의 핵심에 선 제조업 중심의 산업 구조가 변화를 보이게 된다. 이제 생산력의 동력은 제품의 생산 확대가 아니라, 새로운 수요 창출로 끊임없는 생산력의 확대를 유도해야 하는 것이다. 즉, 소비자에게 필요한 제품은 이미 공급이 되어 있기 때문에, 소비자의 단순한 필요를 넘는 새로운 가치 창출로 끊임없는 새로운 수요를 창출해내야 한다. 그렇지 못하면 소비의 감소가 생산의 퇴화를 초래하여 자본주의 사회의 근본이 와해되게 되는 것이다. 이와 같이 경제 사회의 근본을 유지할 새로운 수요 창출의 동인이 되는 것이 다름 아닌 영상 산업이다. 즉, 우리의 가정에서 필요한 가전 제품인 세탁기·냉장고·텔레비전 등은 이미 광범위하게 공급되어 있다. 세탁기가 단순히 세탁하기 위한 것이고, 냉장고가 단순히 음식을 저장하기 위한 것이라면, 20~30년 동안 가전 제품의 수요는 창출되지 않을 것이다. 이때 영상 산업은 기존 제품의 수명이 다하기 전에 새로운 수요를 창출하는 데 기여하게 된다. 광고를 통해 전달되는 신제품의 고급스런 이미지는 소비자로 하여금 단순히 가전 제품의 기능이 아니라, 이미지를 사게 만든다. 또 새로운 제품이 선보이는 세련된 디자인과 색채 등은 모두 영상 산업이 적용된 산업 부분이다. 1년이 멀다하고 핸드폰이 교체되고, 멀쩡한 컴퓨터가 내다 버려지고, 방송 시청에 큰 지장이 없는 텔레비전이 고물상에 쌓이게 되는 것은 단순히 기능 향상에만 기인하는 것이 아니고, 새로운 이미지를 소비하려는 소비자의 심리를 자극한 데서 기인하는 것이며, 이런 자극을 제공한 것이 다름 아닌 영상 산업이다.

근대화 이후 산업의 중심이 되어왔던 자본주의의 기본 구조가 변화를 보이면서 영상 산업에 대한 관심이 높아졌다. 이러한 변화 양상을 혹자는 제3의 물결 혹은 정보화 사회로, 혹자는 후기 자본주의로 혹은 탈근대 사회로 부르기도 한다. 주류 학파와 비판 이론가들의 입장은 다르지만, 모두 20세기 후반 사회 변화를 감지한 이론들이다. 이런 사회 변화에 핵심에 선 것이 영상 산업이다.

사회 변화를 가장 거시적으로 접근하는 마르크스주의적 정치 경제학에서는 이른바 후기 자본주의의 변화 양상이 자본주의 생산 양식의 변화를 의미하는 것은 아니라고 비판한다. 제3의 물결, 정보 사회, 탈근대 사회가 새로운 생산 양식을 구성하고 자본주의의 권력 구조가 해체되었다는 주장에는 정치 경제학자들 사이에서 비판이 제기된다. 후기 자본주의 단계에서 자본주의의 권력 구조 자체가 변화하였다고 보기는 어렵지만, 가치의 전유 방식, 가치 생산의 유형이 변화된 것은 사실이다. 과거 제조업 중심의 산업 자본주의가 규모의 경제와 분업을 바탕으로 한 가치의 전유 과정이라고 본다면, 후기 자본주의의 생산 과정은 지식과 정보 기술이 근간이 되는 영상 산업이 가치의 창출에 핵심에 서게 되는 것이다. 정치 경제학적 시각에서 볼 때 생산 양식이 후기 자본주의에서 변화를 보이는 바 산업 자본주의에서의 생산 관계가 변형된 형태로 나타나게 된다고 볼 수 있다.

후기 자본주의의 생산 양식의 변형에 의해 생산 과정이나 소비 과정은 보다 복잡해진다. 영상 산업의 생산 원리는 고전 경제학에서 말하는 경제 원칙에 의해 운용되지 않는다. 생산 과정이나 소비 과정 모두에 경제와 문화가 서로 얽혀서 중요하게 작용하게 되는 것이다. 즉, 고전적 정치 경제학에서 주장한 토대와 상부 구조의 뚜렷한 구별이 와해되고, 경제와 문화의 관계도 보다 중층적으로 나타나게 되는 것이다. 예를 들어, 젊은이들의 휴대폰 과다 수요와 잦은 교체는 이른바 기술적 기능이나 경제적 가치로 설명할 수 없는 광범위한 문화적 현상이다. 10대 청소년이 가족 구성원 가운데 가장 값비싼 핸드폰을 구매하고, 가장 많은 이용 요금을 지불하는 현상은 소득이나 기능, 생산성으로 설명할 수 없는 청소년층의 문화 가치, 생활 양식과 관련되는 것이다. 여기서 경제와 문화를 나누어 설명하는 것이 불가능하며, 어느 한쪽을 부가적 현상으로 통제 변수로 설명한다면 현실을 있는 그대로 파악할 수 없게 된다. 이런 변화된 현실을 정확히 이해하기 위해서는 경제와 문화를 동시에 파악할 수 있는 새로운 이론틀이 필요하다. 기존의 경제 이론으로는 문화의 중요성을 파악할 수 없고, 한편 문화 이론은 거시적 정치 경제 구조를 파악하기에는 지엽성에 치우치는 한계를 드러내기 때문이다. 그러므로 이 책에서는 영상 산업을 변화된 사회 경제, 문화적 맥락에서 파악하기 위해 새로운 이론틀을 제시하고자 한다.

둘째, 영상 산업이 부상되는 것은 단순히 경제적 필연성뿐만 아니라, 문화적 현상에 기인한 것으로 볼 수 있다. 영상 산업에 대한 최근의 관심은 하늘 아래 새로운 현상이 아니라, 역사적으로 억압되어 왔던 영상 이미지에 대한 관심의 부활이라는 사실에서 출발해야 한다. 영상 산업은 과거 문자 중심주의에 의해 억압되었던 영상에 대한 관심이 다시 부활하면서 영상의 경제적 가치도 따라서 부활한 것이다. 현재 인류의 문명은 대부분 문자 중심주의가 너무나 강력하기 때문에, 문자 언어에 의한 의사 소통이 자연스럽고 당연하고 유일한 것으로 여겨지고 있다. 문자가 없으면 사람 사이에 의사 소통이 불가능할 것이라고 생각하기 쉽지만, 문자 탄생 이전에는 영상 언어가 의사 소통과 자기 표현의 중심이 되어 왔다. 선사 시대의 동굴의 벽화나 과거 화려했던 잉카 문명이나 호주 원주민의 문화를 통해 과거에는 영상이 생활의 중심이 되었음을 알 수 있다(Kress & Leewen, 1997).

영상이 의사 소통의 중심에서 밀려나 문자 언어의 보조 수단으로 전락하게 되는 것은 단순히 문자 언어가 의사 소통에 보다 적합한 수단이기 때문은 아니다. 의사 소통의 수단으로서 영상과 문자는 각각 장단점이 있다. 문자가 영상보다 우월한 점은 표현의 경제성, 기록과 보관의 가능성, 보편적 표현의 가능성이라 볼 수 있다. 즉, 문자는 사람이 표현하고자 하는 것을 몇 개의 단어로 경제적으로 표현할 수 있다. 두 사람이 만나 몇천 볼트의 벼락을 맞은 듯 멍해지고, 가슴 밑바닥에 나비가 꿈틀거리듯 두근거리고, 이상한 나라의 앨리스보다 더 신비한 세계에 돌입되는 듯한 복잡 미묘한 감정을 우리는 '사랑'이라는 한마디 언어로 표현한다. 이런 복잡 미묘한 감정 전체를 정확히 표현하지는 못하겠지만, 사랑이라는 한마디로 그 심정은 경제적으로 전달된다. 그러면 그것을 듣는 사람도 어떤 심정일지를 대충 추측하게 되고, 이 한마디가 일생을 바꿀 약속도 되는 것이다. 이런 표현의 경제성은 문자 언어가 가진 장점이며, 이것이 보편적 의미로 타인에게도 전달되는 것이다. 이와 같이 간단한 표현들은 물리적으로 쉽게 기록되고 보관될 수 있다.

반면 영상의 장점은 풍부하고 구체적인 표현의 가능성, 이해의 용이함, 다양한 해석의 가능성이다. 즉, 영상은 따로 배우지 않아도 언어가 다른 민족 간이나 문맹자층에도 의사 소통이 가능하다. 언어가 다른 외국을 여행할 때도 간판에 그려진 음식의 그림을 보고 식당인지 알게 되어 굶주림을 면하게 되고, 박물관 앞에 사진기에 빨간 줄이 간 표지판을 보고 사진을 찍으면 안 된다는 표현인지 이해하여 망신 당하는 일도 면하게 된다. 또 박물관을 가득 메운 온갖 그림과 조각품 등을, 시대가 다르고 언어가 다르지만 그 가치를 감상할 수 있게도 된다. 이같이 이해가 용이한 것이 영상의 장점이다. 또한 영상은 풍부한 의사 표현의 수단이며 보는 이에도 다양한 해석이 가능하기 때문에 예술적인 자기 표현의 수단으로도 사용될 수 있다. 앞서 예를 든 사랑을 영상으로 표현한다면 간단한 한마디의 분량으로 절대 표현할 수 없을 것이다. 우리가 클림트의 유명한 그림에서 사랑을 느끼고, 예수를 안고 있는 마돈나의 그림에서도 사랑을 알 수 있지만, 이것은 결코 한마디로 표현할 수 있는 것이 아니며, 사랑이라는 보편적 개념으로 표현하지 못하는 구체적인 의미들이 체화된 것이다. 영상은 보는 사람에 따라 다양한 의미를 가질 수 있어, 클림트의 그림 〈키스〉에서 충만한 행복감을 느끼는 사람도, 유혹의 그림자를 보는 사람도, 슬픈 운명을 느끼는 사람도 있을 수 있어 해석은 각각 다르게 나타난다.

이와 같이 영상은 풍부하고 구체적인 표현이 가능하고 이해가 용이한 장점이 있다. 그러나 문자에 비해 표현의 경제성이 떨어지며, 보편적 표현의 가능성도 떨어진다. 이로 인해 기록이 어렵고 광범위한 전달 수단으로 적합하지 않은 단점을 보이게 된다.

영상과 문자가 의사 소통의 수단으로서 각자 가진 장단점에도 불구하고, 현재 인류 문명에서 문자가 의사 소통의 중심에 서게 된 것은 단순히 기능적인 문제가 아니고, 문명사적 발전 방향과 관계가 있다. 즉, 문자 언어는 서구 문명의 이성 중심주의와 맥을 같이 하고 발전하게 되었으며, 특히 근대화 이후 사회 통합과 통치에 적절한 수단이 되었기 때문에 발전하게 된 것이다. 공동체를 중심으로 분산 경제 체계를 이룬 중세 봉건주의가 몰락하면서 사회는 광역화된 경제 체계와 이를 통치할 국가를 민족 단위로 통합해야 할 필요성에 직면하게 된다. 이를 뒷받침해 준 것이 15세기 활자의 발명이며, 이것이 문자 언어 보급에 기폭제가 된다. 한국의 활자가 구텐베르크의 것보다 더 오래되었다는 것이 세계적으로 입증되었지만, 구텐베르크가 문명사에 끼친 영향력은 발명의 시기가 중요한 것이 아니라는 것을 말해 준다. 서구에서 활자는 사회 변화의 맥을 타고 급속하게 보급되었으며, 서구 문명의 핵심에 서게 된다. 문자의 광범위한 보급에 이정표를 마련한 것은 근대 자본주의의 기축을 이루는 절대 국가 단계를 거치면서이며, 이때 문자는 언어로서 유일한 수단으로 여겨질 정도의 기득권을 갖게 된다. 이는 문자 언어가 사회 권력의 수단으로서 활용된 것이며, 소유권을 공고히 하기 위한 기록의 필요성에 따라 문자 중심주의 문명을 확립하게 된 것이다. 문자에 비해 영상 이미지는 그 기호의 다의성에 의해 획일적인 해석과 통제에 적절하지 않아 억압되는 역사적 과정을 거치게 되었다(Barthe, 1983).

문자 중심주의 문명권에서 영상 이미지는 희화화되거나 유희화되는 경향을 보이게 된다. 만화를 즐기는 어린이들을 유치하다고 보고, 텔레비전 시청에 빠져 있는 어린이에게 공부를 못하게 될 것이라고 우려를 나타내는 어른들의 가치관도 부분적으로는 이런 문화적 편견이 반영된 것이라고 볼 수 있다. 영상이, 문명의 중심이 아니라 3류 문화의 대명사로 인식되는 문화 풍토에서, 주류 문화에 편입하기 위해서는 문자에 능해야 되고, 영상에 탐닉하는 것은 이에 대척점이 되는 하류 문화로 인식하게 된 것이다. 게임을 하려는 자녀와 이를 말리려는 부모와의 다툼은 어느 가정에서나 볼 수 있는 풍속도가 되었으며, 만화나 텔레비전의 경우도 마찬가지로 가정 내 불화의 원인으로 작용하기도 한다. 만화나 쇼 게임에 대한 사람들의 인식과 태도가 부정적인 것이나, 이러한 영상 문화의 내용과 용도가 주류 지식의 결정물이 아니고, 점점 변방화된 것도 이런 문화적 권력의 결과이다. 영상은 주류 지식과는 상반되는 천한 유희거리로 인식되는 것이 아직까지의 현실이다.

또한 문명사적으로도 서구적 세계관에서는 비서구 국가의 영상 중심의 문명이 모두 '미개,' '원시'로 명명되어, 비서구 국가를 서구식 근대화와 발전의 맥으로 일방적으로 편입시키려 했던 것이 제국주의 시대 이래 국제 관계였다. 아메리카 대륙의 위대한 발견자인 콜럼버스가 남미를 발견한 후 잉카 문명의 빛나는 결정체들을 모두 부수고 녹여 금괴를 만들어 스페인으로 이동했다는 역사는 유명하다. 문자가 없었던 잉카 문명은 영상을 통해 풍부한 문명을 이루어 내었으며, 이것이 그들의 조각과 그림 등 문화재 속에 그대로 자리잡고 있었던 것이다. 서구인의 시선으로는 영상 문화의 중요성이 이해되지 않고, 단지 미개한 것으로, 정복과 교화의 대상으로만 여기게 된 것이다. 남미에서 아프리카에서 아시아에서 서구인들이 자행한 제국주의의 역사는 경제적 필요와 더불어 영상 문화에 대한 몰이해가 초래한 결과이기도 하다.

셋째, 근래에 영상 산업에 대한 사회적, 문화적 요구가 어느 때보다 높아진 것은 기술 발전에서 기인한다. 이는 기술의 발전에 따라 영상 이미지의 다의성과 풍부성이 기록되고 재생산될 수 있는 기술적 기반이 특히 영상 매체와 컴퓨터 커뮤니케이션의 발전에 힘입어 가능하게 된 것이다. 과거 문자의 장점이던 기록성과 보관의 용이성이 이제 영상에도 통하게 되엇다. 과거에는 문자를 통해 한 단어로 기록된 의미가 영상으로는 A4 크기의 종이 한 장으로도 표현하기에 부족하고, 영상은 문자에 비해 수백 배의 종이나 메모리가 필요하여 기록이 불가능하였다. 하지만 이제는 기술의 발전으로 그 한계를 극복할 수 있게 되었다. 컴퓨터를 통한 압축과 저장 기술의 발전으로 수백 배의 메모리가 필요한 영상을 문제없이 소화할 수 있게 되었으며, 문자보다 더 재미있고 더 풍부한 표현이 영상의 장점을 기술적 제약 없이 수용할 수 있게 된 것이다. '졸업'이라는 글자 대신에 밀가루를 뒤집어쓴 사진을 직접 찍어 인터넷이나 휴대폰을 통해 순간적으로 전달할 수 있다. 훨씬 구체적이고 생생한 영상이 재미와 의미의 사실성을 담아 전달할 수 있는 것은 물론이다. 불과 10년 전만 해도 컴퓨터를 통해 사진 한 장을 다운 받으려면 여러 장의 디스켓을 동원해야 했던 데 비해, 이제 훨씬 편리하게 영상의 표현과 전달이 가능해진 것이다. 기술적 발전은 영상의 단점을 완화시킬 수 있게 만들어 영상이 부상하게 되는 근거로 작용한다.

넷째, 영상 산업이 부상하게 된 것은 경제적 기반뿐 아니라 인간의 지적 기반, 즉 인식론의 변화에서도 기인한다. 서구 철학의 기반은 로고스, 즉 이성 중심주의에 있다. 물론 서양 철학이 태동한 그리스 시대에는 다양한 철학적 인식이 상존하였다. 이것이 소크라테스, 플라톤, 아리스토텔레스로 이어지는 이성주의가 주류로 이어지고, 그 외의 것은 이른바 궤변론으로 차별되면서 그리스 시대 이후의 서구 철학은 이성 중심주의에 기초하게 된 것이다. 그리스 시대부터 정착된 서구의 중심 철학은 수세기 동안 면면히 내려와 이성 중심주의에 역행하는 철학은 쇼펜하우어, 니체, 베르그송 같은 극소수를 제외하고는 거의 찾아보기가 어렵다. 이것이 20세기 후반에 와서 새로운 양상을 보이는데, 이성 중심주의에 정면으로 대항한 이론들이 속속 등장하게 된다.

미셸 푸코는 이성 중심주의를 기초한 서구 철학의 전 체계를 진리가 아닌 하나의 권력으로 파악하고 비판하면서 새로운 인식론을 이끌었다. 푸코에 이어 데리다, 들뢰즈 등 일군의 철학자들은 지식을 새롭게 접근하면서 지식과 문화에 뿌리 깊은 권력의 측면을 고발하고 있다.

이 사상이 가장 극단적인 형태로 전개된 것이 포스트모더니즘이다. 포스트모더니즘에 이르러서는 비판의 근거조차 상실하는 극단적 상대주의로 흘러 오히려 사회적 권력에 그대로 포섭되는 양상을 보이기도 한다. 포스트모더니즘이 체제 유지적인 보수성을 보인다는 비판을 받게 되기도 하지만, 원래 의도는 주류 인식론에 전제된 권력의 측면을 비판하기 위해 출발한 것이다.

20세기 후반에 일어난 인식론의 변화는 서구 철학의 이성 중심 주의를 넘는 새로운 유형의 인간주의, 감성주의가 눈뜨면서이다. 이른바 '포스트' 사상은 이성 중심주의의 서구 사상이 지식을 통해 행사해온 권력에 대한 총체적 반성으로 해체주의를 표방하게 된다. 이에 따라 사회 권력 의지 기반으로 공고화된 문자 중심주의도 비판을 받는다. 공식적이고 보편적이며 논리적인 근거를 전제로 한 문자는 새로운 사회 변화 속에서 인간의 인식을 대변하는 데 유일한 우월성을 확보하지 못하게 된다. 일상적, 즉각적 말, 복합적 영감적 이미지의 다의성이 새로운 가능성으로 자리매김하게 되는 것이다(Derrida, 1978). 포스트모던적 영상 이미지의 추앙은 사실 이와 같은 기존 사상에 대한 저항 의식을 담은 것이라고 볼 수 있다. 영상에 대한 사회적 미학적 요구도 이런 맥락에서 두드러지게 된 것이다.

영상 산업이 부흥하게 되는 인식론적 변화는 비단 몇몇 철학자들의 유식한 이론서나 식자층의 지적 논쟁에만 국한된 것은 아니다. 철학적 지식이 전혀 없는 일반인들 사이에서도 생활 속에서 인식론의 변화는 반영되는 것이다. 예를 들어, 이른바 영상 세대로 대변되는 젊은이들과 기성 세대와의 많은 갈등은 이러한 인식론의 변화를 반영한다. 부모들과 자녀들의 대화는 서로의 이해로 끝나기보다는 일방적인 '잔소리'나 윽박지름으로 끝나는 경우가 많은데, 기성 세대가 생각하듯이 요즘 젊은이들이 버릇이 없어서가 아니고 많은 경우 서로의 사고 방식이 다르기 때문이다. 기성 세대는 흔히 '왜'를 다그치면서 논리적인 근거와 뚜렷한 목적 의식을 원하는데, 영상 세대는 '그냥'이라고 대답한다. 이런 상이한 사고 방식에 의해 서로를 인정하지 않는다면 대화란 이루어지기 어렵다. 영상 세대는 과거 산업 사회의 근거인 논리와 합목적적 행위 양식과는 다른 인식으로 생활 양식을 지탱하고 있다. 논리 중심주의를 넘는 이유 없는 즐거움, 아름다움, 감성을 찾고 이를 추구하는 인식론의 변화를 보이는 것이다.

포스트모더니즘은 철학뿐 아니라 대중 예술의 형태로 우리 일

그림 1-1. 포스트모던 광고의 예(클라이드 TV 광고)

상 생활에까지 들어와 있다. 포스트모던 영화, 포스트모던 광고와 더불어 패션, 음식, 건축에 이르기까지 포스트모더니즘의 영향이 없는 분야가 없다고 해도 과언이 아니다. 물론 여기에는 기능보다 영상 이미지가 강조된다. 포스트모던 광고에서는 제품의 기능이나 우월성을 설명하는 것이 아니라, 뜻 모를 이미지들이 15초 동안 등장할 뿐이다.

퓨전으로 대변되는 포스트모던 음식에는 맛보다는 멋이 강조되고, 포스트모던 건축은 내구성 같은 건축적 기능이 아니라 녹슨 철제를 붙이기도 하고 건물을 기울여 위태롭게 보이기도 하면서 논리와 기능을 해체하는 새로운 미학을 강조하기도 한다.

이런 포스트모던 대중 예술은 논리에 식상한 영상 세대의 감성을 사로잡아 상업적 성공을 이루게 된다. 이로써 영상 산업은 인간의 의식주를 비롯한 모든 생활 양식에 깊숙이 파고들어 산업적 영역을 확대하고 있다. 단순한 기능과 필요가 아니라 좀더 멋있고 파격적인 것을 통해 감성적 만족도 같이 추구하는 영상 세대들에게 영상의 산업적 가치는 날로 높아가게 된다.

2. 영상 산업의 개념

영상 산업에 대한 사회적 관심이 폭발적으로 증가하고 있다. 영상의 산업적 가치에 무관심하던 시절에 나온 "<쥬라기 공원> 한 편이 자동차 수출 300만 대의 가치를 지닌다"라는 말은 영상에 대한 관심이 사회 전체적으로 높아진 이제는 식상할 정도이다.[1] 하지만 불과 10년이 지나지 않아 이제 한국 영화는 내수 시장에서 1000만 관객 동원을 이루어 냈다. 세계 3대 영화제에서 한국 영화가 잇달아 감독상을 수상한 것은 작품성에도 국제적인 명망까지 얻고 있다는 것을 증명한다. 또한 방송물 수출이 본격화된 지 5년도 채 지나지 않아 아시아의 시청자를 사로잡은 '한류' 열풍이 뜨겁게 타오르고 있다.

그러나 우리의 영상 산업이 단기간 내에 폭발적인 성과를 보인 데 반해, 실제 체계적인 이론화나 정책 노선의 확립, 산업적 운영의 노하우는 채 개발되지 못한 것이 현실이다. 영상 산업에 대한 개념조차 확립되어 있지 않으며, 영상 산업을 어떻게 운용하고 예측할 것인가에 대해서 체계가 서지 않은 상태에서 주먹구구식으로 운영되는 것이 사실이다.

그러면, 영상 산업은 어떻게 정의되며, 그 범위는 어디까지로 볼 수 있을까? 영상 산업은 미디어를 통해 유통되는 시청각물과 그의 파생물을 포함한 것으로 정의할 수 있다. 유럽식 개념은 시청각 산업*audio visual industry*이고, 미국식 개념은 콘텐츠 산업*content industry*이다. 여기서 미디어는 방송*broadcasting*(유통의 대상이 불특정 다수), 내로캐스팅*narrowcasting*(유통 대상이 특정 소수), 퍼스널캐스팅*personalcasting*(유통 대상이 특정 개인)을 포괄하는 개념으로 볼 수 있다. 이와 같이 다양한 미디어가 영상 산업에 포괄된다.

영상 산업은 과거 미디어 산업을 기초로 새로운 요구에 의해

---

1. 당시 '<쥬라기 공원>론'에 비판 의견도 만만치 않았다. 할리우드이기 때문에 가능한 일이지 한국에서는 자동차 1000만 대 수출은 가능해도 <쥬라기 공원> 같은 영화를 만들 수는 없다는 것이다.

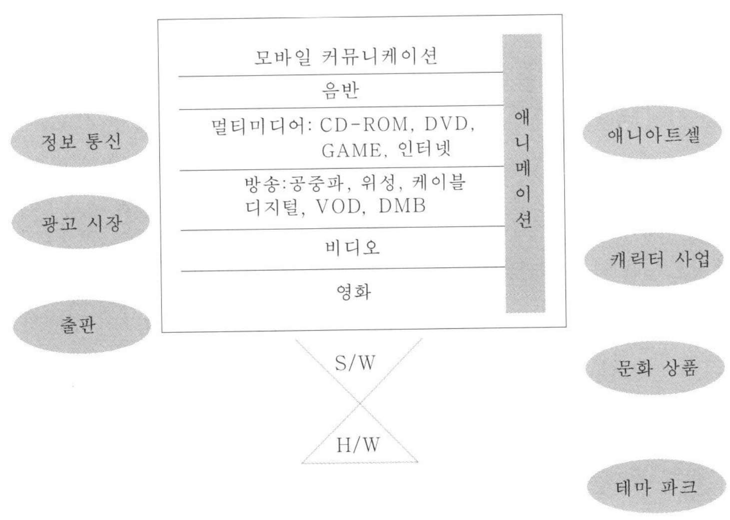

발생한 새로운 개념의 산업이다. 미디어 산업은 100여 년의 역사를 가지고 지속적으로 존재하여 왔지만, 현재 기술 발전과 문화 사회적 변화로 미디어가 융합되고 새로운 매체들이 출현하게 되면서, 매체의 구분을 넘는 소스로서의 영상 산업에 대한 요구가 높아지게 된 것이다. 영상 산업은 특정 매체를 넘는 유통의 윈도를 형성하여 자체적 산업 가치를 갖고, 간접 시장을 형성하여 다양한 경제적 가치와 후방 효과를 양산하게 된다.

영상 산업은 직접 시장과 간접 시장으로 구성되는데, 직접 시장은 영화, 비디오, 방송, 멀티미디어, 음반을 포함하는 것으로 구성된다. 영상 산업의 간접 시장은 문화 상품, 캐릭터 사업, 출판, 정보 통신, 테마파크 등 영상 산업과 관련된 것으로 영상 산업의 제작과 유통 과정에서 생겨난 파생물로 구성된다. 영상 산업의 높은 연관 효과와 시너지 효과로 인해, 새로운 세기의 첨단 고부가 가치 산업으로서의 중요성을 찾을 수 있다.

3. 영상 산업의 이론화와 문화 연구

영상 산업의 사회적 관심에 비해 이에 대한 체계적인 이해는 아직 미비한 실정이다. 영상 산업이 신흥 사업이고 아직 시행 착오를 겪고 있는 분야이다 보니, 사회적 요구와 관심에 비해 이론화 작업은 미처 이루어지지 못하고 있다. 이 책에서는 영상 산업에 대한 이론화를 시도하여 학문적으로나 실용적으로나 체계적인 이해에 도움이 되고자 한다.

현 수준에서 영상 산업에 대한 이론적 접근은 미디어 경제학과 미디어 정치 경제학의 두 이론이 활용되고 있다. 미디어 경제학은 신고전파 경제학에 근간을 두어 미디어에 응용된 분야이고, 미디어 정치 경제학은 마르크스주의 정치 경제학이 미디어 분야에 적용된 분야이다. 경제학과 정치 경제학은 서로 이론의 전제와 목적, 설명 방식에 있어 대립되는 체계를 유지하며 100여 년의 역사를 이끌어오고 있다. 두 이론은 각기 미디어에 활용되어 다양한 설명을 제시하며 현재 가장 활발한 연구 분야를 구성하고 있다.

영상 산업도 경제적 원리가 중요하게 작용하고 있기 때문에 미디어 경제학 혹은 미디어 정치 경제학의 성과가 상당한 정도로 활용될 수 있다. 그러면 우선 미디어 경제학과 미디어 정치 경제학의 전제와 목적, 설명력의 차이를 이해하는 것이 필요하다.

1) 경제학과 정치 경제학

영상 산업과 관련하여 미디어 경제학이 가장 활발한 연구 성과를 보이는 것은 기술적 변화, 미디어의 산업적 가치, 탈규제의 문제로 요약해 볼 수 있다. 우선 현재 미디어의 가장 큰 변화의 추인은 디지털화이다. 디지털은 새로운 매체를 양산해 놓을 뿐 아니라 기존 매체에도 성격 변화를 촉진한다. 현재 인터넷, 게임 등 다양한 멀티미디어가 활발히 활용되고 있을 뿐 아니라, 방송·영화 등의 기존 매체도 디지털화에 의해 변화의 와중에 서 있다. 다매체 다채널을 지향하는 방송은 방송의 내용과 수용자의 시청 패턴도 뒤바꾸어 놓고 있다. 가장 고전적 미디어의 형식을 유지하는 것으로 보이는 영화의 경우도 내용 면에서는 가장 디지털화가 활발하게 활용되고 있다. 이와 같은 기술적 변화의 양상과 효과 변화에 대한 예측은 미디어 경제학을 통해 효과적으로 파악할 수 있을 것이다. 한편, 경제적 원리의 근간이라고 볼 수 있는 미디어의 산업적 가치에 대한 평가는 미디어 경제학이 가장 효과적으로 성과를 보일 수 있는 분야이다. 한편, 경제학의 시장주의적 입장에 의해서 정책적 사안에 대한 미디어 경제학의 연구는 탈규제의 문제로 귀착된다.

　　　　경제적 가치와 효율성을 연구 목적으로 한 미디어 경제학과 대조적으로 미디어 정치 경제학에서는 사회적 분배와 평등의 문제를 다루게 된다. 미디어의 기술적 발전과 경제적 가치를 평가하기에 앞서 이것이 사회적으로 얼마나 분배되고 평등에 기여하며 소외 계층을 감쌀 수 있는지에 관심을 두게 된다. 미디어 정치 경제학의 경우도 최근 탈규제의 문제를 비중 있게 다루고 있는데, 시장주의 관점에서가 아니라 미디어의 상업화에 대한 비판 의식에서 출발한 연구라고 볼 수 있다. 이와 같이 미디어 경제학과 미디어 정치 경제학의 차이는 연구의 목적, 방법론, 분석 단

표 1-1. 경제학 대 정치 경제학

연구	경제학	정치 경제학
단위	개인 (경제인)	사회 관계
목적	효율성, 효용	평등, 공공선
방식	시장, 균형	공공 개입, 분배
이론적 접근	수리, 계량	총체성 사회 역사적 접근

위에 있어 큰 차이를 보이게 된다.

사회 과학 중에서 가장 과학화되었다고 인정되는 경제학이지만 실제로는 비현실적인 전제를 기초로 하고 있다. 경제학의 분석 단위는 경제적 인간, 즉 욕구 충족을 위해 최선을 다하는 인간을 전제로 한다. 경제적 인간을 전제로 할 때, 가족이나 사랑도 효용으로 측정이 가능한 욕구 충족의 대상이 된다. 물론 모든 경제학자가 이를 믿고 실행한다는 것이 아니라, 이와 같은 이론적 전제에 의해 경제학의 설명이 가능하다는 의미이다. 경제적 인간을 전제하지 않는 한 경제학의 모든 이론은 기초부터 흔들리게 되는 것이다.

경제적 인간의 행위 양식은 최소-최대의 법칙을 따르게 된다. 즉, 최소의 비용으로 최대의 효과를 내는 것이 행위의 법칙이 된다. 일반적으로 최소-최대의 법칙이 당연하게 들리지만, 현실에서 인간이 항상 이 법칙을 준수하는 것은 아니다. 자신의 감정이나 다른 사람과의 관계 또 개인적 특성에 따른 다른 요인이 작용하여 최소-최대 법칙을 따르지 않는 경우가 많다. 예를 들어, 점심 식사를 할 때 가장 값이 싸면서 양이 많고 맛있는 식당을 찾는 것이 최소-최대의 법칙이다. 하지만 항상 이것이 적용되는 것은 아니다. 때로는 분위기를 바꾸기 위해서, 때로는 주인이 왠지 마음에 들지 않아, 때로는 친구를 따라, 때로는 그 식당에 오는 사람들이 싫어서 등 여러 가지 이유로 우리는 최소-최대의 법칙을 어기고 조금 더 비싸거나 양이 조금 더 적은 다른 식당을 찾게 되는 것이다. 물건을 살 때나 서비스를 구매할 때, 혹은 결혼을 할 때나 장례식을 치를 때, 인간의 대소사에서 사람들은 항상 최소-최대 법칙을 따르지도 않으며, 인간이 경제적 인간으로 존재하지도 않는다.

경제학은 경제인이라는 개인을 기본 단위로 하여 모든 이론을 풀어나가게 된다. 경제인의 목적은 효용의 극대화이며 최소-최대의 법칙을 따르게 된다. 이런 가정을 전제로 경제학적 원리가 성립되는 것이다. 경제학에서 경제인이 효용을 추구하는 방식은 시장을 통해서이다. 이것도 고전 경제학의 전제를 근거로 하는데, 서로 최대의 효용을 추구하는 인간들은 갈등할 수밖에 없다. 이것을 해결할 수 있는 것은 시장을 통해서이다. 경제학에서는 시장이 효용을 최대화하려는 개인들이 균형을 통해 최대 다수의 효용 충족을 보장해 줄 수 있는 유일한 장치로 인식된다. 개인들이 욕망을 억눌러서가 아니라 오히려 욕망을 최대화하는 기제가 서로간의 균형점에서 만날 때, 파레토 옵티멈, 즉 최대 다수가 행복을 보장받을 수 있는 최적치에 도달하게 되고 이 점에서 시장 거래가 이루어지는 것이다.

경제학은 이런 인간성과 행위 방식을 전제로 경제 현실을 설명하게 되는데, 이론적 방법론으로는 주로 수리나 계량의 방식을 쓰게 된다. 경제학이 현실과는 차이가 있는 전제로 이론을 전개하지만, 이는 복잡한 현실의 다양한 변수들을 통제하여 이론의 초점이 되는 부분을 부각시키기 위한 것으로, 이를 통해 상당한 수준의 설명력을 자랑한다. 현실의 복잡한 변수를 통제하고 중심이 되는 변수를 수량화하여 현상에 대한 설명뿐 아니라 미래에 대한 예측도 가능해진다. 인문 사회 과학 가운데 가장 과학화된 것으로 인정되는 경제학은 기실 이런 현실과 유리된 전제에 근거한 때문이다.

정치 경제학은 경제학, 더 넓게는 주류 학문에 대한 비판으로 시작되었다고 해도 과언이 아니다. 주류 학문이 기반하고 있는 학문의 비현실성을 꼬집어 보다 현실 자체에 접근하고자 대안적인 학문의 체계를 펼치게 된다. 첫째, 정치 경제학은 경제학의 비현실적 전제인 경제인의 효용 추구라는 전제 자체를 비판한다. 정치 경제학에서는 이를 개인주의의 오류라고 지적한다. 즉, 개인을 단위로 현실을 설명하는 경제학은 필연적으로 오류에 빠질 수밖에 없고, 현실을 분석하기 위한 기본 단위는 다름 아닌 사회 관계가 되어야 한다는 것이다. 정치 경제학에서 현실은 바로 사회 관계이며, 개인의 욕망이나 취향, 효용의 계산도 모두 사회 관계에서 설정되는 것이다. 그러므로 사회 관계를 떠난 개인을 분석의 대상으로 하는 것은 치명적 오류라는 것이다. 선한 인간이나 악한 인간이나 범죄자나 엘리트나 개인의 능력과 노력으로만 되는 것이 아니라, 사회 관계 속에서 나온다는 것이 정치 경제학의 입장이다.

그러므로 정치 경제학에서 추구하는 것은 평등과 공공선이다. 경제학과 같은 개인의 효용 극대화는 사회 관계 속에서 더욱 불평등을 심화시키는 기제가 될 뿐이며, 이를 통해 공공선은 달성할 수 없고 사회의 모순은 악화될 뿐이다. 문제의 해결을 위해 정치 경제학에서 추구하는 것은 효용의 극대화가 아니라 평등이다. 시장은 부익부 빈익빈을 강화하는 수단일 뿐이며, 평등한 분배를 위해서 보다 강력한 방식을 추구하게 된다. 강력한 방식은 가장 과격한 수단인 혁명에서부터 국가 개입을 통한 계획 경제 체제, 비정부 조직에 의한 운동 등 다양하게 나타날 수 있다.

정치 경제학 이론의 출발점이 경제학과 다르므로 이론의 방법론도 상이하게 나타난다. 정치 경제학은 현실의 다양한 변수들을 통제하는 대신 현실 자체에 접근하고자 총체적 접근을 시도한다. 있는 상태로서의 현실뿐 아니라, 현실이 있게 된 근원을 파헤쳐 나가게 되므로 사회 역사적 방법을 동원하게 된다. 역사적으로 또 사회 구조적으로 형성된 권력 관계를 파헤치고, 있는 그대로의 현실을 파악하고자 하는 것이다.

2) 미디어 경제학

이와 같이 경제학과 정치 경제학은 이론적 전제나 방법론, 목적과 방식이 다르므로, 이를 적용한 미디어 경제학과 미디어 정치 경제학도 판이한 설명 방식을 띠고 있다. 우선 미디어 경제학의 분석 단위는 경제학의 개인주의를 수용하여 미디어의 주체를 담당하는 개인을 단위로 한다. 즉, 미디어의 주요 주체는 미디어 소유주, 수용자, 미디어 제작자, 광고주 이상 네 가지 주체로 구성될 것이다. 경제학적 전제에 따르면 이들 주체는 각자 최소－최대 법칙에 근거해 효용 극대화를 추구할 것이다.

미디어 소유주의 효용은 무엇일까? 경제인으로서 미디어 소유주의 최대 효용은 좋은 프로그램이 아니라 사실은 최대 이윤일 것이다. 최소의 비용을 들여 최대의 이윤을 내고자 하는 것이 미디어 소유주의 효용이 된다. 물론 현실에서는 돈을 벌기 위해서가 아니라 좋은 프로그램으로 사회에 기여하거나 작품성에 인생을 거는 소유주도 있을 것이다. 또 장기적으로는 좋은 프로그램과 명망 없이 이윤을 추구할 수도 없을 것이다. 하지만, 경제학의 전제가 된 경제인이라면 최소 비용으로 최대의 이윤을 내고자 하는 것이 소유주의 효용이 될 것이며, 이를 일률적으로 추구하는 것이 미디어 경제학의 설명이 된다.

한편 수용자의 입장에서는 역시 최소–최대 법칙이 작용하여 최소의 비용을 내고 원하는 프로그램을 최대한 즐기는 것이 수용자의 효용이 된다. 수용자 개인이 즐거움이나 유익을 주는 프로그램을 최대한으로 즐기면서 비용은 가장 낮은 수준으로 낼 수 있다면 또 아예 비용을 안 낼 수 있다면 그 길을 택할 것이다.

광고주의 입장에서는 미디어를 통해 수용자의 구매 욕구를 사는 것이 목표가 된다. 최소의 비용으로 많은 수용자에 접근하기를 원하는 것이 광고주의 효용이 된다. 광고주의 입장에서 광고의 내용 자체는 큰 의미가 없을 것이다. 광고의 내용은 수용자의 이목을 잡아 구매로 이끌기 위한 수단이 될 뿐이고, 수용자의 구매 욕구를 일으키기 위한 광고를 최소 비용으로 보다 많은 수용자에게 접근하려고 하는 것이 광고주의 효용이 될 것이다.

한편, 미디어 제작자들은 미디어 산업에 고용인으로서 최소의 비용으로 최대의 효용을 보는 목적을 가지게 된다. 즉, 최소로 일하고 높은 보수를 받는 것이 경제인으로서 미디어 제작자의 효용 극대화 원칙이 될 것이다. 여기서도 물론 월급과는 무관하게 좋은 작품이나 공정한 보도를 위해 발이 닳도록 뛰는 종사자들이 현실에는 많이 있다. 그러나 경제학의 설명력을 높이기 위해 다양한 변수들을 통제하고 미디어 종사자도 경제인으로 가정할 때 최소의 노동으로 높은 보수를 받는 개체들로 가정하게 된다. 현실적으로도 아무리 작품에 열정이 드높은 미디어 제작자라도 한해 두해 월급을 받지 않고 일할 수 있는 사람은 거의 없을 것이다. 미디어 경제학은 현실을 단순화시키고 변수를 제한하여 현실의 문제를 설명함으로써 이론의 설명력을 높인다.

미디어 경제학의 연구 단위는 서로 경쟁하는 미디어 주체들이다. 이들이 개별적으로 보면 개인의 영달만을 추구하는 이기적인 주체로 파괴적일 것 같은데, 이런 경제인으로서의 속성이 사실상 사회적으로는 최선의 결과를 나타낸다는 것이 경제학의 전제이다. 미디어 경제학의 목적은 경쟁에 의해 효율성을 극대화하는 것이다. 최근 "파는 사람이 경쟁하면 가격은 내려간다"라는 광고 카피처럼, 미디어 주체의 경쟁의 극대화로, 경쟁하는 이익이 균형을 이루어 사회적으로 최대의 생산성을 기대할 수 있다. 미디어의 주체들이 최소－최대의 원칙에 의해 각자의 이익을 최대로 추구할 때, 그 정점에서 균형을 이루게 되는데, 이것이 최대의 효율성과 생산성을 낳게 되는 것이다.

미디어 경제학의 연구 분야는 시장에 모인다. 미디어 주체들이 경쟁하는 장이 바로 시장이 된다. 미디어 시장은 경쟁하는 이익이 균형의 정점에서 만나는 장이기도 하다. 미디어 시장은 프로그램을 사고 팔고, 제작 인력이 화폐 단위로 교환되는 장이기도 하다. 최근 거센 논쟁을 일으킨 이른바 '연예인 X파일' 같은 사건도 영상에 종사하는 연예인을 인간으로서가 아니라 철저히 상품으로 접근하는 시장주의적 사고에 의해 발생한 사건이라고 할 수 있다. 광고주의 입장에서는 특정 연예인의 인격이나 X파일 정보의 진위에 관심을 가지기보다는 리스크를 최소화하기 위한 최소－최대의 원칙으로 접근한 것이라 할 수 있다.

영상 산업이나 미디어 산업의 경우는 가장 보수적인 미디어 경제학으로 접근하더라도 시장의 원칙으로만 접근할 수 없는 복합적 변수들이 작용한다. 이는 연예인 X파일 같은 사건에서 보듯이 인격권에 대한 고려와 동시에 사회적으로도 문화적 예술적 변수들이 고려되어야만 미디어 산업에 대한 분석과 접근이 가능해지기 때문이다. 여기서 미디어 경제학은 순수 경제학에 비해 사회적 문화적 변수에 더욱 관심을 가지게 된다. 미디어 경제학이 시장 다음으로 관심을 가지게 되는 것이 정책적 변수이다. 그러므로 규제 정책에 대한 연구가 미디어 경제학의 중요한 부분이 된다.

미디어 경제학의 주요 연구 분야는 미디어 산업의 경제성 생산성에 대한 연구가 주류를 이루고 있다. 미디어 산업 분석, 경영 분석, 수용자 선택 분석이 대표적인 것이다. 이들 연구는 전통적 경제학의 방법론을 그대로 따르고 있는 것이 대부분이다.

3) 미디어 정치 경제학

미디어 정치 경제학은 미디어 경제학에 대한 이론적 현실적 비판에서부터 논의를 시작한다. 미디어 경제학의 기본 전제와 설명 방식에 대해 대안적 이론을 제시한다. 즉, 미디어 정치 경제학도 미디어 경제학과 마찬가지로 산업 구조와 시장, 정책을 다루지만 그것의 기본 단위는 개인이 아닌 사회 관계이다. 미디어 경제학에서 중심으로 다루는 네 가지 주체는 미디어 정치 경제학에서는 개별 행위자가 아니라 사회 관계의 복잡한 궤도에서 존재하는 인간들이다. 미디어 정치 경제학에서 사회 관계의 핵심은 바로 권력이며, 이것이 가장 전형적으로 나타나는 것을 정통 정치 경제학에서는 계급으로 보고 있다. 미디어 소유주, 광고주, 제작자, 시청자 모두 계급 관계에 의해 사회 구조적인 제약 내에서 미디어를 생산 소비하는 것으로 보는 것이다. 미디어 소유주와 광고주는 자본주의 체제 유지를 위한 자본가의 이익을 대변하며, 미디어 제작자는 노동자로서 또 시청자는 간접적 노동자로서 미디어를 통해 계급의 착취가 원활하도록 돕고 자본주의가 유지되도록 일익을 담당하는 것이다.

미디어 정치 경제학은 미디어 경제학과는 판이한 목적에서 이론을 전개하게 된다. 미디어 정치 경제학의 목적은 경제학적 목적인 효용의 극대화와 이윤 형성을 탐구하는 것이 아니고, 평등과 분배의 수단으로서 미디어의 가능성을 탐구하는 것이다. 미디어 정치 경제학이 관심을 갖는 문제는 첫째 미디어가 민주주의의 도구로서 작용하는가이다. 미디어는 효용이나 이윤의 극대화와 같은 경제적 재화로서만이 아니라, 사회적 재화로서 가치를 갖는다. 대중 매체가 대중 사회의 도래와 함께 등장하여 대중 사회의 병폐를 심화시키는 데 기여한 것으로 비판을 받아온 것도 사실이다(Habermas, 1987). 그럼에도 불구하고 대중 사회의 변화된 생활 양식에서 참여를 유도할 수 있는 것은 아이러니컬하게도 대중 매체를 통하는 길밖에 없다. 과거 공동체 사회에서 자연적으로 정보가 공유되고 자연적 소통과 교류가 가능하여 공동체 성원 전체가 의사 결정 과정에 참여할 수 있었다. 하지만 대중 사회에서는 자연적 교류와 참여가 가능하지 않고, 정보의 습득과 교류, 사회 참여 같은 민주주의의 기본 조건은 미디어를 통해서 이루어질 수밖에 없게 되었다. 미디어의 이와 같은 양면적 역할로 인해 정치 경제학자들은 민주주의적 도구로서의 역할을 강조하게 되는 것이다. 미디어의 경제적 역할은 민주주의적 도구로서의 미디어 역할에 역행할 수 있다. 즉, 미디어의 상업화는 업체의 이윤을 높일 수는 있지만 정보의 불평등으로 다수의 대중에게는 참여의 기회를 앗아갈 가능성이 높아진다. 정치 경제학에서는 미디어가 민주주의의 도구로서 역할을 하는가를 기준으로 평가하게 된다.

둘째, 정치 경제학에서 미디어는 소외 집단에도 접근 가능한지가 중요한 문제로 작용한다. 마르크스주의에서 자본주의의 가장 큰 병폐는 바로 소외이다. 마르크스는 독일 이데올로기에서 자본주의의 발전을 소외의 시작으로 보았다(Marx, 1967). 이런 의미에서 미디어는 인간 소외의 수단으로 역사적으로 작용해 왔던 것이 사실이다. 미디어가 직접적으로 소외의 수단이 되는 것은 공동체적 교류를 해체시키고, 일방적 커뮤니케이선인 미디어에 의존하여 능동적 참여와 자율적 의사 결정을 저하시켜 수동적 인간형을 만든다는 문제이다. 또한 간접적으로는 일반 대중인 노동자가 현실의 모순을 직시하지 못하고 현실에 만족하고 안주하도록 만드는 이데올로기 생산의 기능을 수행하게 된다. 정치 경제학에서는 자본주의 체제 내에서 미디어가 끼친 소외 현상을 비판적으로 인식한다. 더 나아가 정치 경제학에서는 대안적 미디어의 역할을 강조하게 된다. 즉, 자본주의의 태생적 소외 현상을 조금이라도 완화시켜 줄 대안으로 미디어는 사회 내 소외 계층도 참여하고 혜택을 누릴 수 있는 접근권이 허용되어야 한다는 것이다. 미디어 정치 경제학에서 인식하는 미디어의 우선 목표는 산업적 성공이 아니라, 사회의 소외 계층을 아우를 수 있는 미디어의 역할이 되는 것이다.

셋째, 정치 경제학에서 중시하는 미디어의 민주주의적 탈소외적 도구로서의 역할과 연관하여 미디어는 공공선을 실현하는 목적으로서의 중요성을 두게 된다. 미디어 경제학과 판이한 입장으로 개별 효용 주체의 만족이 아니라, 사회 전체를 단위로 모두의 만족을 이끄는 공공선의 실현을 목적으로 한다. 사회 모두의 만족이라는 공공선은 매우 이상적이고 비현실적으로 들리는 것이 사실이지만 정치 경제적 입장에서는 사회 구성원의 평등과 분배가 공공선 실현의 지름길이 된다고 믿는다. 전통 마르크스주의에서 전제하는 것은 자본주의의 불평등한 구조가 문제이고, 이것이 붕괴되면 공공의 선이 실현될 수 있다고 보기 때문이다. 이런 입장에서 미디어를 접근하면 미디어가 사회 전체의 공공선을 실현하는 데 얼마나 기여하는지를 기준으로 미디어를 평가하게 된다.

이상에서 논의했듯이 미디어 정치 경제학에서 미디어의 목적을 민주주의, 탈소외, 공공선 실현으로 보기 때문에 이 목적을 실행하는 방식도 미디어 경제학과 판이하다. 미디어 경제학에서 목적의 실현 방식은 시장을 통해서이다. 시장은 사회 갈등을 해결하고 구성원 간 균형을 이루어 최대 다수의 최대 행복을 이루는 공리주의적 도구로 경제학자들

간에 인식되어 왔다. 하지만, 정치 경제학적 입장에서 시장은 부의 불평등과 자본주의 모순을 심화시키는 도구로 인식된다. 미디어 정치 경제학의 목적을 달성하기 위해서도 시장은 적절한 방법이 되지 못한다. 정치 경제학자들은 시장보다는 공적 개입에 비중을 둔다. 물론 공적 개입이 부패와 비효율성이라는 병폐를 낳기도 하지만, 민주주의와 공공선 같은 비경제적 목적을 달성하기 위해서는 공적 개입이 중요한 역할을 하게 된다.

또한 시민 참여에 의한 미디어 정책의 결정과 실행은 민주주의와 공공선을 최대 목적으로 하는 정치 경제학에서 적절한 방식이 된다. 위로부터의 동원이 아니라, 밑으로부터의 참여에 의한 미디어 정책의 결정과 실행은 일방향적 커뮤니케이션으로서의 미디어의 문제점을 완화시켜 주는 접점이 될 수 있을 것이다. 미디어 정치 경제학에서는 시민을 위한 미디어가 어떤 산업적 성공보다 가장 중요한 요소가 되는 것이다.

미디어 정치 경제학의 이론적 접근은 정치 경제학의 기본 테두리인 총체적 접근을 시도한다. 경제학적 이윤 계산이나 경영 분석, 수용자 선택 같은 수리적 통계적 접근이 아니라 역사성 사회성을 근간으로 한 총체적 접근을 시도하는 것이다. 미디어 정치 경제학에서 가장 많이 연구되는 것은 미디어 소유권의 문제이다. 정치 경제학의 전통적 의제인 계급의 문제를 실증적으로 보일 수 있는 것이 미디어의 소유 집중의 문제이다. 마르크스주의에서 주장하는 자본주의의 계급의 이원적 구조가 미디어 분야에는 극단적으로 나타나고 있다. 미디어 산업은 역사적으로 독과점이 뿌리 깊게 구조화되어 있으며, 시간이 갈수록 이는 더욱 심화되고 있다. 특히, 세계를 단위로 독과점화하는 미디어 산업의 소유 집중 현상은 여타 산업에서도 찾아보기 어려울 정도로 심화되어 있다(Bagdikian, 1992). 미디어 산업의 소유 집중은 산업적 공정 거래의 차원에서도 문제가 되지만, 미디어의 사회적 역할을 고려하면 언론의 집중화는 사회적으로 큰 문제일 수밖에 없다. 이것은 민주주의와 탈소외 도구로서 미디어의 목적을 달성하지 못하게 하는 권력적 구조가 될 수밖에 없다.

미디어의 소유 집중과 더불어 정치 경제학의 중요 의제는 미디어의 상업화와 탈규제화의 문제이다. 이는 경제학적 입장과 상반되는 것으로 상업적 성공이나 시장의 기능을 위해서 탈규제화를 주장하는 경제학과는 다르다. 경제학에서는 시장이 가장 효율적인 수단으로 시장의 기능을 최대화하기 위해 탈규제를 주장하나, 정치 경제학에서는 이와 상이한 입장을 보인다. 정치 경제학에서는 시장을 위주로 한 미디어의 상업화가 불평등을 심화시키고 소외를 확산시키는 것으로 인식한다. 미디어의 상업화는 결국 있는 자와 없는 자 간에 정보의 불균형, 참여의 불평등한 기회를 내놓아 민주주의와 탈소외라는 정치 경제학적 목표와는 거리가 멀어질 수밖에 없다.

한편, 탈규제의 문제에는 정치 경제학에서 양면적 반응을 보이지만, 대체로 탈규제가 초래하는 상업화에 대해서는 반대하는 입장을 보인다. 미디어 정치 경제학에서는 미디어 경제학과 달리 시장에 의해 평등한 미디어의 혜택이 주어지지 않는다고 보기 때문에, 정부의 개입에 기대를 건다. 정부 정책의 인위적인 개입으로 문제점을 낳을 수 있다는 것을 인정하면서도 미디어의 특성상 사회적 기능을 최대화하기 위해서는 시장에만 의존할 수 없고 형평성과 공정한 분배를 위한 개입이 불가피하다고 보는 것이다. 1980년대 이후 현재까지 미디어의 탈규제화가 세계적 추세로 자리 잡고 있는 이때, 산업적 성공 여부와 별도로 탈규제에 의한 시장의 병폐를 고발하는 데 정치 경제학은 학문적 공헌을 하고 있다.

이와 같이 미디어 경제학과 미디어 정치 경제학은 서로 상이한 이론적 방법론과 목적을 바탕으로 두 개의 판이한 시각으로 미디어에 접근한다. 두 입장이 각기 이루어 놓은 학문적 성과를 놓고 어느 것 하나의 우월성을 판단하기는 적절치 않아 보인다. 연구의 목적과 시각에 따라 두 입장의 어느 하나를 선택할 수도 있고, 둘을 부분적으로 이용할 수도 있다.

4) 영상 산업의 문화 연구

　　최근 부상하는 영상 산업은 아직 이론화가 채 진전되지 않은 신흥 학문에 속한다고 볼 수 있다. 영상의 역사가 인류의 발생과 비견될 만큼 오래된 것이지만, 그것의 산업적 관심은 경제적, 문화적, 인식론적 근거에 의해 최근에 부상하기 시작했기 때문이다. 영상 산업의 이론화를 위하여 이제까지 미디어의 이론적 근거가 된 미디어 경제학과 미디어 정치 경제학이 많은 부분 적용될 수 있다.

　　미디어 경제학과 미디어 정치 경제학이 일정 부분 영상 산업 연구에 적용될 수 있고, 현재로서는 이론적 근거로 삼을 수 있는 가장 유력한 이론들이 되고 있지만 영상 산업 연구에 한계를 드러내는 것이 사실이다. 첫째, 미디어의 산업적 연구가 영상 산업 연구에 보이는 한계는 개별 매체를 중심으로 한 미디어 연구의 한계이다. 영상 산업은 현재 미디어가 융합되고 다양한 매체들이 생겨나면서 매체보다는 그것을 담는 내용, 즉 콘텐츠를 중심으로 산업적 성과를 진단해야 하는 필요성이 높다. 과거 개별 매체 산업으로 설명하지 못하는 영상 산업의 속성이 이제 설명되어야 할 필요성에 직면한 것이다. 하나의 콘텐츠가 만들어지면 매체의 구분을 넘어 공유되는 영상 산업의 경우 미디어 연구의 일반 법칙이 적용되는 데 한계를 가질 수밖에 없다. 예를 들어, 영화 한편을 제작했을 때, 이는 영화의 전형적인 매체로 인정되는 극장을 통해서뿐 아니라, 위성과 케이블 등 방송 채널, 비디오, DVD, 지상파 방송, 모바일 등 다양한 윈도를 통해서 수용된다. '원 소스 멀티유스*one source multi use*'라는 영상 산업의 특성은 과거 미디어 연구가 설명하지 못하는 특성이다. 또한 영상 산업은 직접 시장뿐 아니라 간접 시장을 통해 확대된 유통으로 광범위한 영상 산업의 후방 효과를 보이게 된다. 즉, 영화가 만들어지면 제작된 콘텐츠뿐 아니라, 주제곡은 음반 산업으로, 영화 촬영지는 테마 파크로, 출연진은 다양한 스타 산업과 매니지먼트 사업으로, 그 후방 효과까지 따진다면 영상 산업의 범위는 실로 무한하다고 볼 수 있다. 이러한 영상 산업의 범위와 특성을 설명하고 예측하기 위해서 미디어 경제학이나 미디어 정치 경제학은 한계가 있다.

둘째, 미디어 연구가 영상 산업에 적용되는 데 한계를 보이는 것은 영상 산업의 문화재로서의 속성 때문이다. 미디어도 물론 문화재로서의 속성을 가지고 있지만, 이제까지 미디어 경제학이나 정치 경제학은 미디어의 경제재로서의 성격에 치중하여 분석을 하여 왔다. 미디어 경제학은 일반 경제학의 원리를 적용하여 미디어의 현상을 고찰한 것이다. 미디어 정치 경제학의 경우는, 이에 비해 보다 사회적 문화적 변수를 고려하긴 하였지만, 주요 관심은 미디어가 물적 토대로서의 역할과 영향에 치중하여 소유권의 분석과 계급 관계에 미치는 영향에 관심을 모아왔다.

영상 산업의 경우는 과거 미디어 연구에서 분석한 것에 비해 더욱 경제적 효과가 확대되었지만, 경제적 이윤을 높이기 위해서라도 그 어느 때보다도 영상 산업의 문화재로서의 속성을 파악하고 분석하는 것이 중요한 과제가 되었다. 이는 영상 산업이 산업으로서 부상하게 되는 근거가 경제적 필연성만이 아니라, 사회적 변화와 문화적 현상으로서 부상한 것이기 때문이다. 이른바 영상 시대에 경제와 문화는 별개의 영역이 아닌 불가분의 관계에 있고, 이로 인해 문화의 경제학, 경제의 문화학이 필요하게 되었다. 이로써 영상 산업을 연구하기 위한 새로운 이론틀이 필요하게 된 것이다.

경제학적 입장에서는 미시 경제의 기본 원칙에 의해 영상 산업을 설명하고자 한다. 수요와 공급의 법칙에 의해 영상물의 투자와 공급, 또 좋은 영상물에 의한 수요로 영상 시장이 확대되어 시장의 법칙에 의해 파레토 옵티멈을 달성하게 된다는 것이다. 그야말로 누이 좋고 매부 좋은 낙천적 시장의 기능론이 영상 산업에도 적용되는지에 대한 논의가 이루어지고 있다.

영상 산업의 경제학적 접근에 대한 한계는 첫째, 영상 산업의 문화재로서의 특수성을 고려하지 않고, 경제재로서만 취급한 우를 범하고 있다는 점이다. 영상 산업은 여타 재화와는 달리 단기적인 화폐 이윤으로만 평가할 수 없는 것이다. 영상 산업은 일반 소비재와 달리 소비자가 개별 상품의 필요에 의해 구입하고 소비하는 것이 아니라, 사회화 과정을 통해 소비가 개발 육성되는 문화재이다. 사회의 가치, 분위기, 영상 소비 습관에 의해 새로운 소비가 창출되는 것이지, 영상물에 대한 개별 제품 평가를 바탕으로 소비자가 이를 선택하고 구입하는 것은 아닌 것이다. 예를 들어, 할리우드의 영화가 세계 영화 시장의 80% 이상을 석권하게 된 것도 할리우드 영화 개별 작품이 소비자에게 유익을 주기 때문이 아니라, 이미 세계의 관객이 할리우드 영화에 길들여진 소비 습관과 할리우드의 가치 주입에 의해 끊임없이 할리우드 영화에 이끌리게 되기 때문일 것이다.

둘째, 영상 산업에 대한 경제학적 접근의 한계는 근본적으로 이론적인 한계에서 기인한다. 애덤 스미스 이후 경제학은 기본적으로 개인을 분석 단위로 시장의 행위를 설명하고 있다. 이때 개인은 합리성을 전제로 인성의 개별성이 없이 비용-효과, 혹은 효용의 원칙에 의해 움직이는 것으로 전제한다. 인간의 개별성, 사회적, 문화적 요인들은 일체 비합리적 변수로 통제하고 예측 가능한 경제적 법칙만을 고려하게 된다. 개인을 분석 단위로 한 이와 같은 경제학의 기본 전제가 비현실적일 뿐만 아니라, 특정 학문적 경향에 경도된 것으로 비판 받을 수 있다.

한편, 정치 경제학에서는 경제학의 오류를 넘어 현실의 경제 현상을 바로 이해하기 위해서 총체성의 접근을 주장한다. 영상 산업의 문제도 양국간의 화폐나 기술 교류의 단기적 현상으로만은 파악할 수 없는, 사회적이고 역사적 시각에서 접근해야 한다는 입장이다. 1970, 1980년대 국제 관계의 모순을 고발한 종속 이론이나 세계 체계론이나 1990년대 문화 제국주의론에 이르기까지 정치 경제학은 근대화의 역사성 속에서 지배국과 피지배국간의 부단한 권력의 갈등 관계를 추적하며, 영상 산업의 외자 유치 같은 근황도 역사, 사회적인 거시적 구조 속에서 파악하고 있다(Fank, 1979; Wallerstein, 1974, 1979; Nordenstreng & Schiller, 1993).

그러나 정치 경제학이 경제학의 문제점을 비판하는 데는 이론적 공헌을 했지만, 현실의 문제를 설명하고 대안을 제시하는 데는 일정한 한계를 보이고 있다. 20세기 중반 이후 사회적 변화에 발맞추어 기존 정치 경제학에 대한 비판이 일기 시작하면서 새로운 이론적 시각들이 등장하게 되는데, 포스트구조주의, 포스트모더니즘으로 대변되는 일련의 이론이 그것이다. 이들 이른바 포스트 사상은 실증주의나 마르크스주의 모두를 구조주의로 지칭하여 비판하면서 새로운 시각 정립에 돌입하게 된다. 이와 같은 '구조주의'와 포스트구조주의의 토론과 공방이 아직도 이론적 차원에 머물러 있지만, 영상 산업의 문화 경제학을 이해하기 위해서 응용될 수 있는 시각으로 보인다.

포스트구조주의 입장에서 경제의 문제를 돌아보는 시도를 문화 경제 연구로 명명하고자 하며, 이는 실증주의에 바탕을 둔 신고전주의 경제학이나, 마르크스주의에 바탕을 둔 정치 경제학과 대별되는 것이다. 문화 경제 연구의 입장에서 영상 산업은 경제학적 접근과 달리 문화재로서의 특성을 강조하게 된다. 영상 산업은 문화재로서 소비자의 취향, 생활 양식, 신념, 미학적 인식과 습관이 여타 소비 재화에 비해 강하게 작용하게 된다. 문화적 요인을 분석하기 위해서 기존 경제학에서 비합리성으로 통제되었던 많은 변수들이 재고려되어야 하며, 국가적 차원과 개인적 차원의 정체성의 문제가 중요한 연구의 주제가 된다.

한편, 문화 경제 연구는 기존 경제학을 비판한 정치 경제학과 일부 입장을 같이 하면서도 근본적인 차이를 보이게 된다. 첫째, 정치 경제학이 주장하는 총체성의 접근을 거부한다. 포스트구조주의 입장에서 볼 때, 총체성의 접근은 현상의 문제의 실마리를 풀기 위해 본질성으로 천착하는데, 이 과정에서 지식 권력의 작용으로 현상과 개인의 중요성은 사장된다는 것이다. 마르크스주의가 전제했듯이 개인의 고통은 혁명을 위해 합리화되고, 현상의 불합리성은 역사 유물론의 필연적 단계로 인고해 내야 하는 단계로 화한다. 푸코는 구조주의를 권력 지식으로 명명하면서 총체성을 해체한 분열성, 역사 단계를 타파한 계보학적 다양성을 강조한다(Foucault, 1980). 이런 시각에서 경제의 문제도 계급 투쟁의 역사성으로 환원되는 것이 아니라, 표면적 현상의 구체적인 과정과 경제학적 비합리성을 포함한 다양한 인간주의적, 문화주의적 요소의 고려가 중요하게 된다.

둘째, 문화 경제 연구가 정치 경제학과 입장을 달리 하는 것은 국가간의 관계에 대한 분석 단위의 차이에서 찾을 수 있다. 20세기 정치 경제학의 발전은 전통 마르크스주의 이론에 새로운 설명력을 불러일으켰는데, 그것은 국가 사회를 단위로 한 마르크스주의의 한계를 해결하는 데 공헌하였다. 마르크스주의자들이 예측한 자본주의 멸망은 빗나갔으며, 자본주의가 고도로 발달한 서구 사회에서 혁명은 일어나지 않았다. 이로 인해 마르크스주의에 대한 비판이 거세졌는데, 20세기 정치 경제학은 분석의 단위를 국가 사회가 아닌 세계를 단위로 확대하면서 계급 혁명에 대한 새로운 시각을 제공하게 된다. 서구 사회가 자본주의 발전의 자동 추인 장치에 의해 멸망하지 않은 것은 계급의 모순을 제국주의, 신제국주의를 통해 외부에 전가하기 때문이라는 것이다. 마르크스가 말한 계급 갈등은 서구 사회에서 해소된 것이 아니라, 세계에 전이되어 세계를 단위로 한 계급 투쟁이 여전히 지속되게 된다는 것이다(Lenin, 1970; Luxemburg, 1951). 제국주의, 신제국주의, 종속 이론, 세계 체제론, 문화 제국주의론은 네오마르크스주의의 시각에서 세계 체제의 하위에서 발생하는 계급 갈등의 문제를 개발 도상국의 시점에서 이론화하게 되었다.

하지만 정치 경제학이 마르크스주의의 설명의 지평을 넓히는 데 큰 공헌을 하였으나, 역시 마르크스주의의 기본 한계를 벗어날 수는 없었다. 국가간 관계를 설명하면서 지배국과 피지배국 간의 계급 관계에 치중하다 보니, 국가 내부적 요소는 도외시하는 오류를 범한다. 피지배국 내부의 다양성, 일상적인 인간의 다양한 모습들은 놓칠 수밖에 없었다.

정치 경제학에서는 개발 도상국 내부의 다양한 발전 혹은 저발전 형태, 문화적, 사회적 요인에 의한 다양한 현실을 외면하고 계급의 시점에서만 문제를 접근하여 역동적 현실을 간파하는 이론으로 발전시키는 데 실패하게 된다.

이에 문화 경제 연구에서는 정치 경제학의 총체성의 접근과 변증법적 논리 방식을 비판하면서 새로운 이론틀을 발전시키게 된다. 한편 경제학과 달리 개인주의의 오류와 환원주의를 거부하고 문화적 요소와 다양성의 문제를 중심 주제로 연구하게 된다. 이를 위해 문화 경제 연구는 새로운 권력 개념으로 출발한다. 경제학과 같이 권력의 부재를 전제하는 것도 아니고, 정치 경제학과 같이 항시적 권력의 억압을 수용하지도 않는다.

영상 산업에 진출한 외국 자본의 경우에는 경제학이나 정치 경제학 이론으로 설명할 수 없는 복합적이고 다양한 양상을 보인다. 현재 외국 기업은 대체로 직접 들어와 통제하지 않고 보다 객관적이고 중립적인 모습인 자본의 형태로 들어와 경제 활동을 전개하고 있다는 점이다.

그러나 통치의 부재가 권력의 부재를 의미하는 것은 아니며, 보다 미세하고 복잡한 차원에서 피투자국 기업인, 노동자 더 나아가 사회 전체에 강력한 변화를 이끌어 가고 있다. 지배자가 물리적으로 부재한 상태에서 피지배자 스스로의 변화에 의해 유도되는 포스트식민주의적 문화 실천으로 권력 작용이 전개되는 것이다.

이것이 문화 경제 연구에서 보는 권력이 작용하고 재생산되는 방식이다. 정치 경제론이 네오마르크스주의의 잣대를 갖고 평가할 때, 이와 같은 현상은 권력으로 인식되지 않고 무권력의 평화로운 화합으로 인식될지도 모른다. 그러나 신체에 가해지는 직접적, 억압적 권력은 부재하지만, 권력은 또 다른 얼굴을 하고 현대 사회에서 지배를 공고히 하고 있다. 이제 억압적 권력이 아닌, 푸코가 말한 생성적 권력*positive power*으로 사람들의 일상 생활에 면밀히 침투하여 미시적 차원에서 권력을 유지 확장시킨다(Foucault, 1977). 권력은 더 이상 대결자의 갈등과 투쟁으로가 아니라,

피지배자 스스로의 주체의 변화로 입지를 다져가기 때문에, 가장 안전한 길에 접어들게 된 것이다. 국가간의 권력 관계도 이제 더 이상 정치적 제국주의나, 경제적 신식민주의가 아니라 주체의 변화를 유도하는 문화적 실천에 의한 포스트식민주의 시대로 접어든 것이다.

문화 경제 연구에서는 현실에 작용하는 복합적 권력 양상을 설명하기 위해 식민지와 지배국간의 명시적 대결 구도가 아니라, 둘이 조화하고 화합하는 듯한 모습을 보이는 데 더 주목하게 된다. 포스트식민주의 이론에서 호미 바바 등이 말했던 양가성*ambivalence*은 이와 같은 식민지에 사는 인간의 일상성 속에서의 변화, 주체 자체의 심리적, 문화적 변화를 가정한 것이다(Bhabha, 1994: 37~8; Young, 1995: 21~2). 이런 세심하고 복합적인 권력 작용을 추적하기 위해 일상성 속에서의 미세한 변화 양식과 식민지인 스스로의 목소리를 부각시키는 것이 중요하게 된 것이다.

현대 사회에서 자본의 권력은 직접 통치가 아니라, 자발적 복종에 의거한다는 의미는 경제적 법칙이 아닌 주체의 변화를 유도하는 문화적 영향에 근거하고 작용한다는 것이다. 들뢰즈와 가타리에 따르면 자본의 문제는 결국 주체의 문제이며, 이는 욕망의 문제로 귀결된다. 욕망 실천의 메커니즘을 무시하고 노동 가치에 치중했던 마르크스의 이론이 한계를 가질 수밖에 없는 것도 인간의 정신과 육체에 동시에 작용하는 자본주의의 문화적 실천을 간과하기 때문이다.

들뢰즈와 가타리의 인식대로 자본주의는 물질뿐만 아니라 인간의 정체성과 일상 생활의 모든 부분에 영향을 주는 탈코드화된 실천의 체계이다(Deleuze & Guatarri, 1984: 244~5). 자본과 노동이라는 자본주의의 큰 축도 결국 문화적 사유화 과정을 통해 형성되고 실천되는 단위이다. 들뢰즈와 가타리의 주장대로 자본은 사회적이고 정치적이며 이는 인간 개개인의 정신과 일상 생활을 변화시키는 문화적 단위이기도 하다. 이에 문화 경제 연구의 입장에서 외국 자본 유입의 문제를 새로운 권력의 문제와 주체의 문화적 실천의 과정을 통해 접근해 보고자 한다.

이와 같이 영상 산업은 경제적 생산과 소비도 문화로 매개되어 전개되는 새로운 형태의 산업이다. 경제적 원칙으로만 설명할 수 없는 문화재로서의 성격 때문에 기존의 이론들이 적용되는 데 한계를 보이고 새로운 이론틀로서 문화 경제학의 접근이 타당하리라 보인다. 문화 경제학은 기존 경제학과 같이 화폐와 노동 시장의 기능을 대상으로 하면서도 객관적 경제 법칙이 아니라 사회적이고 역사적인 토대와 함께 주체들의 실천적 개입을 설명하는 이론이다. 경제 원칙이라는 것도 객관적으로 존재하는 것이 아니고, 사회 문화적 맥락에서 경제 주체들의 해석에 의해 도입되고 반영되는 것이다. 기존 경제학에서는 이를 비합리적, 비객관적인 요소로 통제 변수로 두고 이른바 합리성 변수만을 설명하는 이론으로 일관했는데, 영상 산업의 경우 산업의 특성상 사회 문화적 변수를 통제 변수로 간주하고 무시한다면 설명이 불가능해진다. 문화재로서의 영상 산업의 특성상 복잡하고 난해해지더라도 문화 경제의 접근이 불가피하게 된 것이다.

후기 자본주의 생산 양식의 변형으로 산업 자본주의 시대 규모의 경제는 한풀 꺾이고, 하이테크, 창의성을 자원으로 한 영상 산업이 21세기를 이끌 주역으로 부상하였다. 영상 산업의 생산력의 핵심은 규모와 집중화가 아니라, 지식과 창의력이다. 생산의 규모도 소규모이고, 생산 관계도 횡적으로 재구조화한다. 벤처 기업을 중심으로 한 짧은 순환 주기에서 자본주의 초창기의 창업주의 정신이 다시금 요청되었다. 이렇듯 영상 산업은 제조업 중심의 전통 산업과는 자원 운용의 기본 방식이 다르게 나타나게 된다.

영상 산업은 생산의 사회 관계가 변형됨과 동시에 가치의 생산 과정도 과거와는 다른 형태를 띤다. 과거 산업 제품이 주어진 가치를 최대한으로 생산하기 위해 최대의 에너지와 자원을 투입하고 노동 가치의 절대적 혹은 상대적 착취를 통해 생산을 관리한 데 반하여, 영상 산업은 가치 자체를 끊임없이 재창조하여 잉여를 최대화하는 새로운 형태를 띠게 되는 것이다. 이때 에너지와 자원의 투입은 최소화하고, 노동 가치의 전이도 시간이나 강도를 조절하는 과거의 방법과 다른 창의력을 기반으로 하는 새로운 방법에 의거하고 있다.

4. 영상 산업과 영상 시장

영상 산업은 고부가 가치 산업으로 유통에 의해 새로운 가치가 창출되는 산업이다. 일반 제품이 배타적인 일회성 소비로 제품의 가치는 생산에 의해 발생하는 데 비해서, 영상물은 비배타적 소비물로서 유통을 거칠 때마다 가치가 새롭게 발생하게 되는 고부가 가치 산업이다. 영상 산업의 유통의 중요성에 근거하여 영상 시장의 중요성이 어느 때보다 높다.

경제학적 입장에서는 시장은 가장 중요하며 현실의 문제를 해결하는 궁극적 수단으로 인식되어 왔다. 경제학에서 개인의 목적은 효용 극대화이므로 주체간의 갈등은 필연적이며, 이러한 문제가 해결을 보는 것은 경제학의 기본 이념과 같이 시장을 통해서이다. 미디어 경제학에서 보듯이 미디어의 4주체가 각기 상반되는 목적을 가지고 갈등할 수밖에 없는데, 이것이 해결점을 찾는 것은 시장을 통해서이다. 시장은 서로 갈등하기 때문에 합의 또한 가능하며, 시장을 통해 모두가 최대의 만족치에 도달하는 파레토 옵티멈에 도달할 수 있다고 보는 것이다.

정치 경제학에서 시장은 분배의 불평등을 심화시키는 제도로 이해된다. 시장은 가치가 왜곡된 모습으로 나타나 물화되는 제도로 교환 가치가 현실화되는 장이기도 하다(Marx, 1967: 4~23). 마르크스는 ≪자본론≫ 1장에서 사용 가치와 교환 가치를 대별하여 설명하면서 시장은 가치의 부차적 형태인 교환 가치가 화폐 형태로 가치화되는 전형적 형태로 보았다. 시장은 자본주의의 모순이 확대되는 장으로 자본이 자본을 축적하고 궁극적 가치의 형태인 사용 가치 혹은 노동 가치는 은폐되는 장으로 보았다. 이런 의미에서 시장은 현실의 문제를 해결하는 곳이 아니라, 현실의 문제를 은폐하고 심화시키는 곳으로 정치 경제학자들은 인식하게 된다. 그러므로 유통을 위해 시장이 불가피하더라도 시장의 실패를 보완할 수 있는 다른 제도적 장치를 요구하게 되는 것이다.

영상 산업의 경우 시장은 이원적 속성을 갖고 있다. 영상 시장에서는 영상물이 유통되지만 실제 가치를 갖는 것은 수용자이다. 그런 의미에서 정치 경제학자들은 영상 시장은 수용자를 사고파는 곳이라고 정의하였다. 실상 영상물의 작품성과 우수성 등 제품의 속성은 이차적 가치를 가질 뿐이고 진정한 가치는 얼마나 많은 수용자가 영상물을 감상했느냐에 있다. 방송의 경우 전형적인 예가 되는데, 방송 프로그램이 유통되지만, 프로그램의 우수성과 작품성 자체가 가치를 생산하는 것이 아니라, 얼마나 많은 사람들이 시청했는가 하는 수용자 접근도가 가치를 생산하는 것이다. 시청률이 높은 작품은 많은 광고가 방영되어 높은 가치를 갖지만, 아무리 작품이 우수해도 시청률이 낮으면 그 가치는 여지없이 하락하게 된다. 이것은 영상물이 유통되지만 영상물이 제품으로서의 가치를 갖는 것이 아니라 수용자의 수가 가치를 갖는 것으로, 수용자를 사고파는 곳이 영상 시장이라는 말이 성립될 수 있는 것이다.

정치 경제학자들이 비판하는 가치의 은폐 작용인 시장의 속성을 인정하지 않는 경우에도, 영상 시장은 표면적으로 유통되는 제품과 시장에서 가치를 가지는 것과는 괴리를 보이게 된다. 전통적으로 정치 경제학에서 시장에서 유통되는 화폐적 가치는 진정한 가치를 은폐시키는 표면적일 뿐이라는 가치의 변증법을 말하는데, 여기서 시장은 표리가 다른 이중성을 나타낸다. 영상 산업의 경우는 시장의 가치 교환의 이중성에서 한 단계 더 나아가 유통되는 제품에도 이중성을 보이게 된다.

경제학적 접근을 적용하여 영상 시장도 구조, 행위, 성과의 3차원 접근이 가능하다. 첫째, 구조는 시장의 집중도를 뜻한다. 경제학에서 시장의 집중도는 공급자의 수에 따라 달라지는데, 독점, 과점, 자유 경쟁 시장으로 나누어진다. 시장에서 수요자는 불특정 다수인 데 비하여 공급자는 소수가 될 수도 있고 다수가 될 수도 있다. 독과점 구조와 자유 경쟁 시장 간에는 큰 차이를 보이게 된다.

경제학의 이상은 자유 경쟁 시장이다. 불특정 다수의 수요자와 불특정 다수의 공급자가 인위적인 개입 없이 시장의 자동 조절 장치에 의해 합의에 도달하고 교환하여 상호 이익을 나누는 것이 자유 경쟁 시장이다. 자유 경쟁 시장에서 제품은 대체가 가능한 동질 제품으로 경쟁하게 되어 특정인이 수요나 공급에 통제를 할 수가 없다. 특정 공급자나 수요자의 시장 점유율은 영에 가까우며 시장에서 권력을 행사할 수 없게 된다. 여기서 수요자나 공급자는 가격 담지자*price taker*가 되지만 가격 결정자*price maker*가 될 수는 없다.

그림 1–3에서 보듯이, 수요와 공급이 만나는 최적 자원 배분치에서 가격이 형성되는 것이 아니라, 그 이상에서 가격이 형성되고, 공급은 줄게 되어, 빗금 친 부분만큼의 독점 이윤이 발생하게 된다.

이에 비해 독과점 시장은 소수의 공급자가 가격 결정자의 역할

그림 1–3. 독점 이윤

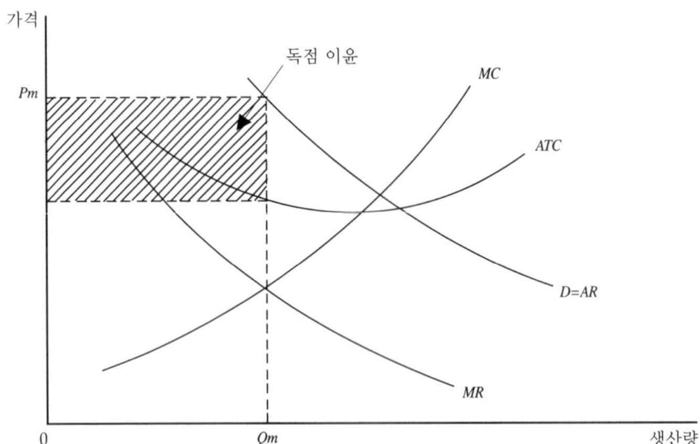

을 한다. 독과점 시장에는 진입 장벽에 의해 다른 공급자가 사업을 전개하기 어려운 구조가 형성되어 있다. 진입 장벽에는 카르텔 같은 인위적인 장벽으로 공급자의 진입을 차단하는 경우도 있고, 높은 자본 집약도로 감당할 수 있는 공급자가 없어 자동적으로 진입이 차단되는 경우를 들 수 있다. 독과점 시장의 경우 제품은 경쟁 시장에 비해 대체성이 낮아 소수의 공급 구도를 보장한다.

독과점 시장은 공급자의 개입에 의해 자동 조절의 역할을 다할 수가 없고 이윤의 배분도 불평등하게 이루어진다. 독과점 시장에서는 독점 이윤이 발생하는데, 수요자에게 배분되어야 할 이윤이 독점 공급자에게 배분되는 것이다. 독점 이윤은 사회적 비용이기도 한데, 사회 전체적으로 이익이 감소하는 결과를 가져오기도 한다.

경제학에서는, 시장을 이상으로 하여 이론을 전개하는데, 이는 완전 경쟁 시장을 전제로 한 것이다. 그러나 현실적으로 완전 시장은 거의 찾아 볼 수 없다고 해도 과언이 아니다. 수요자 공급자가 다수 존재하고 동질 제품으로 대체가 가능한 농산물의 경우 완전 시장에 가깝다고 볼 수 있지만, 최근에는 제품의 차별성이 강조되고 공급자도 불특정이 아닌 특정인으로 두각을 보이는 경향이 점점 더 뚜렷이 나타나고 있다. 제조업 제품이나 서비스 제품은 대부분 완전 경쟁 시장을 형성하지 못한다.

미디어 산업은 전통적으로 독과점의 구조가 다른 산업에 비해서 더욱 발전되어 왔다. 방송이나 영화처럼 초기 자본과 자본 집중도 때문에 생기는 진입 장벽으로 경쟁 시장의 형성이 어렵고, 제품의 차별성 혹은 비대체성이 강해 독과점 시장이 발전되어 왔다. 미디어 산업 중에도 종류에 따라 독점 구조 정도의 차이를 보인다. 완전 독점에 가까운 유선 방송에서 경쟁에 가까운 프로그램 시장으로 다양한 스펙트럼이 형성된다(정회경·김지운, 1999: 84~6). 유선 방송의 경우는 한 지역에 한 개의 방송사가 허가되는 프렌차이즈 시스템으로 완전 독점에 해당된다. 이는 제도에 의해 진입 장벽이 인위적으로 도입된 경우이다. 지상파 텔레비전 방송은 공적 제도의 개입과 고도의 자본 집약적 사업으로 어느 나라나 독과점이 형성된 시장을 이룬다. 우리나라의 경우 4개 방송사, 미국의 경우도 4개 방송사가 독과점 시장으로 구조화되어 있다.

이에 비해 음반이나 잡지 같은 미디어는 독점보다는 경쟁에 가까운 시장을 형성한다. 방송에 비해 자본 집약도가 낮고 공적 개입도가 상대적으로 적어 등록에 의해 사업이 가능하기 때문에 보다 경쟁적인 시장을 형성한다. 영화 제작사나 방송 프로그램 제작사 또한 경쟁 시장에 가깝다. 소액의 자본으로 제작사 설립이 가능하고 다양한 작품을 제작하고 판매할 수 있기 때문에 보다 경쟁적 시장을 형성하게 된다.

이와 같이 산업별로 시장의 구조는 차이를 보이지만, 상대적으로 독점화 정도가 높은 산업으로 분류할 수 있다. 특히, 영상 산업은 다매체화 시대 미디어의 융합에서 발전된 콘텐츠 중심의 산업이기 때문에 산업의 독점화는 점점 더 심화되어가고 있는 것이다. 세계적으로 영상 시장의 독점을 선도하는 할리우드를 비롯해서 각 지역 시장과 내수 시장도 소수 기업에 의해 독점되고 있는 실정이다. 영상 산업이 발전하면서 독점의 정도는 더욱 높아가고 있다.

미디어 정치 경제학자들은 전통적으로 미디어 산업의 소유 집중에 대해 강한 비판을 제기하고 있다. 영화 산업은 발생 초기부터 독점으로 시작하였으며, 그 후 매체가 늘어나면서 소유 집중의 양상은 더욱 심화되어 온 것이다. 영상 산업이 본격적으로 발전한 1990년대부터 소유 집중은 유래를 찾을 수 없을 만큼 점점 더 소수의 손에 집중되고 있다. 매체가 융합되고 신기술 개발이 반영된 영상 산업의 산업적 특성을 반영하듯 독점 시장은 세계적 추세로 자리 잡는 현실이다.

영상 산업의 소유 집중은 수평적, 수직적 통합 양 측면으로 전개된다. 즉, 수평적 통합은 동종 매체의 계열화를 통해 전개되는 양상이다. 방송사가 다른 방송사를 인수 합병하는 형태나 인터넷 업체가 다른 인터넷 업체를 흡수 통합하는 형태가 이에 해당된다. 수직적 통합은 이종 매체를 계열화하는 방식이다. 방송사가 영화사를 사거나 영화사가 인터넷 업체를 매입하는 형태로 나타난다. 또 영화 제작사가 배급 업체와 극장을 계열화하는 것도 전형적인 수직적 계열화에 해당된다.

영상 산업은 매체가 융합되고 다매체화하는 추세에서 발전한 산업이기 때문에 수직적 계열화가 가장 활발하게 전개되는 산업이 된다. 세계적으로 영상 산업의 소유 집중은 날로 심화되어 소수의 미디어 재벌이 영상 산업의 전 분야를 석권하고 있다. 할리우드의 메이저들이 영화 산업 전 분야의 수직적 통합에서 더 나아가 네트워크 방송과 케이블 방송 신문 잡지 또 인터넷 업체까지 통합하는 거대한 재벌 기업을 형성하고 있다. 예를 들어, 타임 워너는 영화, 방송, 음반, 잡지, 출판을 수직적으로 통합한 세계 최대의 영상 산업 복합체를 형성한다. 할리우드 메이저인 워너 브러더스에서 시작하여 영화 제작사 뉴라인 시네마, 방송으로는 터너 브로드케스팅, 홈박스 오피스, 타임 워너 케이블, 출판으로는 < 타임 > 지와 타임워너 출판사, 음반으로 워너 뮤직 그룹, 인터넷으로 AOL을 소유하고 있다. 이와 같은 테드 터너의 영상 산업 복합체를 비롯하여 세계 메이저 영상 산업체는 그야말로 문어발식 영상 산업 복합체를 형성해가고 있다.

영상 시장의 이와 같은 독점 구조는 소수의 손에 세계 영상 문화를 좌지우지하게 하는 위험성을 지닌 것으로 정치 경제학적 시각에서 많은 비판을 받고 있다. 그럼에도 불구하고 영상 산업의 독점 구도는 경제적 생산성과 효율성의 증가에 의해 업계에서 포기할 수 없는 이익 창출 시스템으로 자리 잡고 있다. 이와 같은 사회적 가치와 업계의 가치가 충돌하는 상황에서 영상 산업의 발전에 힘입어 탈규제 정책이 만연되면서 정부 개입이 점차 약화되고 있기 때문에 영상 산업의 독점 구조는 더욱 진전되는 것이다. 이를 둘러싸고 경제학적 입장과 정치 경제학적 입장이 대립하지만, 영상 산업의 사업성 미래의 가치 생산성 때문에 생산성과 효율성에 비중을 두고 사회적으로 받아들여지고 있는 것으로 보인다.

5. 영상 산업과 정부 정책

영상 산업은 정부의 정책적 개입이 강한 분야이다. 영상 산업의 산업적 특성상 일반 경제재와 차이가 있기 때문에 공적 개입의 가능성이 커진다. 첫째, 영상 산업의 공공재로서의 성격 때문에 그러하다. 공공재는 앞서 설명했듯이, 소비의 비배타성으로 정의된다. 재화나 서비스를 사지 않아도 소비가 가능한 것이 공공재이다. 누구 한 사람이 재화를 소비했다고 하여 다른 사람이 소비할 수 없는 것이 아니다. 예를 들어, 국방이나 사회 간접 자본 환경과 관련된 재화나 서비스는 한 소비가 다른 소비를 배제하지 않는다. 경제학적 전제에 의하면 경제인은 자의로 공공재 소비에 대한 비용을 지불하고자 하지 않을 것이다. 공공재는 시장 실패의 대표적인 사례로 시장의 자동 조절 장치에 의해 수요와 공급이 균형을 이룰 수 없는 특수재가 된다.

영상 산업은 공공재적 성격이 강해 소비가 다른 소비를 구속하지 않는다. 즉, 한 사람이 영화를 봤다고 해서 후에 다른 사람이 영화를 보는 데 지장을 주지 않는다. 다른 사람이 이미 봤다고 중고품이 되는 것도 아니고, 낡거나 닳는 것도 아니다. 방송이나 멀티미디어 등 서비스의 소비가 후의 서비스의 질을 떨어뜨리지 않는다. 이는 소비의 비배타성으로 공공재의 성격 때문이다.

전통적으로 방송은 가장 공공재의 성격이 강한 것으로 인식되었다. 방송 전파의 희소성이라는 특성 때문에 방송은 공공재가 되고, 이로 인해 시장 법칙이 아닌 국가 개입이 정당화되었다. 이에 현대 기술에 의해 전파의 희소성이 극복되고 다매체 다채널 시대가 도래하면서 공공재로서의 미디어의 성격에도 회의론이 제기되기 시작하였다. 공공재론이 퇴거하면서 탈규제와 시장 법칙이 한층 강조되고 있다.

그러나 미디어와 영상 산업의 공공재로서의 성격은 전파의 희소성 같은 기술적 제약에 한정된 것이 아니다. 공공재는 정의상 소비의 비배타성에 기인하며 기술의 발전이 재화의 성격을 변화시키는 것은 아니다. 더 나아가 미디어와 영상 산업의 사회적 역할을 고려한다면 공공재로서의 성격은 반감된다고 볼 수 없을 것이다.

영상 산업의 발전은 미디어의 산업적 가치를 더해가면서 소유재로서의 중요성 때문에 사회적으로 상업적 가치에 대한 요구가 커져가는 것이 사실이다. 이로 인해 정부의 개입보다는 시장의 원칙에 의해 상업적 이익을 최대화하고자 하는 동기가 강하게 작용하는 것이다. 그렇다고 영상 산업의 공공재적 성격이 사라지는 것은 아니고, 이것을 고려하지 않을 때 영상 산업의 발전도 기약하기 어려울 것으로 보인다.

영상 산업의 공공재적 성격과 관련하여 고려해야 할 것은 문화재로서의 특성이다. 앞서 설명했듯이 영상물은 경제적 재화이면서 동시에 문화적 재화이기 때문에 경제적 법칙뿐만 아니라 문화적 원리가 작용하는 것이다. 생산이나 소비가 문화적 맥락에서 결정되며, 취향과 선택이 문화적 분위기와 경험 사회화에 의해 결정되므로 특정 영상물의 가치가 제품의 우수성 같은 경제적 원리에 의해 결정되는 것은 아니다.

영상 산업의 문화재·공공재로서의 성격은 공적 개입의 근거가 된다. 영상 산업은 어느 나라나 국가 개입이 큰 산업인데, 이는 경제적 고려뿐 아니라 문화적 고려에서 기인한 것이다. 영상 산업에 국가가 개입하는 원칙은 크게 두 가지로 시장을 보완하기 위한 시장 원칙과 공공성을 진작하기 위한 복지 원칙으로 대별할 수 있다. 영상 산업의 특성상 시장의 원리가 그대로 준수될 수 없기 때문에 시장의 원활화를 위해서는 공적 개입이 수행된다. 대표적인 것으로는 반독점법 혹은 공정 거래법 등으로 이는 경쟁 시장을 형성시키기 위한 정부의 법적 개입이 된다. 미국의 경우, 할리우드는 반독점법의 소송과 함께 성장하였다고 해도 과언이 아닐 정도로 수많은 소송에 휘말리고 실제 패소하여 정부의 규제를 받기도 하였다. 최근 독점법에 마이크로소프트사가 자주 거론되는 예에서도 보다시피 미디어 영상 산업의 독과점적 시장 구조 때문에 이를 보완하기 위한 정부 정책의 개입이 여타 산업보다 높다는 것을 알 수 있다.

영상 산업의 시장 정책 중 가장 강도가 높은 것은 인허가 정책에서 찾아볼 수 있다. 이는 완전 경쟁 시장의 이상을 접고 영상 산업의 특성을 살려 독점적 시장 구조를 인정하되 독점 시장의 문제를 보완하기 위해 정부가 개입하는 경우이다. 방송의 경우 전통적으로 전파의 희소성과 자본 집중에 의한 진입 장벽으로 시장은 자연스럽게 독과점이 형성될 수밖에 없었다. 현재 다매체 다채널 시대 전파 희소성이 해소되었다고 해도, 유선 방송사나 위성 사업자는 시장 구조상 가장 강력한 독점 구조를 형성하게 된다. 이때 정부가 독점 사업자에 대한 인허가권을 갖는 대신 시장의 형평성을 살리기 위한 각종 규제 정책을 펴게 된다.

영상 산업에 대한 정책으로는 복지 원칙에 의한 정책을 들 수 있는데, 사회적 형평성을 보장하기 위한 분배 정책과 외부성*externality*을 대표적으로 들 수 있다. 첫째, 분배 정책은 사회적 형평성을 전제로 한다. 영상 정책이 사회적 형평성을 보장하고 평등한 분배를 이루는 데 기여하는가의 문제이다. 이는 정치 경제학자들이 주장하는 민주적 도구로서의 미디어 탈소외와 평등을 실현하는 영상 산업의 역할을 강조한 것이다. 시장을 보완하기 위한 수단이나 효율성을 목적으로 한 것이라기보다는 복지적 차원에서 영상 산업의 역할을 강조한 것이다.

또한 외부성에 대한 영상 정책은 공공재로서의 특성에서 비롯된다. 영상 산업은 공공재로서의 성격 때문에 사회적 영향력이나 이것이 장기적으로 경제에 미치는 영향이 큰 재화여서 외부성으로 인한 정책적 필요성이 높아지게 된다.

영상 산업에 대한 정부 정책은 규제 정책, 특혜 정책, 지불 정책, 세금 정책으로 대별할 수 있다. 앞서 설명했듯이 영상 산업에 대한 규제 정책은 어느 국가나 다 수행하고 있을 만큼 가장 광범위한 정책이 될 수 있다. 각국의 문화 사회적 환경에 따라 규제 정책의 정도는 다를지

언정 어디서나 도입되는 정책이다. 규제 정책은 내용 규제를 비롯하여 시장 구조 규제, 기술 규제 등 다양한 규제 정책이 도입되는 것은 앞서 설명하였다.

영상 산업에 대한 규제 정책 이외에 특혜, 지불, 세금 정책은 정부의 지원 정책에 속한다. 영상 산업의 지원 정책을 도입한 나라도 있고 도입하지 않는 나라도 있어, 각국의 영상 시장, 산업 기반과 정책적 목적에 따라 뚜렷한 차이를 보인다. 영상 산업의 이른바 선진 국가라고 하는 구미 국가 중에도 미국은 지원 정책이 현저히 낮고, 유럽 국가들은 가장 강력한 지원 정책을 운용하고 있다. 한국의 경우도 미디어 영상 산업에 대해 규제 정책으로 일관하다가 최근 2~3년 사이 영상 산업의 경제적 가치가 재고되고 국가 산업적 기반으로의 발전이 기대되면서 영상 산업에 대한 지원 정책을 도입하고 있다.

영상 산업에 대한 지원 정책 중 가장 강력한 지원 정책은 현금 지불 정책*subsidy*이다. 정부가 공적 기금으로 영상물 제작과 유통의 일부를 부담하는 것이다. 세계적으로 지불 정책을 가장 강력하게 실행하는 나라는 프랑스로, 공적 기관을 통해 프랑스 영화 전체에 대한 지불 정책을 펴고 있다. 우리나라의 경우는 영상물 제작에 현금을 대출해 주는 형식으로 지원을 하고 있다. 일부 예술 영화나 시나리오 개발에 현금을 상환 조건 없이 지불해 주는 경우도 있지만, 이는 소액에 그치고 대부분 상환 조건으로 싼 이자 혹은 무이자로 현금 지불을 해 주고 있는 실정이다.

영상 산업에 대한 현금 지원에 대해서는 평가가 엇갈린다. 가장 강력한 보호 정책이 된다는 데는 합의하면서도 현금 지원이 영상 산업의 자생력을 기르는 데 역효과를 낼 수 있다는 비판도 일부 정책 결정자들에 의해 제기 되고 있다. 즉, 현금 지원 같은 직접 지원의 보호막에 안주하여 경쟁력 있는 작품이 산출되기 어렵다는 주장이다. 시장에서 치열한 경쟁에 의해 생산된 영상물을 통해 보호막 없이도 장기적으로 존속할 수 있는 경쟁력 있는 영상 산업으로 발전하게 된다는 것이다. 프랑스를 비롯한 유럽의 각국이 강력한 지원 정책을 펼치고 있지만, 별다른 지원 정책 없이 시장에 의해 개발된 할리우드에 나날이 점령당하는 현실을 볼 때, 현금 지원의 역효과에 대한 비판이 일리 있게 들리기도 한다.

그러나 유럽적 시각에서는 세계의 영상 산업이 할리우드의 헤게모니 아래 있는 현황에서 할리우드에 대항할 수 있는 자국의 영상 산업을 키우는 것이 급선무가 된다. 시장의 경쟁은 동일한 조건을 전제로 공정 경쟁이 이루어지는 것이지 불평등한 조건하에 있을 때 경쟁이란 복속을 의미할 뿐인 것이다. 이에 불리한 자국의 영상 산업 조건을 극복하고 동일한 조건 회복을 위해서는 정책적 개입이 불가피하다. 영상 산업에 대한 다양한 정책과 전략이 가능하지만, 가장 단기적으로는 극도의 열악한 조건을 상회하기 위해 현금 지원이 가장 효과적이라는 점을 유럽 국가들이 수용하고 있는 것이다.

영상 산업에 대한 지원 정책 중 현금 지불보다는 간접적인 지원 방식으로 세금 정책*taxation*과 특혜 정책*advantage*이 있다. 세금 정책은 세금을 감면하거나 면제하는 정책, 혹은 처벌을 위해 벌금을 주는 정책으로 대별할 수 있다. 영상 산업의 지원 정책으로는 감면, 면세 정책을 펴고 있는데, 우리나라의 경우 방송 기자재에 대한 수입세 감면 정책을 예로 들 수 있다. 특혜 정책으로는 면세뿐 아니라 정부의 서비스 요율을 할인해 주는 등 특정 산업에 특혜를 주는 것이다. 세금 정책이나 특혜 정책은 특정 산업에 원가 절감 효과를 내어 간접적인 지원 방식이 된다.

앞서 말한 현금 정책과 같은 직접 지원 정책에 회의적인 태도를 보이는 사람들 중에는 특혜 정책과 같은 간접적 지원 방식이 기업의 경쟁력을 제고하는 데 한층 효과적이라고 주장한다. 직접 지원이나 간접 지원 중 어느 방식을 채택하느냐는 영상 산업에 대한 정책적 판단에 달려 있다. 영상 산업이 상대적으로 경쟁국에 비해 열악하고 단기적으로 획기적인 발전을 꾀해야 하는 정책적 필요성이 있다면 직접 지원 방식을 채택하게 될 것이다. 한편, 영상 산업이 상대적으로 발전 단계에 있고 장기적인 발전을 추구한다면 간접적 지원 방식을 채택하는 것이 적절할 것이다. 직접 지원에는 간접 지원보다 막대한 재원과 노력이 필요하게 된다. 또한 직접 지원의 단기적 효과만큼 그것의 부작용과 운용상의 문제점도 감안해야 할 것이다. 이와 같이 정책적 개입은 다양한 고려 변수와 정책 결정자의 재량권과 사회 문화적 분위기가 반영되는 것이다.

우리나라의 경우는 간접 지원 방식을 일부 채택하고 있지만, 최근 입안되고 수행되는 영상 산업 지원 정책은 직접 지원 방식을 채택하고 있다. 그만큼 영상 산업의 국제 경쟁력에 대한 위기 의식이 크고 단기적이고 획기적인 복안을 정책적으로 추구한다는 뜻이 된다. 영화나 게임같이 이미 국제적으로 확고한 독점 시장을 구축한 상대국이 내수 시장에서 힘을 발휘하고 있는 상태에서 영상 산업에 대한 위기 의식과 발전의 필요성이 절실한 것이 현실이다. 이때 직접 지원의 부작용과 운용상의 문제점을 감수하더라도 직접 지원 정책을 채택하는 것은 이런 정책적 판단에 기인한 것이라고 이해할 수 있다.

영상 산업에 대한 정책 개입은 의무적 개입과 선별적 개입으로 나눌 수 있다. 의무적 개입은 대상에 관계없이 정책이 수행되는 것으로 정책 대상이 광범위한 것이다. 선별적 개입은 정책적 재량권을 발휘하여 특정 대상을 선별하여 정책을 수행하는 것이다. 예를 들어, 앞서 프랑스에서 수행하는 현금 지불 정책은 프랑스와 유럽 제작 영화 전체에 해당된다. 프랑스 국내 제작 영화 전체에 대해 일정한 금액의 지원이 정부에 의해 수행된다. 또한 예술 영화나 실험적 영화에 대해서는 별도의 기금에서 정부가 일정한 절차를 거쳐 특정 작품을 선별하여 지원하는 제도도 채택하고 있다. 이는 정부 정책 중 선별적 개입이 된다.

우리나라의 경우 영상 산업에 대한 현금 지불 정책은 모두 선별적 정책 개입으로 이루어지고 있다. 영화나 방송물에 대한 제작비 지원 제도가 채택되고 있는데, 일정한 조건을 가진 작품 기획서가 응모되면 위원회 등을 통해 그 중 일부를 채택하여 지원이 이루어지게 된다. 이 과정에서 여러 특혜 시비와 부패 시비까지 일어나기도 하는데, 이는 시장의 자동 조절 장치와 달리 인위적 개입에 수반되는 정책에서 발생하는 부작용으로 볼 수 있다. 보다 투명한 정책 개발과 적용으로 부작용을 최소화해야 하겠지만, 정책적 시행 착오를 이유로 정책적 개입 전체를 부정할 수는 없을 것이다.

2부

영상 산업의 현황과 분석

2

방송과 영상 산업

1. 방송 환경의 변화

우리나라는 텔레비전 방송을 시작한 반세기 동안 수신기의 보급 확대와 컬러 텔레비전의 등장 등 몇몇 점진적 변화를 제외하고는 비교적 안정적인 시장 환경을 유지하여 왔다. 제작 측면에서도 2~3개의 소수 방송사가 전국의 프로그램 수요를 충족시켜 주는 과점적 형태를 유지하였다. 이는 비용이 높고, 초기 진입이 어렵다는 방송의 경제재로서의 성격과 우리나라 방송 수요 시장의 규모로 볼 때, 과점적 제작 시장 형태가 최선은 아닐지언정 차선책으로서 상대적인 효율성을 가진다는 판단 아래 이제까지 유지되어 왔다. 또한 정치 경제적 차원에서도 과점적 방송 시장 유형이 규제가 용이하고 정치적 목적에도 부합한다는 판단이 사회적으로 용인되어 온 것도 사실이다.

그러나 21세기가 시작되는 현재 빠르게 변모하는 미디어 테크놀로지의 발달로, 방송은 급격한 변화의 물결에 휩싸이고 있다. 과거 방송의 점진적 발전과 비교해, 현재 방송은 보다 급격하고 근본적인 변화가 일어나고 있어 기존의 방송 체제로 감당하기도, 예측하기도 어려운 변화의 와중에 있다.

현재 진행되는 방송 제작 환경의 변화 양상을 요약하면 다채널화와 경쟁 체제의 도입, 국제화 경향으로 나타낼 수 있다. 첫째, 다채널화는 주지하다시피, 과거 공중파 중심의 소수 채널에서 1995년 케이블의 도입으로 30채널 규모의 다채널화를 거쳐 이제 한두 해 안에 100개 채널의 시대가 도래하게 된다. 그동안 꾸준한 기술과 자본 투자로 어렵지 않게 다채널 시대에 돌입하게 되었지만, 이제부터의 과제는 가장 소극적으로는 그 많은 채널을 무엇으로 채우는가 하는 것이고, 보다 적극적으로는 다채널의 합목적성을 어떻게 보장하는가이다. 다채널 시대를 눈 앞에 둔 시점에도 우리는 가장 소극적인 문제조차 해결책을 못 찾고 있는 실정이다. 이에 다음 절에서는 다채널화의 목적을 사회적, 문화적, 산업적 차원에서 살펴보고, 이를 기준으로 다채널 시대 우리 방송이 나가야 할 방향을 진단해 보고자 한다.

둘째, 방송 제작 환경의 변화는 경쟁 체제의 도입에서 찾을 수 있다. 방송이나 정보 산업과 같이 초기 비용이 크고 위험 부담이 높은 경제재는 통상 공공 기업이나 독과점 체제로 출발하게 된다. 방송은 제작을 하기 위한 절대 비용이 매우 높고, 소비자에게는 수신기 구입의 부담이 커 시장 규모는 점진적으로 성장할 수밖에 없다. 그래서 초기 비용과 장기간의 수익 분기점을 부담할 수 있는 소수의 업체에게 몰아 주게 된다. 우리나라의 경우 방송이 시작된 지 반세기, 공영 방송이 시작된 지 40년 동안 사실상 독과점 체제를 유지하여 왔다. 전국적 시장 규모에서 텔레비전 시청자를 확보하고, 안정적 광고 수입을 기반으로 지상파 3사가 과점적 위치를 점유해 왔다.

흔히 다채널 시대가 도래하면 방송의 독과점 체제가 도전을 받을 것이라고 예상했다. 그러나 다채널화가 도입된 1995년 케이블이 시작된 지 10년의 세월이 지났지만, 전체 방송 제작 시장에서 케이블이 차지하는 비율은 아직 낮아 지상파의 독과점적 위치를 위협하지는 못하고 있다.

우리나라의 경우 방송 시장이 경쟁 체제의 위협을 몸소 체감하게 된 것은 경쟁자의 진입보다는 IMF라는 경제 환경의 변화에서이다. IMF라는 경제 위기를 겪으면서 방송 시장이 더 이상 안정적 수입원과 시청자를 근거로 한, 땅 짚고 헤엄치기가 아니라는 것을 체득하게 되었다. 경제 환경의 변화에서 방송사들은 사활의 길을 모색하기 위해 자발적으로 스스로를 경쟁의 구도 속에서 노출시키기 시작한다. 즉, 국내 시장에서는 독과점적 우위를 가지지만, 시장 규모의 축소로 이익을 내는 데 한계가 있기 때문에, 시장의 확대를 위해 매우 경쟁적인 국제 시장에 나설 수밖에 없는 상황이 된 것이다.

셋째, 방송의 국제화는 앞서 다채널화와 경쟁 체제와 맞물려 진행되어 왔다. 방송이 국제 시장에서 경쟁자로 등장하게 되는 것은 크게 두 가지 길이 있는데, 하나는 국내 제작물을 해외 시장에 수출하여 수익을 올리는 일이고, 둘째는 해외 투자 유치나 공동 제작의 형태로 국제 자본을 도입하여 국내외 시장에서 경쟁력을 기르는 것이다. IMF 이후, 방송의 경제적 위기의 타계책은 점진적이기는 하나 심각하게 고려되었다. 이에 이 장에서는 국제화에 따른 방송의 경쟁 구도의 현황과 미래의 방향을 논의하고자 한다.

2. 다채널 시대의 도래와 방송 제작 환경의 변화

현재 각국이 많은 자본과 기술 투자로 다채널화를 경쟁적으로 추진하고 있다. 이와 같이 경쟁적으로 추진되는 다채널의 합목적성은 무엇인가? 첫째, 다채널화를 추진하는 데 전제가 되는 것은 다채널화와 다

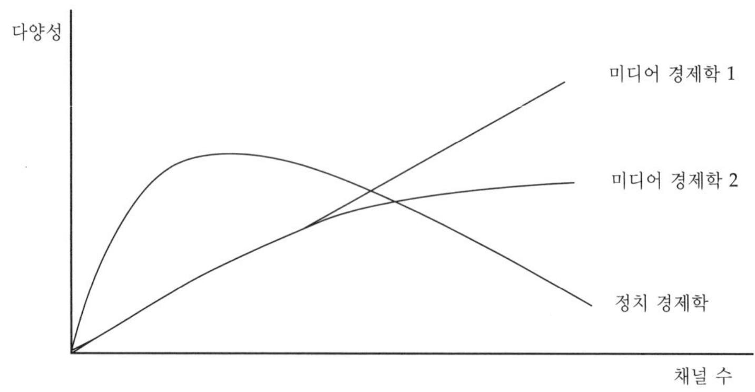

그림 2-1. 다채널과 다양성

양성의 상관 관계이다. 소수의 채널이 독과점적으로 운영될 때보다, 다채널화되면 사회의 다양한 목소리들이 여러 채널들을 통해 표현될 수 있다는 것이다. 이런 전제가 현실적으로 성립되기 위해서는 다채널이 사업자의 다양성과 내용의 다양성을 보장하는가가 먼저 점검되어야 할 것이다. 커뮤니케이션학에서는 많은 정치 경제학자들이 소유권의 문제로 다양성의 문제를 접근하였다(Bagdikian, 1992; Compaign, 1982; Schiller, 1989). 이들 정치 경제학자들은 전 세계적으로 미디어의 숫자가 늘어나고 시장 규모도 증가하지만, 미디어 소유 형태를 보면 과거에 비해 점점 더 적은 숫자의 사업자들에 의해 소유되는 것을 발견하였다. 정치 경제학적 입장에서 보면, 다채널화가 다양성을 보장해 주지 못한다는 주장이 나오게 된다.

한편 미디어 경제학에서는 실제 다채널화가 내용의 다양성을 가져오는지를 실증적으로 연구하고 있다(Litman et. al. 1994; Grant 1994). 이들은 미국 텔레비전 프로그램에 대한 실증 분석에서 채널이 다양화되어 경쟁적으로 될수록 프로그램의 다양성을 가져온다는 결론을 내리고 있다.

미디어 경제학 연구가 미국 텔레비전 시장에 한정하고 다양성의 개념을 매우 협소하게 정의하고 있어 정치 경제학의 연구와 상치되는 결론을 내리고 있지만, 다채널화와 다양성의 문제를 본격적으로 다루었다는 데 의의가 있다. 이와 같이 커뮤니케이션 연구에서는 다채널화의 목적을 다양성으로 놓고 다양한 연구를 계속하고 있다.

둘째, 다채널화의 목적은 수용자 선택의 확대이다. 흔히 다채널화를 기술적·산업적으로 접근하다 보면, 수용자의 문제를 간과하게 마련인데, 기술과 산업의 발전도 궁극적으로 인간을 위한 것이고, 방송 발전의 근본 목적이 수용자를 위한 것이라는 것을 유념해야 한다. 다채널화가 수용자 선택권을 확대시키는 것은 여러 차원에서 접근할 수 있는데, 가장 낮게는 기술적 차원에서 시간 이동*time-shift*의 기능이다. 즉, 과거 소수의 공중파 채널만이 존재 했을 때는 방송사에 의해 한 번 편성된 스케줄을 놓치면 일정 프로그램을 감상할 수 없었지만, 채널이 다양화되면서 정해진 시간을 놓치더라도 여러 채널에서 다양한 편성에 의해 반복적으로 상영하므로 수용자가 스스로의 스케줄에 따라 프로그램을 선택하여 볼 수 있는 여지가 늘어났다. 예를 들어, <9시 뉴스>를 놓치더라도 종일 뉴스 방송을 통해 유사한 내용을 감상할 수 있고, 공중파 방송 프로그램이라도 인터넷 방송이나 위성, 케이블 등 다양한 방송 채널을 통해 같은 프로그램을 자유로이 감상할 수 있게 된 것이다.

다채널화가 주는 수용자의 선택권 확대로 두 번째로 들 수 있는 것은 시장 세분화이다. 이제까지 방송의 수용자는 '대중'이라는 이름 하에 획일화된 수용 단위로 취급되었다. 19세기 이후 대량 생산을 기반으로 한 산업 사회를 배경으로 산업 노동자들의 재생산 영역으로 여가는 미디어를 매개로 한 대중 문화가 형성된 것이다(Habermas, 1989). 대중은 내일의 노동을 위한 재충전으로서 최소한의 비용과 에너지를 들여 즐길 수 있는, 대중 매체에서 생산된 대중 문화를 일방적으로 수용하게 된 것이다. 대중이란 그 사회의 모든 구성원을 뜻하기도 하지만, 실제 특정 주체를 의미하지도 않는 것이다. 이렇듯 갈피를 잡을 수 없는 '대중'에 대한 감을 잡기 위해 한 방송사의 연수 과정에서는 대중을 "중학교를 졸업하고 보통의 지적 능력을 가진 자"로 대상화한다고 한다. 사회가 변화하면서 애초 모호했던 대중의 속성은 더욱 갈피를 잡기 어렵게 되었는데, 방송사에서 시청률에 울고 웃는 일상의 해프닝에서도 보듯이 대중에 대한 근본적인 접근의 변화가 필요하다.

자본주의가 발전하는 과정에서 19세기적 근대화나 산업 사회의 성격도 이제 변화하게 되었다. 20세기 말에 진전되기 시작한 탈산업 사회적 양상은 '대중'의 성격도 달라지게 했으며, 따라서 미디어의 수용자도 변화하는 양상을 보이게 되었다. 후기 산업 사회 혹은 문화적으로 탈근대 사회에서 권력은 분권화, 시장은 세분화, 문화는 미시화하는 양상을 보인다(Bell, 1984; Foucault, 1979). 이런 사회 변화 속에서 방송도 예외일 수 없다. 이는 방송의 수용자가 동시에 국민이고, 소비자이고 '대중'이기 때문이다. 사회의 변화와 더불어 기술의 발전에 힘입어 대량 생산에서 주문 생산으로 산업 노동자에서 신산업의 전문가 계층이 점차 늘어나게 된 것도 이런 변화의 한 양상이다. 이와 같은 정치 경제적, 문화적, 사회적 변화 속에서 방송 수용자의 취향도 세분화되었고, 다채널화는 이를 기술적으로 가능하게 해 주는 수단이 되었다.

다채널화의 합목적성은 방송 수용자의 세분화와 더불어 세 번째 전문화를 충족시키는 데 있다. 대중 문화의 수동적 소비자에서 보다 세분화된 취향과 수요를 가진 방송 수용자로 변화하면서 이들은 전문 채널에 대한 수요를 가지게 된 것이다. 이제 방송 수용자는 과거 채플린이 산업 사회 공장 시스템을 풍자한 것처럼, 콘베이어벨트의 속도와 강도에 맞추어 일률적으로 작업을 맞추고 퇴근 후 여가 시간에는 또 다른 콘베이어벨트식 방송 편성에 맞춰 일률적으로 웃고 우는 수용자가 아니다. 사회가 다양해지고 직업도 다양해지면서 각자 나름의 취향과 시간 스케줄에 따라 방송을 즐기게 되었다. 새벽 3시에 퇴근해 뉴스를 보고, 아침 9시에 영화를 보고 싶은 디자이너, 벤처 사업가도 있을 수 있다. 음악 채널을 집중적으로 보고 싶은 이도, 하루 종일 만화를 보고 싶은 이도 있을 수 있다. 각자의 생업과 라이프스타일과 취향에 따라 전문 채널에 대한 수요를 갖게 된 것이다.

　　다채널이 주는 수용자의 선택권 중 가장 적극적인 형태는 수용자 스스로를 표현할 수 있는 시청자 주권의 확립을 네 번째로 들 수 있다. 기술이 발전하여 방송의 접근이 용이해지면서 방송 수용자는 수동적 소비자가 아니라 적극적 생산자가 되고자 하는 욕구가 생기게 된다. 과거 언론의 관심에서 제외되었던 소외된 영역과 소외된 지역, 소외 계층에 대한 프로그램이 수용자 스스로에 의해 제작되고 다채널을 통해 유통될 수도 있는 기술적 여건이 성숙된 것이다.

　　셋째, 현재 다채널화가 추진되는 가장 큰 동인은 산업적 이해 관계에서 찾을 수 있을 것이다. 앞서 언급한 사회적, 문화적 변화에 힘입어 방송이 보다 높은 부가 가치를 창조할 수 있는 경제재로서 인식되기 시작하였다. 21세기를 흔히 정보 사회, 영상 시대라고 지칭하듯이 영상 산업이 새로운 기반 산업으로 자리매김하게 된 것이다. 과거 제조업 위주의 산업 사회에서, 방송이나 영화 등의 영상 산업은 정치적, 문화적 중요성은 높이 평가되었으나, 산업적 측면에서는 제조업이나 금융업 등에 비해 부수적인 가치로만 인정되었다. 미디어에 대해서는 대중 문화 비판이나 정치적 민주주의를 근거로 평가되었지만, 산업적 논의는 커뮤니케이션 연구에서도 그리 큰 비중을 차지하지 않았다.

　　일찍이 정치 경제학자들은 마르크스의 이론을 비판적으로 수용하면서, 마르크스가 간과했던 커뮤니케이션의 경제적 가치에 주목하기 시작하였다(Smythe, 1977; Murdock, 1989). 20세기 말 정보 산업이 획기적으로 발전하면서, 영상 산업에 새로운 서비스들이 속속 등장하고, 수요 시장이 기하급수적으로 확대되면서 주류 경제학이나 언론학자들도 영상 산업의 가치를 재평가하고 그 중요성을 강조하기 시작하였다. 1990년대 방송, 영화, 멀티미디어 등 영상 산업의 전 분야가 경제적 가치에 대한 새로운 인식으로 일대 붐을 일으키며 너도 나도 시장 진입에 박차를 가하게 되었다. 우리나라의 경우 1995년 케이블 도입 후 지속되는 케이블 업계의 도산과 적자 경영으로 한때 영상 산업에 대한 경제적 기대가 주춤했으나, 2000년대 들어와 인터넷 방송과 위성 방송의 도입, 디지털 방송의 시대를 앞두고 다시 업계의 초미의 관심을 집중시키게 되었다.

업계에서는 다채널화의 목적을 영상 산업의 경제적 가치의 극대화로 두고 추진하고 있으나, 산업적 가치가 앞서 설명한 사회 문화적 문제 혹은 수용자의 문제를 간과한다면 효율적으로 달성할 수 없다. 또한 산업적인 측면에서도 기존의 시스템을 그대로 유지하면서 채널 확보를 늘린다고 영상 산업의 리더가 된다거나, 경제적 이익을 효율적으로 확보할 수 있는 것도 아니다. 이는 기존 영상 산업의 제작과 유통의 구조적 문제점으로 새로운 환경 변화에 탄력적으로 대처할 수 없기 때문이다. 이에 다음 절에서 다채널 시대 프로그램 시장 수요의 규모와 성격을 측정하고, 현행 제작 환경의 문제점을 진단해 보고자 한다.

3. 다채널 시대 영상 제작 수요 시장

수백 개의 채널이 안방을 점령하게 되는 다채널 시대를 맞이하여, 시대에 부응하는 방송의 개혁을 위해 우리는 어떤 준비를 하고 있는가? 현재 방송 업계나 학계를 망라하고, 변화를 체감하고 대책을 숙의하고는 있지만, 현실에 대한 정확한 진단과 미래에 대한 합목적적 비전 없이 진행되는 대책과 논쟁은 사상누각이 될 수밖에 없다. 여기에서는 첫째, 우선 현황에 대한 진단과 예측을 위해 영상 제작의 수요 시장을 분석하고자 한다. 이를 기반으로 업계가 시장 변화에 탄력적으로 대처할 수 있는 기초 자료를 모색할 수 있다. 둘째, 방송 시장의 변화의 와중에서 야기되는 몇몇 오해와 논쟁에 대해 정확한 이해를 위해 분석을 시도하고자 한다. 셋째, 다채널 시대 영상 제작 수요 시장의 변화와 방향을 진단

표 2-1. 방송 프로그램 제작 시장 수요

(단위: 시간 / 주간)

연도	매체	총방송	자체 제작	외주	외화	신규 방송	재방송
1998	지상파	25,364	19,344	4,521	1,499	22,120	3,244
	케이블	204,120	52,744	10,497	23,510	86,751	117,369
	계	229,484	72,088	15,018	25,009	108,871	120,613
1999	지상파	22,672	16,550	3,854	2,268	19,724	2,720
	케이블	216,145	136,603	24,857	54,685	73,489	142,656
	계	238,817	153,153	28,711	56,953	93,213	145,376
2000	지상파	22,672	15,644	4,761	2,267	19,724	2,720
	케이블	216,145	125,364	25,937	64,844	73,489	142,656
	계	238,817	141,008	30,698	67,111	93,213	145,656
2001*	지상파	27,740	18,031	6,935	2,774	24,133	3,328
	디지털	110,960	55,480	27,740	27,740	—	—
	케이블	216,145	125,364	25,937	64,844	73,489	142,656
	위성 채널	558,600	111,720	167,580	279,300	111,720	446,880
	계	1,052,145	310,595	228,192	374,658	209,342	592,864
2002	지상파	36,070					
	케이블 · 위성	1,004,136	475,429	317,596	192,887		
	계	1,040,206					
2003	지상파	36,070				32,102	3,968
	케이블 · 위성	1,181,126	571,828	387,054	11,908		
	계	1,217,196					

* 2001년 추정치, 2002, 2003년은 실제치

자료: 자체 조사; 문화관광부 <방송 영상 진흥 대책>; 케이블 협회 내부 자료; DSM 내부 자료¹; 방송위원회 방송 산업 실태 조사 보고서 2003, 2004.

1. ① 지상파 방송사의 자체 제작, 외주 제작, 신규, 재방송의 양과 비율은 지상파 방송사가 문화관광부에 자체 보고한 기준을 따른 것이다. ② 케이블 PP들의 자체, 외주, 신규 제작 및 재방송의 양과 비율은 1999년 12월 현재 케이블 협회에 보고된 내용을 따른 것이다. ③ 위성 채널의 예측치는 DSM의 내부 자료와 DSM 관계자, KT 관계자와의 인터뷰, 방송위원회에서 신규로 승인된 채널 사업자의 사업 계획서를 참고로 종합한 결과이다.

표 2-2. 지상파 방송의 장르별 편성

(단위: 분 / 주간)

구분	KBS1	KBS2	MBC	SBS	계
보도	2,150	555	1,735	780	5,220
다큐멘터리	1,245	680	410	340	2,675
정보	1,605	950	600	1,070	4,225
드라마	590	1,225	1,760	1,330	4,905
쇼	570	1,715	1,610	2,325	6,220
영화	295	210	170	95	770
어린이	170	780	245	445	1,640
기타	605	290	660	1,330	2,885

자료: <텔레비전 편성 백서>; http://www.mct.go.kr

하고 예측하여 산업적, 정책적 미래 방향을 제시하고자 한다.

첫째, 다채널 시대의 도래와 함께 대두된 가장 기초적이면서도 가장 자주 대두되는 질문이 100개가 넘는 채널을 무엇으로 채울 것인가이다. 이에 영상 제작 시장 규모의 현황과 변화를 측정해 보도록 하자.

표 2-1에 따르면 다채널화, 디지털화가 본격화된 2001년부터 프로그램 수요 시장은 기하 급수적으로 늘어난다. 표 2-1을 기준으로 단순 산술 계산하더라도 다매체 다채널화가 대규모적으로 시행된 2001년에 이르러 프로그램 수요는 지상파와 케이블을 근간으로 한 프로그램 시장에 비하여 400% 이상 증가할 것으로 예상되었다. 실제 2002년, 2003년의 통계를 보면 케이블, 위성 채널이 이제 107개, 126개로 늘어나면서 방송 시간은 주간 100만 분 이상으로 크게 늘어난 것을 알 수 있다. 다채널화, 디지털화에 의해 프로그램 2000년에 비해 4~5배 이상 프로그램 수요 시장이 확대되는 효과를 보인다. 이는 지상파 디지털 방송이 본격화되

2001년 위성 채널은 70개로 방송 시간은 신규 채널 사업자 방송 시간 평균인 19시간을 기준으로 하였다. 현 사업 추진 업체들의 동향에 따라 국내 대 해외 프로그램 편성 비율은 50%로, 국내 프로그램 중 신규 비율은 40%로, 재방송 비율은 평균 4회로 예측하였다.

면 더욱 늘어나게 된다.

다채널화가 본격화되면서, 연간 프로그램 수요 시장 규모가 6329만 5192분으로 100만 시간 이상 늘어났으며, 50분짜리 방송물로 치면 연간 120만 편 이상의 프로그램이 필요하게 되었다. 여기에 인터넷 방송, 디지털 방송, 모바일 방송까지 합하면 프로그램 제작 시장의 수요는 셀 수 없는 속도로 늘어나고 있다.

다채널, 디지털화에 의해 국내 방송 영상 시장의 규모가 급속히 증가하여 영상 산업의 중흥기가 도래하는 것으로 기대를 모을 수 있다. 다채널화에 의해 국내 프로그램 수요가 양적으로는 기하급수적으로 늘어나는데, 이것이 새로운 커뮤니케이션 시대를 불러오고 영상 산업이 사회 기간 산업으로서 신세대를 구축하는 역할을 담당하는지는 따져 보아야 할 문제이다. 즉, 방송 프로그램에 대한 양적인 성장이 질적 발전으로 직결되는지가 관건이다. 우선 이제 120개로 늘어난 방송 채널이 콘텐츠의 질적 발전을 수반하는지 보기 위해서 어떤 프로그램이 증가하는지 살펴보아야 한다. 그러면, 구체적으로 어떤 프로그램에 대한 수요가 어느 정도 증가할까?

텔레비전 프로그램 장르는 방송법에 의해 보도, 교양, 오락으로 나뉘며, 방송법 시행령에 규정된 편성 비율을 준수해야 한다. 여기서는 방송 프로그램 장르를 보다 세분화하여 교양을 다큐멘터리와 정보로, 오락을 드라마, 쇼, 영화로 나누었으며, 또한 어린이 프로그램과 기타 항목을 추가하여 세분화하였다. 기타 항목에는 스포츠 중계 그 외 다양한 프로그램을 포함시켰다. 주지하다시피 우리나라는 총 편성에서 드라마가 차지하는 비율이 17%, 뉴스가 평균 18% 정도를 보이고 있다. 그 외 버라이어티쇼, 토크쇼, 코미디 등을 포함하는 쇼의 비율이 22%로 높게 나타난다. 다큐멘터리 편성의 경우 KBS1을 제외하고는 낮은 비율을 보이고, 어린이 프로그램이나 영화가 그 다음으로 낮은 편성 비율을 보인다.

지상파 텔레비전의 한 해 프로그램 양을 장르별로 보면 쇼 오락 장르가 6220시간으로 가장 많고, 보도가 5220시간, 드라마가 4905시간이다. 예를 들어, 드라마의 경우 1편당 50분으로 환산하면 5101편, 다큐멘터리의 경우는 연간 50분물 2782편에 대한 수요가 있다는 계산이 나온다.

다채널 매체인 케이블, 위성의 경우는 수용자 세분화로 프로그램 장르에 대한 수요가 지상파와 상이한 양상을 보인다. 갖가지 채널의 특성상 수용자에게 제공되는 정보 프로그램이 가장 큰 비율을 차지한다. 케이블 위성에서는 영화가 24개 채널로 가장 높은 비율을 차지하고 있다. 그 뒤를 드라마 등 엔터테인먼트 채널이 따르고 있고, 생활 정보 채널도 많은 채널 구성을 보이고 있다.

방송의 디지털화에 의해 다매체 다채널화가 도래하면 새로운 커뮤니케이션의 시대가 오고, 영상의 양적 질적 발전으로 인해 영상 산업이 획기적으로 발전할 것이라는 전망이 일반적이었다. 그러나 실제 126개의 채널이 영상 제작의 양적 질적 진흥을 기대만큼 가져오지 못한 것으로

표 2-3. 채널 장르별 제작 현황 (2003년 / 126개 채널)

	주간 방송 시간(분)		제작원별 편성 비율(%)			
	평일 (5일)	주말 (2일)	자체 제작	외주 제작	국내 구매	국외 구매
영화(24개 채널 평균)	6932	2773	5.91	2.19	46.43	45.78
뉴스, 다큐, 경제(13개 채널 평균)	7108	2843	65.68	3.16	13.13	17.97
홈쇼핑(5개 채널 평균)	7200	2880	99.90	0.10	0.00	0.00
교육, 학습(9개 채널 평균)	6560	2602	78.33	13.67	4.00	5.93
드라마, 음악, 게임: 엔터테인먼트 (32개 채널 평균)	6373	2536	53.45	1.36	32.60	12.72
스포츠, 레저(12개 채널 평균)	6756	2590	57.17	13.76	11.39	14.08
생활 정보, 여성(17개 채널 평균)	6901	2764	52.43	10.48	25.17	12.67
종교(5개 채널 평균)	6300	2496	80.02	6.02	8.32	5.64
기타: 시민 방송, 가이드 채널 등 (9개 채널 평균)	6583	2357	25.80	4.18	54.78	14.80

보인다. 방송의 디지털화가 채널의 확대를 가지고 왔지만, 이것이 영상 산업의 기반 확대로 이어지지 못하고, 기존 콘텐츠의 재방송이나 외국 영상물의 반복 재방영으로 메우고 있는 것이다.

표 2-3을 보면 채널 사업자들이 126개로 늘어났지만, 실제 자체 제작을 하는 경우는 60% 정도에 불과하고 국내와 국외 영상물을 구매하여 재전송하는 경우가 많다. 자체 제작 중에도 홈쇼핑 채널이 99.9%인 것에 비해 영화 채널은 5%, 다큐멘터리 애니메이션 등의 영상의 윈도 효과가 큰 영상물의 자체 제작률은 극히 낮게 나타난다. 생활 정보나 엔터테인먼트 뉴스 채널 등 영상 산업으로서의 부가 가치 생산성이 낮은 장르의 채널만이 높은 자체 제작률을 보인다. 이들 정보나 보도, 쇼 프로그램은 영상으로서의 질이나 작품성보다는 시간성이 우선시되어 제작되므로 영상 산업으로서의 역할인 윈도 효과를 내기가 어렵다.

다채널화 시대에 다층적인 윈도 효과를 낼 수 있는 장르로는 영화, 드라마, 다큐멘터리, 애니메이션을 들 수 있다. 우리나라의 경우 케이블이 아직 확고한 위상을 정립하지 못하여 소모성 정보나 대담, 학습 프로그램 등이 주류를 이루고 있다. 다채널화가 영상 산업의 고부가 가치를 창출하기 위해서는 원 소스 멀티유스할 수 있는 프로그램에 대한 투자가 활발히 이루어져야 할 것이다.

4. 다채널 시대 방송 제작 수요 시장의 변화와 방향

위에서 방송 프로그램 제작 시장의 현황을 보았는데, 이것이 다채널화의 합목적성과 어느 정도 부합하는지를 점검할 필요가 있다. 첫째, 다채널화와 다양성의 측면이다. 제작 시장에서 다양성은 두 가지로 측정할 수 있는데, 콘텐츠의 다양성과 제작의 다양성이다. 콘텐츠의 다양성을 설명하려면 매우 복잡한 기준이 필요하고, 그 기준도 객관적 합의가 어렵기 때문에, 일단 제작 기반의 다양성을 보도록 한다. 앞서 설명했듯이, 미디어 경제학이나 정치 경제학 연구에서 제작 기반에 따라 내용도 영향을 받고 달라질 수 있다고 보기 때문에, 제작 기반이 다양성을 설명하는 데 유용한 변수가 될 것이다.

우선, 방송 부문에서는 제작 기반의 다양성을 확보하기 위해 여러 가지 정책적, 시장적 메커니즘이 동원되고 있다. 방송 시장에서 제작 기반을 다양화하기 위한 노력은 정책적 차원에서 방송의 외주 제작 의무 비율과, 독립 제작사에 대한 각종 지원 제도에서 찾을 수 있다. 1991년부터 실시된 외주 제작 의무 비율은 그동안 많은 논쟁과 문제점을 노정하면서 실시되어 오다가, 정부 주도의 영상 산업 진흥 대책이 발표되면서 획기적인 전기를 맞게 되었다.

순수 독립 제작사의 외주 비율이 10%대에서 1998년 1차 영상 산업 진흥 대책이 나올 때 20%로, 2004년이면 35%로 증가하게 된다. 물리적으로만 보더라도 방송사의 인력 구조나 제작 환경을 고려할 때, 외주

표 2-4. 지상파 방송의 외주 제작 현황과 실제

	KBS				MBC				SBS			
	규제 (%)	실제			규제 (%)	실제			규제 (%)	실제		
		비율 (%)	시간 (시간)	편수 (편)		비율 (%)	시간 (시간)	편수 (편)		비율 (%)	시간 (시간)	편수 (편)
1998	20.0	−			20.0	−			20.0	−		
2000	21.0	−			23.5	−			23.5	−		
2001	25.0	27.7	−	−	30.0	30.2	−	−	29.0	36.5	−	−
2002	28.0	30.3	5,911.0	9,261	33.0	34.5	1,756.0	2,561	33.0	41.0	1,882.0	2,884
2003	30.0	−	2,857.3	4,807	35.0	−	1,548.4	2,136	35.0	−	1,985.7	2,850
2004	32.0	−			35.0	−			35.0	−		

출처: 한진만, "외주 제작의 현황 — 외주 정책의 현황과 대책," 독립제작사협회 주관 세미나, 2003; 김재영·이재호, <외주 정책 10년의 평가와 선진 외국의 외주 실태>, 문화방송, 2002.

의 최소 비율이 30%가 되는 2002년부터는 이전의 방송 제작 시스템을 유지하기 어렵게 되었다. 이에 방송사에서는 구조 조정과 분사 시스템을 도입하면서 적응 노력을 시도하였다.

우리나라의 경우 방송 제작이 KBS, MBC, SBS 3대 방송사 위주로 제작이 독점되어 다양한 기반의 제작 환경을 이루어지 못한 실정이다. 미국, 유럽, 일본 등 대다수의 국가들이 메이저 방송사가 아니라, 제작사를 중심으로 방송 제작이 경쟁적으로 이루어지고 있는 것과는 대조적으로, 우리나라의 경우는 방송사 자체 제작이 대부분을 차지하여 영상 산업의 확대 재생산이 구조적으로 어려운 현실에 있다. 이와 같은 문제를 강제적인 방법으로 해결하고자 하는 것이 정부 주도의 외주 의무 방영 비율인 것이다.

외주 제작 의무 정책을 둘러싸고 방송사, 제작사, 정부 삼자 간에 심한 갈등으로 부딪치는, 제로섬 게임의 상황이 연출되고 있는데, 이는 장기적 비전을 갖고 득실을 차분히 따져 봐야 할 문제이다. 첫째 문제는 외주 제작이 다양성을 보장하는 방향으로 적절하게 집행되고 있는가이다. 둘째는 외주 제작이 방송의 발전, 더 나아가 영상 산업 전반의 발전을 가져올 효율적 시스템인가의 문제이다.

제작사의 입장에서는 첫 번째 문제를 제기하며, 외주 제작이 부적절하게 집행되고 있다는 지적을 한다. 방송사와 제작사 간의 힘의 관계에 의해 현재 외주 제작 체제로는 제작사가 장기적으로 발전할 여지가 없다는 것이다. 그 근거로는 작품 수주의 하도급 체제, 낮은 제작비 지불, 외주 프로그램의 B급 시간대에 편향된 편성, 제작사의 저작권 양도 조건, 과도한 재방송 비율 등을 들 수 있다.2 정책적 노력과 방송사 자체의 노

---

2. 방송진흥원의 최근 5년간 외주 제작 프로그램 전체를 대상으로 한 분석 결과, 위의 문제들은 그대로 현실로 드러나고 있다. ① 작품 수주의 하도급 체제: 독립 제작사 대표의 경력에 따라, KBS 출신이 KBS에 외주를 제공하는 비율은 43.9%인 데 반해, MBC 출신이 KBS에 외주를 받는 경우는 2.1%, SBS 출신은 1.6%로 드러난다. MBC 출신도 MBC에 제작물을 공급하는 경우가

표 2-5. 지상파 방송의 외주 방영 시간

등급	SA			A			B			C			총계
방송사	KBS	MBC	SBS	KBS	MBC	SBS	KBS	MBC	SBS	KBS	MBC	SBS	
편수	26	10	28	48	16	34	64	48	45	31	34	27	411
총계	64			98			157			92			

2002, 2003 봄 / 가을 개편시(총 4회) 독립 제작사의 프로그램이 지상파 3사에 편성된 횟수
출처: KIPA(독립제작사협회), 2005.

력으로 점차 외주 제작의 문제점들이 개선되고는 있지만, 아직도 근본적인 변화는 일어나고 있지 않다.

표 2-5에 나타나듯이, 외주 방영은 B급 시간대에 가장 많이 편중되어 있다. 최근 대규모 제작사들이 속속 등장하면서 대형 드라마를 제작하고 시청자들의 좋은 반응을 얻는 데 힘입어 SA 시간대의 제작도 차츰 활발해지고 있지만, 외주 제작 전체를 볼 때는 아직도 B급 시간대에 가장 많은 편수가 반영되고 있다. 또한 방송사와 독립 제작사 간의 권력의 불균형 관계는 여전히 지속되고 있다.

한편, 방송사의 입장에서는 현재 제작사들의 현황을 고려할 때, 외주 제작의 확대가 방송의 발전을 가져올 효율적 시스템인가에 대한 문제를 제기해 오고 있다. 방송사측의 주장은 현 제작사들의 수준을 감안할 때 외주 제작 확대는 방송의 질을 저하시키고, 수용자의 볼 권리를 침탈

40.4%로 나와 독립 제작사 대표의 출신에 따라 하도급으로 외주가 수주되는 것을 알 수 있다(방송진흥원, 1999: 57). ② 외주 프로그램의 경우 시간대 편성이 SA급은 8.5%인 반면, B급이 48%로 가장 높은 비율을 보이고 있다(pp.68~9). ③ 제작비는 제작사의 경우 직접 제작비를 기준으로 지급되기 때문에 간접비까지 고려할 때, 방송사와 제작사와는 제작비에 있어 40~50% 정도의 차이를 보이게 된다. ④ 저작권은 이제까지 제작사 작품의 경우도 대부분 전권으로 방송사에 귀속되어 불공정 거래의 문제가 끊임없이 제기되었다. 최근 5년간의 외주 프로그램 전체중 제작사가 모든 권한을 갖는 경우는 0.7%, 방송사가 모든 권한을 가진 경우가 81.6%로 큰 대조를 보이고 있다(p.53). 최근 KBS를 위시하여 제작사의 저작권 중 동남아 해외 판매권 등 일부를 인정하려는 움직임이 보이기 시작하고 있다.

하는 정책이라는 지적이다. 또한 편성의 독립성이라는 언론 자유의 하위 범주를 침해하는 행위라는 것이다. 산업적인 측면에서도 전 세계 방송사들이 **M&A**를 단행하여 수직적 결합을 하는데, 우리나라 방송사만이 외주 확대로 인한 구조 조정으로 분사를 유도하는 것은 시대 착오적이라는 지적도 있다.

방송사나 제작사나 이해 당사자의 입장에서 볼 때, 각 주장이 일리가 있지만, 요는 새로운 방송 환경의 변화 속에서 변화의 맥을 잡고 이에 합목적적으로 대응할 수 있는 길을 찾는 것이다. 외주 제작 의무 비율의 고시도 제작사 손 들어 주기가 아닌 명백한 정책 목표 아래 시행되어야 하며, 이를 기준으로 평가되어야 할 것이다. 외주 제작은 다채널화하는 방송의 변화 속에서 다양성과 영상 산업 기반 확립이라는 목적을 위해 합목적적으로 시행되어야 할 것이다.

이런 목적에 비해 방송사에서 비판하다시피, 현재 제작사는 제작 역량이나 질적인 측면에서 많은 문제점이 있는 것이 사실이다. 많은 독립 제작사들의 열악한 제작 여건을 감안할 때, 독립 제작사의 방송 편성 비율을 일률적으로 늘이는 것의 폐해도 부정할 수는 없다. 그러나 제작사가 이와 같이 열악한 제작 여건을 가지게 된 것도 우리나라 영상 산업의 전반적 구조의 모순 속에서 이해되어야 하고, 이에 대한 개선책도 이런 맥락의 고려 속에서 찾아야 할 것이다. 제작사들이 외주 제작이라는 보호 정책을 실시하지 않으면, 역량이나 작품의 질적 측면에서 경쟁력이 떨어진다는 것도 일반적인 사실이지만, 한편 이것이 방송 제작의 독과점적 구도에서 기인한 것이라는 것도 사실이다. 그러나 외주 확대의 목적은 이를 보상하는 데 있는 것이 아니라, 다채널화와 경쟁적으로 되는 방송의 환경 변화에 적응할 수 있는 우리 방송 제작 시장의 구조 변화를 꾀하는 데에 있다.

앞에서 영상 시장의 프로그램 수요 시장을 분석했듯이, 다채널 시대 프로그램 수요를 양적으로 채울 뿐 아니라, 다양성, 시청자 선택, 산업 가치 창출이라는 목적을 적절히 충족시킬 수 있는 방송을 만들어간다는 것은 매우 도전적인 작업이다. 프로그램 수요 시장이 변화하는 상황에서 이에 탄력적으로 대처할 수 있도록 공급 시장이 변화해야 한다는 것은 매우 당연한 귀결이다. 문제는 제작사를 어떻게 키우느냐의 문제가 아니라, 기존 제작 시장에서 높은 점유율을 유지하고 있는 방송사를 어떻게 변화시키느냐에 핵심이 있다. 과거 200년을 화려하게 풍미했던 산업 사회 자체가 변화하고 탈바꿈하는 시대이다. 거대화한 방송사들이 새로운 방송 환경 적응을 위해 변화하는 것은 단기적으로는 어떤 저항이 있을지라도 필연적인 방향이다.

방송사의 변화 방향을 논의하기 전에, 세계적으로 진행되는 미디어 융합의 현상을 들어 거대 방송사가 효율적이고 세계적 추세라는 논의에 대해 잠시 짚고 넘어 가고자 한다. 미국을 비롯 프랑스, 영국뿐 아니라, 일본도 포함하여 영상 산업의 이른바 선진국들은 다양한 정책적, 산업적 노력에 의해 다양한 영상 산업의 기초를 다져왔다. 이들 국가는 오늘날과 같은 성과를 보이기 위해 과거 반세기 동안 우리보다 훨씬 강압적인 제작 산업 보호 정책을 펴왔다. 미국의 경우, 과거 30년 동안 핀신 규칙*Fin-Syn rule*을 통해 네트워크 방송사는 유통을 억제하고, 제작사의 제작 기반 확대와 저작권 활동을 보호하였다.3 1995년 핀신 규칙이 폐지되어 네트워크의 제작 프로그램이 상대적으로 늘어났지만, 이는 과거 30년 동안 제작사의 제작 기반을 확립한 이후 새로운 시대적 요청으로 결행된 것이다. 독립 제작사들의 다양한 활동과 기반이 확립되지 않은 우리의 경우, 이를 모델로 일체의 보호 정책을 부인하는 것은 상이한 사회적 상황을 고려하지 않은 잘못된 논의이다. 프랑스의 경우는 픽션이나 다큐멘터리 작품의 경우는 자체 제작을 허용하지 않고 있어 매우 강력한 제작사

---

3. 핀신 규칙에 따르면, 국내 시장에서 프로그램 판매를 하지 못하며, 외주 제작물에 대해서는 해외 판매를 할 수 없다. 외주 제작물의 경우는 일체의 저작권을 갖지 못하며 네트워크 방영권만을 가질 뿐이다. 또한 프라임 타임대 네트워크 자체 제작이 40%를 초과하면 안 된다는 규정이다.

보호 정책을 펴고 있다. 일본의 경우 특별한 보호 정책은 없지만, 방송 제작물 중 70%가 외주 제작으로 채워지고 있다. 영국의 경우 우리와 비슷하게 25% 편성 쿼터를 규정하고 있지만, 이는 외주 제작의 인정 기준이 우리와 달리 단순 산술적 시간의 합이 아니라 매우 다양한 기준으로 평가되고 있다.

이와 같이 영상 산업의 선진국에서는 여러 가지 정책적, 산업적 노력으로 제작 시장의 다양성을 확립해 온 것이다. 현재 이들 국가에서 감행되는 여러 형태의 M&A와 미디어 융합 현상은 이미 확고하게 자리 잡은 제작사들을 대상으로 높은 시너지 효과와 이익 창출을 기대하고 진행되고 있는 것이다. 즉, 과거 각고의 노력으로 쌓아 올린 제작 시장의 열매를 보고 기업 투자가 이루어지고 있는 것이다. 우리나라의 경우 방송의 거대화는 경쟁적 제작 시장의 효율성을 바탕으로 이루어진 것이 아니다. 달리 말하면, 선진국형의 미디어 융합이 이루어지려면, 제작사들의 기반 확립과 가치 증진이 선행되어야 그 의미를 가질 수 있다는 말이다.

그러면, 제작 환경의 변화 속에서 방송사들은 어떻게 활로를 모색해야 하는가? 방송 제작 환경의 변화가 곧 방송사의 파멸을 의미하는 것은 아니다. 그동안 방송사가 이룩해 놓은 최고의 방송 역량과 질을 새로운 환경 속에서도 가장 잘 발휘할 수 있도록 탄력적으로 대처하면 된다.

첫째, 새로운 시대 영상 산업의 주역도 현재 방송사의 인력이 주축이 되어야 한다. 단지 이제까지 조직 중심의 체제였다면, 개인 중심으로 체제가 변화해야 한다. 현재 스타급 인력을 중심으로 프리랜서들이 속속 등장하고 있는데, 많은 방송 인력들이 조직의 요구나 조직의 관행에 얽매이지 않고, 창의적이고 독립적으로 제작할 수 있는 길을 닦기 위한 개인 중심 체제로 가는 것이다. 방송 환경의 변화 속에서 개인의 경쟁력을 키우지 않으면, 장기적으로 세계화되는 방송 시장에서 살아남을 수가 없을 것이다. 현재 진행되는 영상 산업 기반 확대의 노력과 시장 육성 정책들이 소기의 목적을 달성하기 위해서는 일부 제작사가 혜택 받는 시스템이 아니라, 제작 인력 전체가 혜택을 받고 육성되는 시스템이 공고히 되어야 할 것이다. 거듭 강조하지만, 방송 제작의 수요 시장이 획기적으로 변화하고 세계화되는 구도 속에서 과거의 체제가 그대로 유지될 수는 없다.

이런 관점에서도 정책적으로 독립 제작사에 대한 외주 비율을 높이는 소극적 정책으로는 미래에 대처할 수 있는 영상 산업 기반 다지기가 역부족이라는 것을 강조하고 싶다. 방송 내부의 유수 인력이 독립해서도 안정적으로 작품 활동할 수 있는 경제적, 산업적 기반 확충에 만전을 기해야 할 것이다. 이를 위한 새로운 지원 정책이 모색되어야 한다.

이러한 맥락에서 해결해야 할 것은 현재 방송 3사의 자회사 위상 문제이다. 외주 의무 비율에서 자회사의 비율이 사실상 제외되고 순수 독립 제작사 위주로 가면서, 자회사의 위상에 문제가 발생하고 있다. 현재 KBS영상사업단, MBC프로덕션 등 프로덕션에서는 제작과 유통에 관여하고 있는데, 본사와의 위상 문제로 어려움을 겪고 있다. 각 방송사에서 자회사에 대한 장기적 계획을 가지고 제작이나 유통 측면에서 자회사를 특성화시킬 필요가 있다. 자회사도 본사의 종속적 입장에만 그치지 말고, 나름의 노하우로 타 방송사나 타 매체를 대상으로 다각적인 사업 활동을 펼칠 필요가 있다.

둘째, 방송 제작 환경 변화에 부응할 수 있는 영상 산업의 발전을 위해서 외주 제작도 새로운 보완 장치가 필요하다. 현재 규제 정책에 의하면 독립 제작사에 대한 순수 외주 비율은 1998년 14%에서 2002년까지 30%로 2004년에는 35%로 규정하고 있다. 또한 애니메이션의 경우는 2001년부터 공·민영 TV가 모두 공히 50% 이상의 국산 애니메이션을 편성하도록 되어 있다. 쿼터의 규제는 국내 영상 산업의 양적 측면에 기여할 뿐이고, 이것이 장기적으로 질적 발전을 보장하는 것은 아니다. 또한 쿼터의 문제점은 시장 형성과 거래를 교란할 수 있다는 문제점도 있다.

쿼터 정책의 한계는 크게 세 가지로 요약되는데, 첫째 시장이 교란된다는 점, 둘째 영상 작품의 질적, 기술적 발전을 보장 못한다는 점,

셋째 독립 제작사의 질 좋은 작품에 대한 공급력의 문제를 포함한다. 의무 편성 비율 정책이 초래할 시장의 교란은, 예를 들어 애니메이션의 경우 현재 국산 애니이션의 TV 방영률이 낮은 것은 가격 경쟁력에서 기인하는 것이다. 국산물의 제작시 외국물보다 10배, 20배씩 비용이 증가하는데, 방송사가 이를 일방적으로 떠맡을 때, 많은 편법과 부작용이 예상된다. 또한 중장기적으로는 일방적 규제보다 애니메이션 산업의 건전한 시장 형성이 더 중요하다.

이를 위해 시장이 형성될 때까지 정부가 비용을 나눠 부담하는 것으로 가장 직접적인 수단이 되는 제작비 지원 제도를 시행하고 있다. 애니메이션의 경우는 의무 비율에 따른 국산 프로그램에 대해 총제작비의 20%까지 정부가 장기 대출해 주는 형식으로 제작비 지원이 이루어진다. 2002년까지 방송 의무 편성 비율과 병행하여 400억 원 규모의 지원이 이루어졌다. 방송 영상 산업의 경우 직접 제작비 지원이 5년간 1000억 원, 영화의 경우 3000억 원의 기금이 조성되기도 하였다.

정부의 직접 제작비 지원이 시장을 보완하는 기능으로서도 필요하지만, 국내 영상물의 질적 발전 유도를 위해서 상업성이 떨어지는 실험적이고 예술적인 작품에 대한 지원이 이루어져야 한다. 특히 총제작비뿐 아니라, 한국이 상대적으로 약한 기획이나, 후반 제작에 대한 지원 등 단계별 지원이 가능해야 하겠다. 이외에도 유통이나 상영장에 대한 지원도 단계별로 이루어져야 함은 물론, 고비용에 의해 민간에서 맡을 수 없는 연구 개발(R&D)에도 지원이 이루어져야 한다.

셋째, 영상 산업을 키우기 위한 외주 제도나 지원 정책이 시장 효과로 유도되기 위해서는 외주 제작의 편성 의무를 넘어 제작비 쿼터 제도도 검토해 볼 만하다. 우리나라의 영상 산업의 열악성을 타계하기 위해서는 정부 주도의 지원이란 한계가 있을 수밖에 없고 민간에서의 자발적인 제작 기반 확대가 진행되어야 한다.

다른 나라도 마찬가지이지만, 우리의 영상 산업을 육성하기 위

표 2-6. 방송사와 독립 프로덕션 제작비 비교

(단위: 100만 원)

	자체 제작비	프로그램 구입비	외주 제작비	계
KBS	604,791	18,712	77,066	700,569
MBC	371,599	28,236	43,917	443,752
SBS	213,128	14,391	33,731	261,250
계	1,189,518	61,399	154,714	1,405,571

자료: 방송위원회, 방송 산업 실태 조사 보고서, 2003.

해 투자 가능성을 가장 확고하게 가진 주체는 방송사이다. 우리의 경우 방송사가 거대화되면서도 내부*in-house* 제작을 관행으로 하여 영상 산업 발전의 파급 효과를 내지 못한 것이 사실이다.

앞서 표 2-4에서 보았듯이, 외주 편성 쿼터가 30%를 육박하는 2001년에 외주 제작으로 방송 3사 평균 제작비 대비 10%를 지출하고 있다. 방송국 매출 대비 7%를 밑돌고 있다. 외주 제작물의 경우 방송사들이 시청률 연동제 등의 장치를 통해 제작비를 다소 높이고 있지만, 아직도 외주 제작비는 편성 비율에 비해 턱없이 낮은 비율을 보이고 있다.

앞에서 보았듯이, 우리의 경우와 비슷하게 외주 쿼터를 채용하고 있는 영국의 경우를 보면, 외주 쿼터를 측정하는 데 단순히 편성 시간뿐 아니라, 제작비나 시간대 등 다양한 장치를 활용하고 있다. 우리의 경우에는 편성 비율만 규제하고 있기 때문에, 제작비 투자는 극히 낮아 영상 산업의 기반 확대라는 원래의 취지를 살리지 못하고 있다.

프랑스 등 유럽의 여러 나라들은 방송사가 영상 산업 투자에 기여하도록 정책적 유인을 주고 있다. 프랑스의 경우 방송사 총매출액의 3% 이상은 영화에 투자해야 하고, 영상 산업에는 15% 이상 투자해야 한다는 것을 법적으로 규정하고 있다. 우리나라의 경우도 제작비 쿼터를 적용하여 영상 산업 투자 비율을 총매출액의 15% 정도만 늘여도 편성 비율로 보면 방송사 내부 제작과 비교해 반값으로 만드는 결과이지만, 연간

3000억 원의 영상 산업 제작 투자 효과를 발생하면 현재보다 영상 산업 기반이 배가되는 결과를 가져올 수 있을 것이다.

방송사 입장에서 제작비 쿼터는, 외주 제작 비율에 의해 이미 규제를 받는데 이중고를 가져온다는 비난이 따를 수 있다. 제작비 쿼터로 편성 쿼터와 함께 이중의 규제 정책을 둘 것인가에 대해서는 앞으로 더욱 논의가 필요하지만, 방송사가 자발적으로 21세기 영상 시대를 겨냥한 사업 다각화를 추진하는 것이 시대적인 요구라는 것을 기억할 필요가 있다. 보다 시장주의적 원칙에 부합하면서 방송사와 제작사가 동반 성장할 수 있는 전략이 민·관 공동으로 추진되어야 할 것이다.

5. 영상 시장의 개방화와 방송 영상 산업의 국제 경쟁력

오늘날 영상 산업은 국제화의 추세 속에서 발전하고 있다. 우리 영상 산업은 과거 안정적 내수 시장에 의존하여 발전하였지만, 이제 디지털화와 개방화의 시대를 맞아 더 이상 폐쇄적 시장 구조를 유지할 수 없는 상황에 있다. 영상 산업의 국제화는 크게 세 가지 방향으로 진행되는데, 시장 개방, 외국 자본 및 채널 유입, 해외 수출로 요약해 볼 수 있다. 방송 환경 변화의 시대에 즈음하여, 우리 영상물도 개방의 흐름을 타고 있다. 1998년 일본 문화 개방이 시작된 이후 이제 거의 문이 열렸으며, 통합 방송법 통과 이후 외국 미디어 재벌들의 한국 시장 유입이 가시화되고 있다.

이런 환경 속에서 우리 방송사들도 국제 경쟁력을 향상시키고자 노력하고 있는데, 영상물 수출 증가가 그 결과이다. 과거 40여 년 간 발전의 역사 속에서 방송 시장은 안정적 구도를 확립해 왔다. 이것이 IMF라는 사회 전반의 위기를 맞으면서, 방송사들도 위기 의식 속에서 사

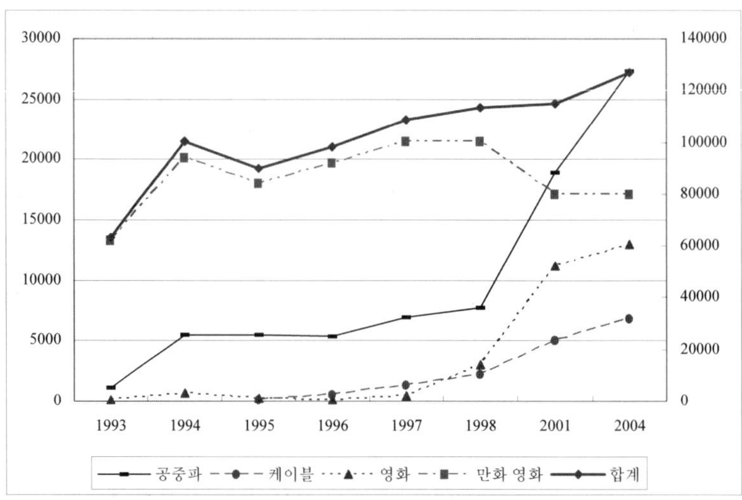

그림 2-2. 한국 영상물의 수출 현황[4]

(단위: 달러)

출처: 문화관광부 www.mct.go.kr

활의 길을 찾는 노력을 기울이게 되었다. 방송사들은 광고 수입 외에 부가적인 수입원과 투자 소스를 찾게 되었는데, 이때 활로를 찾은 것이 프로그램의 해외 수출과 외국 투자 유치를 통한 여러 방식의 공동 제작이다. 이런 과정에서 우리 영상 시장도 개방화와 본격적인 경쟁 체제의 와중에 들어가게 된 것이다.

현 단계에서 우리나라 방송 영상 산업의 경쟁력은 세계 시장에서 매우 열악한 위치에 있다. 우리의 영상 산업이 저조함을 보이는 원인은 제작과 유통 구조의 문제점, 문화·교육의 문제 등 여러 가지 차원에서 논의될 수 있지만, 국제적 차원으로 볼 때 시장 규모의 협소함이 무엇보다도 근본적인 문제점으로 지적될 수 있을 것이다. 이제까지 우리의 영상 산업은 영화, 방송, 멀티미디어를 막론하고 내수용에 국한되어 제작되었기 때문에, 투자의 한계가 발생하기 마련이다. 영상 산업의 투자를 늘

---

4. 이 그림은 단위 차이로 인해 공중파, 케이블, 영화 항목은 왼쪽 수치를 기준으로, 만화 영화와 합계는 오른쪽 수치를 기준으로 그래프를 그렸다.

리고 고부가 가치를 창출하기 위해서는 환경과 제도의 개선과 더불어 우리의 협소한 시장이 확대되어야 한다.

영상 시장의 확대를 위해서 내부 차원에서는 구조 개선이 필요하고, 외부 차원에서는 수출 확대가 지름길이다. 이제까지 우리의 영상 산업은 수출에 관심이 적었으며, OEM(Order Equipment Manufacturing) 방식의 하청 생산을 제외하면 영화, 방송, 멀티미디어 등 어느 것 하나 수출에 제몫을 한 경우가 없다. 방송은 안정적 내수 시장의 수입원에 전적으로 의존하여 수출에 대한 노력을 게을리해 왔다. 영화 또한 국내 흥행만을 겨냥한 컨셉으로 제작하고, 국제적 배급망을 뚫지 못하여 매우 저조한 수출 실적을 보이고 있다.

우리나라 영상물의 수출 현황을 보면, 1990년대에 지속적으로 성장세를 보이고는 있지만, 아직까지 수출 실적은 매우 저조하다는 것을 알 수 있다. 그림 2-2의 오른쪽 축에 표시된 합계를 보면, 1997년 1억 1200만 달러를 기록하고 있지만, 이중 1억 달러는 OEM 방식으로 제작되는 만화 영화이므로, 순수히 우리 영상물의 수출은 1200만 달러에 그치고 있다. 지상파 방송의 경우는 급격히 상승세를 타고 있기 때문에, 좀더 노력을 기울이면 영상 산업의 해외 시장 진출이 성공할 수 있을 것으로 보인다.

이제까지 우리나라 방송 프로그램의 해외 진출은 주로 재외 교포를 대상으로 한 시장을 중심으로 이루어졌다. 그 중에서도 공중파 방송사들의 경우 한국 교포 대상의 수출 사업을 중심적으로 벌여왔기 때문에, 본격적인 의미로의 해외 방송 프로그램 수출의 판로 개척과 실적은 아직 미진한 상태이다. 우리나라 방송 프로그램의 수출을 증진시키기 위해서는 세계 영상 시장에 대한 분석과 우리가 진출할 수 있는 시장에 대한 정확한 인식이 필요하다.

우리나라 방송 프로그램은 주로 아시아를 중심으로 수출되고 있다. 상대적으로 문화적 할인율이 낮은 공통된 문화 배경을 가진 지역일 뿐 아니라, 할리우드 중심인 세계 영상 시장에서 틈새 시장으로 우리 프

표 2-7. 방송 수출 현황 (2004)

구분		편수	금액 (1000달러)	국적별 비중(%)				장르별 비중(%)				
				아시아	북미	유럽	기타	드라마	다큐	만화 영화	오락 / 음악	기타
방송 프로 그램	지상파	13,983	27,267	93.9	0.4	0.2	5.5	95.2	0.5	2.8	0.8	0.7
	케이블 (PP)	752	6,806	70.1	2.3	15.7	11.9	67.1	2.9	17.7	9.3	3.0
총계		14,735	34,073	100				100				

출처: 방송위원회, 2004년 방송 산업 실태 조사, 2004. 11; 문화관광부 www.mct.go.kr

로그램에 대한 수요가 발생하기 때문이다.

표 2-7에 나타난 2004년 방송사의 해외 수출을 보면 대부분 드라마 중심이고 아시아 중심인 것을 알 수 있다. 전체 장르 중 94% 이상이 드라마에 집중되어 있다. 그리고 지역적으로도 아시아 지역에 94%가 몰려 있는 것을 알 수 있다. 이와 같은 수출 실적은 현재 우리 사회의 성공을 자축하게 하는 '한류' 현상을 빚어내기는 했지만, 수출의 지역적 장르적 불균형은 장기적으로 볼 때 문제점으로 인식할 수 있다. 방송 수출이 본격화되기 시작한 1990년대 말에 비해서도 불균형은 더욱 심화된 것으로 보인다. 물론 한류의 영향으로 불과 5년 만에 방송 수출이 배가 되는 실적을 낳기는 했지만 이제는 장기적 시각으로 방송 수출에 접근해야 할 때이다.

현재의 수출 실적과 1990년대 말과 비교해 보면, 장르별 지역별 집중도가 더욱 심화되었다는 것을 알 수 있다. 표 2-8에서 보듯이, 1998년 방송 수출 실적을 보면 KBS의 경우 단일 장르로서는 드라마가 1997년에 53.8%, 1998년 49.5%로 가장 높았으며, 다음으로 1998년 만화가 26.6%로 높은 비율을 보이고 있다. MBC의 경우도 단일 장르 중 드라마의 비중이 가장 높았는데, 1998년 53.1%의 비율을 나타내고 있다. MBC의 장르별 프로그램 수출 실적에서 드라마의 비율이 크게 오른 반면, 애니메이션은 급격히 감소했는데, 이는 외국에 수출할 수 있는 애니

표 2-8. 1998년 장르별 수출입 현황

(단위: 1000달러)

구분	총계				지상파 방송사				케이블 TV			
	수출		수입		수출		수입		수출		수입	
총계	6,869	100.0	27,036	100.0	4,664	100.0	15,386	100.0	2,205	100.0	11,650	100.0
드라마	3,779	55.0	462	1.7	3,229	69.2	433	2.8	550	24.9	29	0.2
다큐	298	4.3	965	3.6	141	3.0	743	4.8	157	7.1	222	1.9
만화	855	12.4	2,364	8.7	495	10.6	2,120	13.8	360	16.3	244	2.1
영화	596	8.7	20,883	77.2	−	−	11,910	77.4	596	27.0	8,973	77.0
뉴스	413	6.1	−	−	98	2.2	−	−	315	14.3	−	−
음악	−	−	195	0.7	−	−	75	0.5	−	−	120	1.0
기타	928	13.5	2,167	8.1	701	15.0	105	0.7	227	10.4	2,062	17.8

자료: 문화관광부

메이션의 보유량이 소진되고 있기 때문이다. 특히, MBC는 '1998 해외 사업 기본 방향'에서 방송 프로그램의 수출을 사수익 증대의 핵심 부문으로 삼아 IMF 시기 국내 시장의 축소 및 제작 여건 악화에 따른 유일한 돌파구로 인식하고 있음을 밝혔다. MBC는 대내외적 체제 정비 및 발전 계획을 통한 역량 극대화의 일환으로 거래선 다변화, 거래 방식 다변화, 현지 밀착 사업 강화 등 외적 경쟁력을 극대화하는 동시에 체계적 업무 분담, 업무 지원 확대, 인력 충원을 포함한 조직 개편 등 내적 경쟁력 극대화를 동시에 추진한다는 전략을 세우고 있다.

SBS의 경우 장르별 프로그램 수출에서 드라마·영화가 1997년에 43.8%로 높은 비율을 보였으며, 다른 방송사에 비해 오락·쇼 부문의 수출이 전체에서 차지하는 비율이 37.1%로 비교적 높았다. 한편 애니메이션은 1997년에 1.6%에 그쳤다. 이는 SBS가 제작 단가가 높은 애니메이션에 투자를 적게 해 수출할 보유 물량을 확보하지 못했기 때문이다.

표 2-7에 따르면, 프로그램 수출 장르의 편향성은 해가 갈수록 늘어난다는 것을 알 수 있다. 2004년 방송 프로그램 수출 중 드라마의 비

율은 91.8%이며, 지상파의 경우는 95.2%를 나타내고 있다. 반면, 다큐멘터리는 0.5%, 애니메이션은 2.8%에 그치고 있다. 한류의 부상으로 아시아권 내에서 우리 영상물의 수출 증가는 경제적 문화적 측면에서 많은 긍정적 효과를 내고 있지만, 영상의 창구 효과가 비교적 열등한 드라마 장르에 편향된 수출 구조는 영상 산업 측면에서 보면 장기적으로 문제를 가질 수밖에 없다.

수출 단가를 비교해 볼 때, 애니메이션이 평균적으로 가장 수출가가 높게 나타나고, 교양 프로그램이나 다큐멘터리도 수출 단가가 높다. 이들 프로그램은 제작비와 제작 기간이 많이 들기 때문에 수출 단가가 높게 나타나나, 수출 편수 또한 소수임을 알 수 있다. 이에 비해 드라마와 오락 프로그램은 수출 단가가 낮게 나타나는데, 드라마의 경우 판매 편수가 많기 때문에 총 이윤은 높아지게 된다.

현재 방송의 수출이 대단한 성공을 거둔 것으로 자축하고 있지만, 실제 현황을 보면 우려의 여지가 있다. 영상 산업의 후방 효과가 큰 애니메이션이나 다큐멘터리의 경우 표 2-7에서 보면 1%대의 수출 실적을 보이고 있어, 수출 장르의 불균형을 체감할 수 있다. 이는 정부의 영상 산업 진흥 정책의 실패를 의미하기도 한다. 문화관광부가 1998년부터 5개년 영상 산업 진흥 대책을 발표하면서 정부는 정책적으로 영상 산업의 수출 진흥을 추진해왔다. 장기적 관점에서 애니메이션과 다큐멘터리의 지원을 추진해 왔는데, 사실상 수출 실적은 더욱 저조해진 결과를 보이고 있다. 아시아 지역에 드라마 수출이 한류 현상을 낳고 한국 스타의 해외 수출에 박차를 가해 왔지만, 장기적으로는 방송 수출 구도의 문제점을 노정하고 있는 것이다.

한국 영상 산업의 경쟁력을 제고하고, 변화하는 방송 제작 환경에 적응하기 위해서는 수출 증진이 중요하다는 데는 업계나 학계, 정부가 모두 합의하고 있지만, 문제는 수출을 원한다고 자동적으로 수출 시장을 확보할 수 있는 것은 아니라는 점이다. 세계 영상 시장은 다른 어떤 시장에 비교해서도 진입의 장벽이 두꺼운 보수적인 성격을 갖고 있다. 세계 영상 시장은 20세기 초부터 세계 영상 시장을 선점해온 할리우드의 헤게모니가 작용하고 있으며, 이 뒤를 애니메이션을 통해 틈새 시장을 개발한 일본이 뒤따르고 있다. 이에 유럽의 영상 산업은 공동의 블록을 형성하여 할리우드에 대항하는 적극적 전략으로 영상 시장을 개척하고 있어 영상 시장은 전장으로 봐도 과언이 아닐 것이다. 여기에 한국이 세계 영상 시장의 새로운 진입자로 진출하기 위해서는 면밀한 전략과 전술을 통해 접근해야 한다.

우리의 영상 산업은 현재 기술적으로나 내용적으로 세계 영상 시장의 헤게모니를 잡고 있는 영상 대국에 전면적으로 경쟁할 수 있는 상황은 아니다. 이때 일본이 했듯이 틈새 시장을 개발하여 세계 영상 시장에 진입하는 것이 보다 현실적인 전략이 될 수 있다. 틈새 시장은 두 차원에서 개발될 수 있는데, 하나는 지리적인 공간 차원이고, 또 하나는 내용적 차원에서 특화된 영상물을 개발하는 전략이다.

지리적 차원에서 영상 시장의 틈새 시장 개발은 역시 우리가 속한 지역인 아시아 시장을 대상으로 하는 것이다. 현재 업계나 정계가 특별한 전략을 수립하지 않은 상황에서도 우리 영상 산업의 수출은 대부분 아시아를 무대로 전개되고 있다. 이것이 북미나 유럽 등 다른 지역에 접근이 어렵기 때문에, 지리적, 문화적으로 우리와 가까운 아시아에 영상물을 수출하게 된 매우 소극적인 전략의 결과이다. 그러나 이제는 보다 적극적으로 우리 영상 산업의 틈새 시장을 개척하는 차원에서 아시아 시장 진출에 대한 전략이 모색되어야 한다.

아시아 시장이 우리 영상 산업 진출의 전망 있는 틈새 시장이 되는 가장 큰 이유는 문화적 할인율이 낮다는 데 있다. 동아시아는 예부터 잦은 문화 교류와 유교 문화권이라는 공통점으로 우리 영상물을 접할 때 문화적 거리감이 적다. 인종적으로나 문화적으로 거리가 있는 유럽이나 미주에서 우리의 영상물을 접하게 되면, 문화적 거리감으로 감정 이입

그림 2–3. 일본 NHK에서 방영되어 선풍적인 인기를 얻은 드라마 <겨울 연가>의 공식 홈페이지
http://www3.nhk.or.jp/kaigai/sonata/

이 어렵게 된다. 거꾸로, 미국의 영상물이 인종적, 문화적으로 상이한 세계 시장을 석권하는 것은 세계 어디서나 보편적으로 어필할 수 있는 할리우드 특유의 보편 문화를 창조했기 때문이다. 여기다 수세대 동안 계속 보아왔던 할리우드 형식의 영상물에 세계의 수용자들이 익숙해져, 미국식의 영화나 텔레비전 프로그램을 영상물의 전형으로 수용하기 때문이다. 우리의 경우는 지금 당장 세계 시장을 대상으로 우리 식의 보편 문화를 창출하기도 어렵고, 기존의 할리우드식 영상물과도 경쟁하기 어려운 입장에 있기 때문에, 상대적으로 문화적 할인율이 낮은 아시아를 대상으로 해외 시장 진입을 시도하는 것이 유용한 전략이라 할 수 있다.

현재는 이른바 '한류'라는 유행어가 한국 영상물의 국제 경쟁력의 확보를 상징하면서 어느 때보다도 영상물 수출에 큰 기대를 모으고 있다. 우리 방송이 본격적으로 수출되기 시작한 지 불과 몇 년 만에 동아시아 지역에서 한국의 드라마와 음악이 인기를 끌게 되고, 한국의 스타들이 동아시아 수용자들의 열광적 환영을 받는 것은 매우 고무적인 일이다.

한류에 대해 여러 가지 평가와 이론이 난무하고 있지만, 사실

96

상 한류는 한국의 주체적 노력과 기획에 의해 달성된 것이 아니라는 문제가 있다. 한류가 성공하게 된 것이 동아시아 지역 내 한국 영상물이 문화적 할인율이 낮은 문화적 동질화에서 비롯된 것이라거나, 한국 영상물의 질적 향상에 기인한다는 분석들이 나오고 있지만, 이것은 한국만의 특징으로 보기 어렵다. 이런 애매한 근거에 기대 한국 영상물에 대한 수출이 이루어진다면 한류가 장기적으로 지속되고 성공하리라고 보장하기 어렵다.

한류의 성공은 무엇보다 아시아 시장의 성장에 힘입은 것이다. 아시아 시장이 우리의 틈새 시장으로 다가온 것은 기술 발전에 따라 다채널 다매체화가 진전됨으로써 이 지역 영상 시장의 수요가 급속도로 확대되는 추세에 있기 때문이다. 현재 규모 면으로 봐서 일본을 제외하고는, 아시아 시장이 세계 영상 시장에서 차지하는 비율은 10% 이하로 결코 크다고 볼 수 없다. 하지만, 성장률의 측면에서는 매우 급속히 성장하는 시장이다. 최근 케이블과 위성 방송이 이 지역에 도입되기 시작하면서 프로그램에 대한 수요가 급속도로 증가하고 있다.

아시아 영상 시장의 성장 잠재력이 크다는 것은 불포화 시장이라는 특성에서 발견할 수 있다. 세계 영상 시장에서 큰 부분을 차지하는 북미나 유럽 등은 현재 규모는 크지만, 이미 영상의 하드웨어와 소프트웨어 보급이 골고루 확산되어 있어 상대적 의미에서 포화 시장을 형성한다. 포화 시장은 안정적이며 성장률은 정체성을 보이게 된다. 이에 비해 아시아와 같은 불포화 시장은 현재 규모는 상대적으로 작다고 해도 성장 가능성은 매우 크게 나타난다. 불포화 시장의 경우, 안정성이 떨어져 침투 가능성은 높으나 그만큼 위험 부담은 크다고 볼 수 있다. 제반 여건의 변화에 의해 영상 시장도 불안정하게 움직일 수 있기 때문이다.

불포화 시장을 형성하는 아시아 시장은 높은 성장률과 함께 불안정에서 오는 위험 부담을 동시에 안고 있다. 아시아의 경제 위기는 아시아 영상 시장의 성장 가능성과 전망을 흐리게 하는 가장 큰 위험 요소로 작용하고 있다. 아시아 시장의 수출 단가는 구미 시장에 비해 턱없이 낮다. 그래서 한류의 가시적 인기에 비해 경제적 성과는 낮다고 할 수 있다. 반면에 구미 시장에는 소수가 수출되어도 시장 규모와 수출 단가가 높기 때문에 경제적 이익이 크게 나타난다.

한류가 명실공히 한국 영상물의 국제 경쟁력 있는 콘텐츠로 자리잡기 위해서는 동아시아의 지리적 영역을 넘어 내용적으로도 세계 수용자들에게 어필하는 영상물이 되어야 한다. 현재 동아시아를 중심으로 한 한류는 드라마를 중심으로 이루어지고 있는데, 영상물 수출을 전 세계를 대상으로 할 때에는 드라마가 중심이 되기는 어렵다.

내용적 차원에서 문화적 할인율이 낮은 장르의 영상물은 세계 보편적 캐릭터인 애니메이션과 자연 다큐멘터리를 대표적으로 들 수 있다. 애니메이션은 가상의 캐릭터를 창출하기 때문에 인종적, 문화적 차이가 일반 수용자에게 가시적으로 드러나지 않으며, 자연 다큐멘터리 역시 자연 생태계의 문화적 차이가 두드러지지 않게 된다. 물론 모든 영상물이 인지되든 아니든 사회적, 문화적 맥락 속에서 구성되는 것은 사실이지만, 상대적으로 비교해 보면 문화적 할인율이 낮은 장르를 상정해 볼 수 있는 것이다. 일본이 애니메이션으로 세계 영상 시장에 성공적으로 진출할 수 있게 된 것도 문화적 할인율이 낮은 장르를 전략적으로 채택했기 때문이다.

영상 산업이 신산업이기 때문에 거의 모든 영상물을 포괄할 수 있지만 특히 애니메이션이나 게임 같은 경우는 기술 발전에 의해 새로운 영역을 개척할 수 있는 분야이기도 하다. 3D 애니메이션이나, 애니메이션을 활용한 다양한 매체 활용 등도 기술 개발에 의한 애니메이션의 영역 확대의 예가 될 수 있다. 물론 애니메이션이 극장용은 디즈니, 텔레비전과 게임용은 일본 등 치열한 경쟁의 장이기도 하지만, 우리도 애니메이션 생산 3대국으로서 영역 확대에 기대를 걸어 봄직한 장르이다. 이에 경쟁적 국제 시장에서 우리 방송 영상물의 경쟁력을 제고하고 수출을 확대할 수 있는 구체적 방안을 모색해 보고자 한다.

7. 영상 제작 시장의 국제 경쟁력 확보를 위한 정책 과제

영상 산업의 해외 진출을 증진하기 위해서 가장 단기적으로 시급한 것은 국제적 규격으로 수출할 수 있는 패키징 시스템*Packaging system*이다. 첫째, 프로그램을 해외에 수출하기 위해서는 M/E 분리 제작과 영문 대본 및 클린 테이프5의 제작이다. 우리 방송이 사전 제작제가 실용화되지 않고 방송 시간에 쫓기다 보면, M/E 분리, 클린 테이프 등 수출 문제가 제기될 때마다 지적되는 사항이 제작 현장에서는 공염불이 되기가 일쑤이다. 현재 우리 제작 환경의 문제점으로 인해, 국내 프로그램이 수출 가능한 형태로 제작되지 않는 것이 문제이다. 이에 일선 제작 현장에서는 국내 프로그램의 세계화를 위해 수출에 적절한 제작 패키징을 관습화해야 한다.

한편, 정책적으로는 수출에 부적합하게 제작된 영상물을 공공 시설에서 이용하게 하거나, 민간 시설을 이용할 때 금전적으로 지원을 해 주는 방식으로 수출 지원을 활발히 진행해야 한다. 영화의 경우는 영화진흥위원회, 방송의 경우는 국제방송교류재단의 설비와 장비를 이용하여 정부가 지원하여 가공하게 하는 방법이다. 정책적으로 당장 실행할 수 있는 방안으로 현재 정부의 지원이나 공적 기관의 시상 작품의 경우 국제 표준화의 가이드라인을 주어 수출할 수 있는 포맷으로 제작할 것을 의무화하는 것도 한 방법이라고 본다. 애니메이션 같은 경우는 독일에서처럼 처음부터 영어로 제작하여 후에 우리말로 더빙하는 것도 생각할 수 있다. 이로 인해 수출의 성과를 거둬들인다면, 방송사나 제작사에서 제작되는 일반 작품에도 모범 사례가 될 수 있을 것으로 본다.

둘째, 국제 유통에 보다 활발한 업계의 참여가 요구되며, 이에 대한 정부의 지원도 요구된다. 영상 산업 수출 관련 최대 시장인 견본 시

---

5. 방송에 삽입되는 자막이 들어가지 않은 원본 테이프.

장에서의 마케팅 지원이 필요하다. 현재 영화의 경우는 문화관광부가 영화진흥위원회를 통해 지원하고 있는데, 영상물에 대한 홍보 자료를 공동 제작하여 배포하며, 한국 영화를 소개하기 위한 리셉션 등 각종 이벤트를 주관하고 있다. 방송의 경우도 영상물 수출 지원 센터를 통해 일부 지원이 이루어지고 있다. 하지만, 아직 견본 시장에 대한 정확한 분석이나 전망이 없는 상태에서, 방송사의 해외 마케팅과 지원 사업이 이루어지는 것은 문제점이다. 영상물 특성에 맞는 견본 시장에 보다 탄력적으로 참여할 수 있는 시스템이 필요하다.

　　　셋째, 해외 시장 진출을 위해서 현재 인적 자원이 절대적으로 부족한 실정이기 때문에, 마케팅 전문가, 영상물의 해외 거래에 필요한 법률 전문가 등 인적 자원에 대한 육성과 지원이 절실히 필요하다. 각 업체에서 아직 해외 시장의 인적 네트워킹의 중요성을 인식하지 못하여, 지속적 인력 육성을 소홀히 하고 있다. 한편 정책적으로는 해외 마케팅에 필요한 인적 자원에 대한 지원이 요구된다. 중소 영상 업체를 위한 공동 부스 내에 법률 전문가를 두어 한국 영상물의 거래에 대해 법률 자문을 제공하고, 대기업과 방송사도 필요한 경우에 이용하도록 한다. 또한 몇백 개의 중소 영상 업체들 모두 해외 진출에 동원될 수 없기 때문에, 정부 차원에서 마케팅 전문가를 에이전트로 활용하여 공동 판매를 실시하도록 한다.

　　　넷째, 해외 시장의 진입을 확대하기 위해서는 세계 여러 나라의 법·제도적 규제 정책을 정확히 파악하고, 이를 극복하고 교류를 확대하기 위한 정책적 배려가 필요하다. 앞에서 살펴보았듯이, 아시아 여러 나라는 일반적으로 문화적 고려에 의한 규제가 가장 많고, 중국은 법·제도적 규제가 매우 높은, 진입이 어려운 시장이다. 이를 해소하기 위해서는 정부 간의 상호 협력에 의한 교류 확대가 필요하다. 예를 들어, 한·중 텔레비전 프로그램 교환 방영이나, 한·일 영화 특집 등 교류 확대를 위한 정책적 지원이 필요하다. 또한 현재 정부의 문화 홍보관을 활용한 마케팅 지원 활동이 필요하다. 이에 문화관광부가 영상 수출 확대를 위해 국제방송교류재단을 이용하여 외국 영상 시장의 현황과 검열 제도, 규제 정책을 조사하여 업계에 정보를 제공한다는 발표는 매우 고무적인 현상으로 평가된다.

다섯째, 유통의 문제이다. 우선 수출 담당자들이 가장 먼저 제기하는 문제는 팔 물건이 없다는 것인데, 이는 우리 제작 수준의 문제라고 볼 수도 있지만, 영상 산업의 유통 구조의 문제가 심각하게 작용한 것으로도 보인다. 국제방송교류재단에서는 정부의 영상물 수출 지원을 대행하는데, 수출 지원이 시작된 1998년 영상물의 수출을 위한 후반 작업 지원(M/E 분리, 더빙, 대본 등)에 3억 7000만 원의 예산을 배정했으나, 실제 지원할 물건이 없어 당해년에 6000만 원만을 소요했다고 한다. 이것은 우리 제작의 질적 문제에서 야기되는 것이기도 하지만, 유통의 문제이기도 하기 때문에, 제작사의 경우에는 판권을 보유하지 않고 있어 더 크게 발생하는 문제라고 본다. 우리가 방송사를 중심으로 독과점적 시장을 형성하고 있기 때문에, 제작사가 대등한 입장에서 계약을 하지 않고, 이로 인해 영상물의 다양한 유통 창구가 막히게 되는 것이다. 제작사들의 판권도 거의 대부분 방송사가 갖고 있는데, 방송사도 한정된 인력과 자원으로 수출을 하다 보니 제작사들의 작품, 특히 이미 지난 작품들은 우선 순위에서 밀리게 된다. 앞으로 저작권의 문제는 보다 구조적 차원에서 해결이 되어야 한다. 지금 당장은 여기서 발생하는 문제를 최소화하기 위해 방송사가 갖고 있는 제작사의 저작권을 일부 제작사에 양도하거나 대여하여 수출에 의해 발생하는 이익을 분배하는 방안을 생각해 볼 수 있다.

마지막으로 우리 영상물의 해외 진출을 위해 가장 적극적인 방법은 세계 시장의 구도를 우리에게 유리하게 바꾸어 놓는 것일 것이다. 매우 비현실적인 말로 들리겠지만, 결국 장기적으로는 이런 노선으로 가야 할 것이고, 차근히 매진한다면 불가능하지도 않을 것이다. 현재 미국이 세계 영상 시장에서 절대적인 헤게모니를 가지고, 일본이 세계 애니메이션 시장을 석권하고, 홍콩이 아시아의 할리우드로 부상한 것도 (좋은 작품이라는 것은 표면적 이유일 뿐이고) 그들이 꾸준히 개발한 유리한 시장 구도가 형성되었기 때문이다. 미국은 1920년대부터 개발한 할리우드 메이저들이 독점적으로 유통 시장을 장악하였고, 일본은 디즈니와 대별되는 경제적인 리미티드 테크닉에 의한 저패니메이션을 개발했으며, 홍콩의 경우 홍콩 느와르 등 보편적 영상 코드의 개발과 함께 아시아 전역에 퍼져 있는 중국인에 대한 어필로 유리한 고지를 차지하게 된 것이다. 우리의 경우는 세계 영상 시장 구도에서 우리에게 유리한 틈새 시장을 개발함과 동시에 우리가 어필할 수 있는 영상 수용자에 대해 중장기적인 습관화를 이루어야 할 것이다. 이에 대해서는 아직 확립된 전략이 없는 것으로 보이고, 다양한 의견들이 결집되어야 할 것으로 보인다.

중장기적으로 우리에게 유리한 시장 구도 재편을 위한 구체적 방법론으로는 (1) 전략적 장르 개발, (2) 해외 공동 제작의 활용, (3) 쌍방향 해외 투자의 활용, (4) 영상 시장의 권역화 구성으로 요약될 수 있다.

현재 정부에서 전략적 장르로 애니메이션과 다큐멘터리로 잡고 있는데, 우리 경쟁력에 대한 면밀한 분석이 부족하다. 예를 들어, 애니메이션이면 이 중 어떤 방식으로 제작된 전략적 장르인지 아직 구체화되지 못한 것으로 보인다.

해외 공동 제작은 가장 낮게는 제작비를 분담할 수 있다는 경제적 이유와 함께 상대국에 배급이 보장되기 때문에 유통에 유리하게 작용할 수 있다는 장점이 있다. 유럽의 여러 국가에서는 공동 제작된 작품도 국내 쿼터나 지원 대상이 되기 때문에 매우 유용하게 활용될 수 있다. 우리의 경우 아직은 공동 제작 경험이 적어 실수가 많이 생기는데, 좀더 체계적인 접근이 필요하다.

해외 투자는 우리가 직접 투자에 의해 해외 시장을 개척하는 가장 적극적인 방법이고, 영상 산업이 초국가화되는 현 추세에 부응하는 시스템이라고 할 수 있다. 현재 외국의 영상 재벌들이 우리나라에 들어오려고 협상 중이고, 그외 초국적 기업들도 기회를 엿보고 있다. 해외 투자를 유치할 때도 단기적인 자본금 위주로만 생각할 것이 아니라, 장기적인 효과를 꼼꼼히 진단하고, 우리 영상물의 해외 진출에 어떤 영향을 줄 것인지 시각을 가지고 접근해야 할 것이다. 또한 우리 자본이 외국에 투자되는 경우 아직은 미미하지만, 교포 시장을 중심으로 확산될 것으로 보인다. 이것이 홍콩의 영상 진출처럼 같은 민족에게 어필하면서도 보편적 코드를 개발하여야 장기적으로 성공할 것이다. 교포 1세대에 어필하는 〈가요 무대〉나 일일 드라마 같은 지극히 국지적 영상 코드만으로는 장기적으로 세계 유통 시장을 우리에 유리하게 이끌 수가 없다.

우리 영상물의 해외 진출을 위해 문화적 권역화를 적극적으로 추진할 만하다. 유럽의 사례를 보더라도 EU를 중심으로 권역화에 성공하여 미국의 막강한 헤게모니에 최소한 정치적으로 맞설 수 있는 힘이 생기는 것이다. 우리도 현재 스크린 쿼터 등 국제적으로 영상 산업의 질곡을 맞아, 권역화의 힘이 요구된다. 아시아 영상 산업의 권역화는 할리우드의 세계 재패에 저항하여 우리 문화를 보호할 수 있을 뿐 아니라, 아시아 내의 교류를 원활히 하여 영상 시장 확대에도 일조하게 된다. 앞서 보았듯이 아시아 수용자들은 최소한 이념적으로나마 서구 영상물에 대한 경계심을 가지고 있고, 아시아적 가치를 공통적으로 드러내고 있다. 이때 일본 문화에 대한 경계심도 동시에 갖고 있기 때문에 아시아의 권역화가 이루어지면 우리 영상물이 진출할 수 있는 여지도 크다고 본다. 아시아 권역화의 구체적인 방법으로는 영상제 개최 등을 들 수 있다. 이미 영화에서는 부산국제영화제가 아시아 최고의 영화제로 자리를 잡았고, 방송 영상물에 대해서도 정부의 지원과 국제 영상제 개최에 대한 논의가 구체화되고 있다. 이에 대한 사계의 의견 결집이 선행되어 효율적인 방법론이 확립되어야 한다.

현재 부상되고 있는 한류도 여러 가지 분석과 처방이 나올 수 있지만, 지역 권역화로 접근할 수 있을 것이다. 한국의 영상물이 아시아 수용자에게 인기를 끄는 것은 문화적 공감대와 함께, 서구 문화의 일방적 수용에 반발과 일본 문화의 경계심이 함께 작용한 것으로 볼 수 있다. 이렇게 출발한 한류가 아시아 전체의 문화 권역화로 개발되고 유지되기 위해서는 한국의 주체적 전략과 기획이 선행되어야 한다. 수출국에 대한 정보와 면밀한 분석, 한국 영상물의 질적 고양을 위한 노력을 한층 강화해야 할 것이다. 우리 영상 산업의 국제 경쟁력 증진, 나아가 해외 진출의 노력들이 계속되어야 할 것이고, 이제는 단기적 전략을 넘어 중장기적인 전략 모색이 이루어져야 할 때다.

3

영화와 영상 산업

1. 한국 영화의 부흥

이제 한국 영화의 국내 점유율이 50%를 상회하게 되었다. 세계가 할리우드 제국의 변방으로 화하는 세계 영화 시장의 구도를 볼 때, 한국 영화 시장은 어디서도 찾아보기 어려운 기록을 나날이 갱신하고 있다. 할리우드에 맞서 가장 강력한 보호 정책을 실시한다는 유럽의 국가들도 자국 영화의 시장 점유율은 프랑스를 제외하면 10%대이며 프랑스도 30%대 벗어나지 못하고 있는 실정이다. 남미, 캐나다, 아시아, 아프리카, 오세아니아 6대주를 통틀어 자국의 영화 시장 점유율이 50%를 점유하는 곳은 인도 같은 특수한 경우를 제외하고는 한국이 거의 유일한 경우이다.

한국 영화가 이와 같이 자국 내 영화 시장에서 높은 점유율을 보이는 원인은 여러 가지로 진단할 수 있으나, 할리우드와 한국의 영화 업계가 공히 동의하는 일등 공신은 스크린 쿼터이다. 한국 사회에 뜨거운

감자로 논란이 되는 문제가 스크린 쿼터와 한미 투자 협정의 문제이다. 정부 부처 내에도 이해 관계가 엇갈려 합의가 도출되고 있지 않고, 이에 영화계는 사회 운동을 동원하면서 온몸으로 스크린 쿼터를 지켜내려고 한다. 한편 미국 정부 측에서는 할리우드 영화업자들의 로비 압력으로 한국의 스크린 쿼터를 벗겨낼 목적으로 경제적 제재를 가할 만반의 준비를 하고 한국 영화계를 압박해 오고 있다.

이와 같이 미국과 한국 양측이 스크린 쿼터와 관련하여 노골적인 줄다리기를 하는 것은 그만큼 한국 영화 시장이 군침 도는 먹이거리로 부상했기 때문이다. 불과 10년 전만 해도 할리우드의 아성으로 국내 한국 영화 점유율이 한 자리 수에 머물렀지만 최근 5년간은 한국 시장의 매출 신장률이 기하 급수적으로 늘어나는 추세를 보이고 있는 것이다. 한국 영화 점유율 자체만 불어나는 것이 아니라, 연간 관객 동원율도 꾸준히 성장하여 영화 시장 자체의 파이가 점점 커지는 추세를 보이는 것도 미국의 입맛을 다시게 하는 데 충분히 매력적인 요소로 작용한다.

한국 영화가 지금같이 단기간에 급성장을 한 것은 몇 가지 단계를 뛰어 넘었기 때문인데, 현대 한국 영화사에 기록적인 발전의 토대가 되는 것은 1998년 개봉한 <쉬리>의 호응에 힘입은 것일 것이다. <쉬리>는 이전까지 한국 영화 관객 동원에 넘기 어렵다는 마의 숫자 100만을 처음으로 6배 초과하여 달성하면서, '한국형 블록버스터'라는 새로운 용어를 유행시키기도 하였다. <쉬리> 이후 <공동경비구역 JSA>, <친구>로 이어지는 한국 블록버스터가 명실공히 이룩한 성공은 한국 영화의 미래에 희망을 갖게 하기에 충분한 것이었다. 최근 2~3년 동안은 이른바 블록버스터 영화가 줄줄이 관객 동원에 실패하였지만, 코미디, 멜로 등 내용적으로 작은 영화들의 선전도 유통이나 마케팅 면에서는 블록버스터 시스템을 차용하여 성공한 예라고 할 수 있다. 때문에 한국형 블록버스터는 현대 한국 영화사에서 차지하는 중요도를 아무리 강조해도 지나치지 않을 것이다.

한국 영화를 주의 깊게 살펴보기 위해서 할리우드에 대항한 정치적 저항 전략과 더불어 산업 구조의 문제, 영화 내용상의 독창성을 총체적으로 살펴보아야 한다. 첫째, 스크린 쿼터를 둘러싼 한국과 미국의 논쟁, 경제계와 문화계의 논쟁을 추적하고자 하는 바, 이는 한국 영화의 정치적 저항 전략을 적시해 주는 사안이기 때문이다. 둘째, 한국 영화 산업의 제작과 유통 시스템의 구조와 변화 양상을 살펴봄으로써, 한국 영화의 자생력과 독립성을 가늠해 볼 수 있다. 과거 한국 영화 산업은 한국적 체계에 의해 낙후하였다. 1960, 1970년대까지만 해도 외부에서 통제력을 발휘하기 어려운 극도로 방계적 분산 시스템이었다. 1980년대 이후 국내 유통 업계는 직배 체제를 도입하였으며, 최근에는 한국 영화 시장이 커지고 극장 구조가 변화하면서 영화 산업이 중앙 집중화되고 할리우드 시스템을 모방한 제작, 유통 체계로 변모하고 있다. 이와 같은 산업 구조의 변화가 한국 영화에 어떤 영향을 미치는지 살펴보기로 한다.

2. 한국 영화의 정체성과 스크린 쿼터

1999년 6월 광화문 한복판에서는 영화인들이 모여 격렬한 시위와 함께, 100여 명의 영화인들이 삭발을 감행하는 의식을 치렀다. 이와 같은 극렬한 저항은 스크린 쿼터를 사수하기 위한 것이었으며, 이러한 투쟁은 지금까지 스크린쿼터문화연대를 중심으로 계속되고 있다. 영화인들이 삭발식을 하게 된 것은 미국영화협회(MPAA, Motion Picture Association of America)의 회장인 잭 발렌티가 미 상무장관과 스크린 쿼터 폐지를 요구하기 위해 한국을 방문하여 김대중 대통령과 면담을 나눈 다음의 일이다. 미국영화협회는 한국 영화 시장 개방을 위해 자국 정부에 끊임없는 로비를 벌여왔으며, 한국 영화의 급성장으로 이들의 로비는 가속화되었고, 그 결과 한국을 방문하기에 이른 것이다.

스크린 쿼터는 국내의 모든 극장에서 1년에 146일 이상 국산 영화를 상영해야 한다는 규정이다. 성수기에는 가산점을 주기 때문에, 이를 감안하면 1년에 106일 이상은 한국 영화를 방영해야 한다는 계산이 나온다(스크린쿼터문화연대, 2000). 즉, 1년 중 3분의 1은 한국 영화를 상영해야 하는 것으로 국산 영화에 대한 매우 강력하고 직접적인 보호 정책이 된다.

이에 대해 미국 측에서는 스크린 쿼터를 90일 정도로 줄이고 연차적으로 줄여나가 궁극적으로 폐지해야 한다고 주장한다(<동아일보>, 1998. 8. 31; <조선일보>, 2003. 1. 21). 미국의 주장에 대해 한국 영화인들은 하루도 양보할 수 없다는 입장으로, 할리우드가 세계 영화 시장을 재패하고 있는 현실에서 자국 보호 정책이 없는 한 할리우드와 경쟁할 수 없는 불공정 경쟁 구조 때문에 스크린 쿼터는 불가피하다고 주장한다(이영진, 2002a, b). 양측의 입장이 팽팽한 가운데, 한국의 경제 관료들은 한미 투자 협정을 성사시키기 위해서 스크린 쿼터를 양보하는 게 국익에 부합한다는 주장을 내놓고 있다.

스크린 쿼터에 대한 영화계와 경제계의 치열한 공방은 경제적 이익을 둘러싼 두 입장의 대립으로 타협점을 찾기가 쉽지 않을 것으로 보인다. 경제계는 한국 영화가 이미 50% 점유율을 넘는 자생력을 가진 것으로 보고, 스크린 쿼터가 없어도 관객의 선택에 의해 한국 영화는 성장할 것이라고 전망한다. 또한 스크린 쿼터라는 걸림돌을 제거하여 한미 투자 협정을 체결하면, 3조 달러의 경제적 파생 효과가 생기기 때문에 스크린 쿼터는 축소되어야 한다고 한다(<동아일보>, 위의 글). 한편 영화계는 스크린 쿼터를 하루라도 양보하기 시작하면, 종국에 가서는 한국 영화가 이 땅에서 발붙이지 못할 것이라는 주장을 펴고 있다. 영화 배급은 단순히 경제적 법칙에 의해 이루어지지 않고, 힘의 원리가 작용하므로, 관객이 아무리 한국 영화를 원한다고 해도 보호 장치가 없는 한 배급의 기회조차 박탈당하여 한국 영화는 사멸할 수밖에 없다는 것이다(스크린쿼터문화연대, 2000; 이영진, 2002a).

상이한 두 입장이 절충점을 찾지 못하면서, 영화계는 강력한 정치적 저항을 감행하고 있다. 삭발과 시위를 하거나, 스크린쿼터문화연대를 동원하여, 스크린 쿼터 축소 문제를 미국의 제국주의적 정책으로 규정하고 이에 저항한다. 국내 정치적으로도 경제계를 공격하고 관료나 정치 지도자에게도 낙선 운동으로 맞설 것을 다짐하고 있다. 더 나아가 할리우드에 대항하기 위해 국제적인 협력을 촉구하고 있다. 1999년 WTO 시애틀회의에서도 각종 세미나와 시위를 조직하여 자유 무역의 ‘문화적 예외 조항’을 영화에 반영하는데, 유럽과 연대를 촉구했다. 2000년에는 프랑스 의회의 초청으로 한국 영화계 인사들이 스크린 쿼터의 정당성에 대해 연설을 하기도 하였다(스크린쿼터문화연대, 2000). 부산국제영화제에서는 해마다 200여 개 국가의 영화 인사들과 함께 스크린 쿼터 사수와 지지의 집회를 열고 있으며, 2003년에 프랑스 영화제 개최 당시 프랑스 영화계 인사들은 기자 회견을 통해 한국의 스크린 쿼터에 지지를 보내왔다. 이와 같이 국내외적으로 다양하고 조직적인 문화 운동을 벌이는 것은 스크린 쿼터가 영화의 역사에 남을 초유의 일일 것이다.

한편, 영화계가 이와 같이 할리우드에 대항하여 강력한 정치적 저항을 보이고 있지만, 정작 그들이 수호하고자 하는 한국 영화의 정체성은 명확하지 않다. 스크린 쿼터가 한국 영화 시장에서 국내 영화의 배급의 최소한을 보장한다는 것이 한국 영화의 정체성, 더 나아가 문화의 정체성을 보장하는 충분 조건은 될 수 없을 것이다. 국내 영화계가 경제적으로 성공하더라도, 문화적으로 한국 영화의 내용이 외국의 그것과 대동소이하다면 문화 정체성은 문젯거리로 남을 것이다.

한국의 영화가 성장하고 한국형 블록버스터가 개발되면서 기술이나 장르적 법칙, 미학적 원리에 있어 할리우드 영화를 모방하고 있다는 자성의 목소리가 높다(김소영, 2001; 김경욱, 2002). 더 나아가 영화의 제작 시스템이나 배급 체계도 점점 할리우드의 방식을 모방하고 있는 것으로 나타나고 있다. 한국 영화가 외적 조건으로는 성장하고 있지만, 내적 정

그림 3-1. <쉬리> (1998, 강제규)

체성은 점차 가늠하기 어려운 상황에 이르고 있는 것이다. 물론 이것이 한국 영화계만의 잘못은 아니며, 현대 사회에서 세계적 패권이 그의 힘을 공고히 하는 새로운 세력 구축의 전략에 의한 것이기도 하다.

3. 한국 영화 산업의 변화

한국 영화 산업은 1990년대 후반 이른바 블록버스터 영화의 등장으로 변화를 맞게 되었다. 한국에서 블록버스터는 1997년 영화 <자귀모>가 '한국형 블록버스터'라는 용어를 표방하면서 시작되었다. 블록버스터는 통상 막대한 자본 투자와 화려한 시각 효과를 자랑하는 영화를 지칭한다 (<국민일보>, 1998. 7. 17; 남인영, 1998: 165). 배급의 측면에서도 이들은 광역 개봉 *wide release* 방식으로 전국 수백 개 극장에서 동시 개봉하는 물량적 우월성을 확보하게 되는데, <쉬리>가 이 방식을 채택하여 당시로서는 놀랄 만한 관객 동원을 기록하였다. 71개 극장에서 동시 개봉하여 600만 명의 관객을 동원한 것이다. 2004년 <실미도>가 300개 스크린, <태극기 휘날리며>가 전국 400개 스크린에 동시 개봉을 하여 <쉬리>의 광역 개봉 기록은 옛말이 되었지만, 한국에서 명실상부한 블록버스터의 성공은 <쉬리>에서 시작되었다. <공동경비구역 JSA>의 경우 113개 극장 145스크린, <친구>의 경우 122개 극장 194스크린에 광역 개봉 방식에 의해 750만 관객을 동원하여 신기록이 거듭 갱신되기도 하였다(nkino, 2001. 6. 1).

이와 같이 블록버스터 영화는 한국 영화 산업의 구도를 변화시키게 되었다. 영화의 제작, 배급, 상영의 3차원 변화가 블록버스터 영화 성장의 밑거름이 되었다. 첫째, 제작 차원에서는 영화 제작 비용이 급격히 상승하였다. 1998년 전에는 영화의 제작비 수준이 10억 원 규모이었던 것이 이후 제작비의 지속적 상승으로 제작비 50억 원이 넘는 블록버스터 영화가 많이 만들어진다(이경은, 2001: 162~3; 차승재·김승재, 2003). <성냥팔이 소녀의 재림>이나 <내츄럴 시티>처럼 100억 원을 웃도는 제작비를 들인 영화가 흥행에는 낭패를 보기도 하였으나, 현재까지 <태극기 휘날리며>가 사상 최고 제작비 147억 원을 자랑하며 관객몰이에도 성공하였다. 이는 블록버스터 영화가 만들어지면서 제작 방식의 변화, 인건비의 상승, 마케팅 비용의 획기적 증가로 영화 제작 비용이 급속히 상승하게 된 결과이다.

한국형 블록버스터 영화가 가져온 제작 방식의 변화는 할리우드 시스템의 도입이다. 한국 영화 제작의 전통적인 방식인 도제 시스템이 해체되고 할리우드식의 계약 시스템과 할리우드식 제작 공정이 도입되기 시작한 것이다. 한국 영화계에서는 할리우드 방식으로 영화 제작 시스템을 변화시키기 위해 강력한 프로듀서 중심의 제작 방식과 영화 인력의 전문화 시스템의 도입을 주장하고 있다(이현승 외, 2002).

영화 제작 인력의 열악한 임금 조건과 작업 환경은 한국 영화의 발전에 걸림돌이 된다는 논의이다. 영화 제작 현장에서 하위 직급의 경우 생계비에 훨씬 미달하는 임금으로 도제식 시스템에서 경력을 쌓기 위해 희생하게 된다. 예를 들어, 연출부의 경우 4~5명의 연출부가 작품당 받게 되는 평균 임금은 2000만 원 정도가 된다. 한 작품이 나오는 데 프리프로덕션에서 최종 개봉까지 1년에서 길게는 2~3년이 걸리는데, 연출부원 1인당 받는 임금은 연봉 300만 원에 그치게 된다. 이마저도 프리프로덕션 단계에서 접는 영화의 경우는 경제적인 대가를 전혀 받지 못하게 된다. 촬영부의 경우는 2000년 기준 촬영 조수의 임금이 2000~2500만 원을 기록하고 있다. 촬영팀당 연평균 제작량이 1회이므로 팀당 연봉이 2000만 원선으로 촬영팀의 퍼스트는 1000만 원선 나머지는 직급에 따라 300~500만 원을 연봉으로 받게 되는 셈이다. 조명부는 팀에 따라 다작을 하는 경우도 있어 팀당 연평균 1.5회 영화 제작에 참여하게 되고, 조명 감독을 제외하고 팀당 보수는 2000~2500만 원선이므로 퍼스트는 1500만 원, 하도급인 경우 500만 원선의 연봉을 유지하게 된다(이현승 외, 2002: 88~101). 이와 같이 한국 영화 제작 현장의 도제식 시스템은 유능한 인력을 배출하기 어려운 구조적 한계를 보이게 된다.

영화 제작 현장의 주먹구구식 관리가 새로운 전기를 맞게 되는 것은 다름 아닌 한국형 블록버스터의 선전에 힘입어서이다. <쉬리> 이후 한국 영화가 관객 동원에 성공하면서 영화 산업에 대한 새로운 기대와 함께 가장 먼저 나타난 현상은 평균 제작비의 상승이다. 제작비 상승의 가장 큰 요인은 인건비의 상승으로, 과거 도제 시스템의 해체를 의미하기도 한다. <쉬리>, <공동경비구역 JSA>, <친구>를 비롯한 한국 블록버스터의 탄생과 성공을 이끈 공신들은 충무로 도제 시스템이 아닌 해외 유학파와 영화 아카데미 등 다양한 교육과 경험을 배경으로 등장한 인력이었으며, 이런 변화의 조짐 가운데 이제는 열악한 임금 조건과 작업 환경에서 자신을 희생하면서 도제 시스템에서 살아남는 것이 별 의미가 없어지게 되었다. 아직도 조명과 촬영 등 기술 분야는 도제 시스템이 유용하게 작용하고 있지만, 이도 과거의 방식으로는 유지될 수 없는 것이다. 이에 영화 제작 현장에 변화의 바람이 불기 시작하여, 임금을 현실화하고 팀별 계약이 아니라 개인별 계약에 의해 성과급을 지불하고, 영화의 공정 과정 전체가 프리프로덕션 단계를 포함하여 개별 단계별로 계약되어야 한다는 주장이 일선에서 일고 있다.

영화 현장에서 변화의 모델로 삼는 것은 할리우드의 시스템이다. 영화 산업이 가장 성공하고 오랜 경험으로 체계화된 할리우드의 시스템이 어떤 의미에서 합리성을 띠고 있는 것은 사실이다. 우리의 열악한 작업 환경에 비해 임금 조건이나 작업 환경, 복지 체제 등이 체계화, 법리화되어 모델로 삼기에 손쉽기도 하다(김기태, 1997; 이현승, 2002).

그러나 합리성이란 보편적인 것이 아니고 특정한 시간과 공간의 맥락에서 가치를 갖는 것이다. 한국 영화계가 할리우드 시스템 도입에 적극적으로 된 것은 한국 영화가 유사 할리우드화되면서 제작 방식도 이에 걸맞는 할리우드 방식으로의 전환하는 것이 합리적으로 인식되기 때문이다. 할리우드와의 교류를 경험한 인력과 할리우드의 제작 방식과 내용 구성이, 할리우드 시스템이 합리화되는 토대가 되는 것이다.

할리우드 시스템을 모방하여 프로듀서 중심의 제작이 정착되고 계약 절차가 '합리화'되면 한국 영화의 제작 시스템뿐 아니라, 영화의 내용도 지금보다 더욱 할리우드와 유사하게 될 것이다(허문영, 2003). 한국 영화의 미래를 위해 유사 할리우드 제작 시스템화가 장기적으로 성공의 지름길이 될지는 고민을 해 봐야 할 문제이다.

둘째, 배급 체계의 변화인데, 한국 영화가 할리우드 시스템으로 전환하는 데 제작 과정보다 더 신속하고 긴밀하게 변화를 보인 것은 배급 부문이다. 과거 한국의 영화 산업은 전국에 산발한 군소 극장들이 영화 배급을 좌지우지하였기 때문에, 할리우드 방식의 배급사의 영향력은 상대적으로 취약하였다. 우리 영화계는 배급사의 영세성과 산발성으로 한국 영화 산업의 발전을 저해한 요인으로 작용하기도 했지만, 또 한편으로는 이것이 오히려 한국 영화 시장에서 할리우드의 독점적 영향력을 막는 데 일익을 담당했던 것도 사실이다. 할리우드의 시장 전략이라는 것이 산발적 영화사들의 군소성, 비효율성으로 성과를 나타내기 힘들었고, 그것이 미국 측의 불만을 사기도 하였다. 미국 직배 제도의 도입 초기, 뱀을 풀어 놓는 등 영화사들의 무지막지한 반발에 부딪치면서도 직배를 감행했지만, 1987년 직배 도입 이후에도 미국 측은 그들이 원하는 만큼의 성과를 보지 못하였다. 그것은 이와 같은 한국 영화 배급 시스템의 특수성 때문이었다.

한국 영화 시장의 배급 시스템의 변화는 불과 몇 년 사이에 급격하게 이루어졌다. 대기업이 영화 산업에 뛰어 들고, 기존 영화사가 전국 극장과 손을 잡고 전국 배급망을 장악하게 되면서, 한국의 영화 시장의 배급 시스템도 할리우드와 유사한 이른바 메이저 시스템으로 재편하게 된 것이다. 메이저 배급 시스템의 선두를 치고 오른 것이 시네마서비스로 2001년 한국 영화 시장의 22.6% 점유율을 보이고, 한국 영화 배급의 45.2%를 담당하고 있다(플레너스, 2002: 11~2). 2대 메이저 배급사인 CJ 엔터테인먼트의 경우 2000년 한국 영화 시장에서 20.5%, 2001년 14.7%의 점유율을 보여 시네마서비스와 앞서거니 뒤서거니 경쟁적 위치를 확보하고 있으며, 2002년 전반기에는 시네마서비스 24.6%, CJ 엔터테인먼트 24.4%로 동등한 점유율을 보이고 있다(CJ 엔터테인먼트, 2001; 플레너스, 2002). 국산 영화 배급은 CJ 엔터테인먼트가 2002년 전반기 42.1%를 보여 시네마서비스보다 앞서 선두에 오르게 되었다(플레너스, 2002).

표 3-1에서 보듯이, 2003년 2004년 통계에서 CJ 엔터테인먼트가 영화 배급에 단연 선두를 나타내고 있다. 한국 영화의 경우는 CJ 엔터테인먼트와 시네마서비스가 간발의 차로 최상위 점유율을 보이고 있다. 외국 영화의 경우 직배사로서 유일하게 상위를 기록하던 워너브라더스도 2004년에는 최상위의 자리를 쇼박스에게 내 주게 되었다.

시네마서비스와 CJ 엔터테인먼트는 2대 메이저로 급부상하게

표 3-1. 영화 배급사 점유율

구분	배급사	2004년 점유율	배급사	2003년 점유율
전체	CJ 엔터테인먼트	24.4%	CJ 엔터테인먼트	21.8%
	쇼박스	18.1%	시네마서비스	18.7%
	시네마서비스	17.2%	워너브라더스	8.2%
한국 영화	시네마서비스	29.3%	CJ 엔터테인먼트	30.1%
	쇼박스	28.6%	시네마서비스	27.8%
	CJ 엔터테인먼트	25.0%	청어람	15.4%

출처: 문화관광부 www.mct.go.kr

되었고, 전국의 극장은 이들 배급사에 라인업되어 있다. 이들 배급사는 할리우드의 메이저들이 그러하듯 영화의 제작, 배급, 상영의 전 부문에 막대한 영향을 행사한다. 시네마서비스나 CJ 엔터테인먼트 모두 전국 100여 개 극장의 직배 라인과 멀티플렉스를 통제하고, 한 해 10여 편의 영화 제작에 참여하여 한국 영화 제작에도 막대한 영향력을 행사하고 있다. 전국 100여 개 극장과의 연계로 배급망을 장악하고 있고, 2차 윈도인 비디오 배급도 장악하고 있다.

시네마서비스가 영화 배급의 선두 주자로 서게 된 데는 독점적 사업 확장과 외국 자본의 도입이 큰 역할을 하게 된다. 강우석 감독의 시네마서비스가 개인 영화사에서 오늘날과 같은 배급의 일인자가 된 것은 기업 합병에 의한 대자본화를 기초로 하고 있다. 시네마서비스는 통합 엔터테인먼트 회사인 플레너스에 2001년 합병되었다. 플레너스는 영화의 기획, 투자, 마케팅, 배급, 상영의 전 과정을 관장한 기업일 뿐 아니라, 게임, 음반, 스타 매니지먼트까지 사업 영역을 확대한 이름 그대로 종합 엔터테인먼트 회사이다.[1] 플레너스의 총자본 중 15.9%는 워버그핀커스로부

---

1. 플레너스는 다양한 콘텐츠 사업체를 계열사로 두고 있는데, 영화 관련사로는 제작사 싸이더스에 38%, 장비업체 아트서비스에 60%, 현재 영화 배급의 3대 기업인 청어람에 50%, 영화 투자 회사인 아이엠픽처스에 33%, 멀티플렉스 극장 프리머스 시네마에 50% 지분을 소유하고 있다.

터 온 외국 자본이며 미국식 기업 운영 시스템을 받아들이고 있다(플레너스, 2002). 플레너스 관계자는 시네마서비스와의 합병 동기와 외국 자본의 유입 동기를 독점적 사업 확장으로 말하고 있다.2 최근에는 플레너스 중 영화 부분이 독립 법인화하였다. 시네마서비스는 2005년 3월 CJ 엔터테인먼트로부터 150억 원을 프로젝트 형태로 자본 유입하여 영화계의 합병화는 보다 복합적인 양상을 띠게 되었다(<조선일보>, 2005. 4. 4).

대재벌 계열 기업인 CJ 엔터테인먼트, 대기업화된 시네마서비스를 양대 산맥으로 하여 한국 영화 시장은 할리우드와 비슷한 시스템을 구축하게 되었다. 이것이 자본 규모뿐 아니라, 기업 활동도 할리우드화하여 수직적 계열화를 통한 독점 사업 구도로 나가고 있다. 할리우드의 영화 산업은 1920년대부터 구축된 메이저 중심의 독점 사업 체제를 유지 확장하고, 이 와중에서 수많은 법적 소송과 제제를 동시에 받아온 불공정한 기업 활동의 역사를 기록하고 있다. 1946년 소송에서 수직적 계열화가 독점 방지법에 저촉된다는 대법원 판결로, 배급과 상영을 분리시켜야 한다는 법적 제재를 받았다. 이로 인해 할리우드 영화 산업은 타격을 입기도 하였다(Balio, 1985: 449~62). 이와 같이 할리우드의 모델은 공정한 시장 경쟁을 통한 것이 아니라, 사실상 시장주의와 거리가 있는 구조적 모순을 지니고 있는 것이다. 현재 한국의 영화 산업이 할리우드를 모델로 하여 재편되고 있는데, 이와 같은 구조적 모순도 동시에 유입되고 있다. 배급 체제의 변화는 할리우드적 효율성과 더불어 독점적 모순이 함께 구조화되는 결과를 낳고 있다.

게임 부문에는 넷마블에 60%, 온게임넷에 10% 지분을 소유하고 있으며, 방송 제작사인 김종학 프로덕션에 35% 지분을 가지고 있다. 이외 연예 매니지먼트 회사 싸이더스 HQ에 60%, I-casting 100% 멕스엔컴퍼니에 50% 지분 소유하고 있다. 음반 사업으로 예전미디어에 65% 지분을 가지고 있다. http://www.plenus.co.kr
2. 플레너스 재정 담당 J와의 인터뷰 2002년 9월 24일.
"시네마서비스는 지금까지 한국 시장에서 과점이란 자리를 확보하고 있었는데, 이를 더 확장하기 위해서는 투자가 필요했던 거죠."

　　셋째, 영화 상영 차원의 변화인데, 최근 한국 영화 산업의 변화
는 상영 시스템의 변화가 가져온 결과이기도 하다. 최근 한국 영화의 가
장 큰 변화를 불러일으킨 것은 멀티플렉스의 보급이다. 1990년대 초반 강
남 씨네하우스가 6개 스크린을 열어 복합 상영관의 시대를 열었지만, 본
격적인 멀티플렉스의 시작은 1998년 CGV 11관의 개막이라고 할 수 있
다. CGV에는 CJ 엔터테인먼트가 호주의 빌리지 로드쇼와 홍콩의 골든하
베스트사와 합자하여 CJ 골든빌리지사를 설립하여 300억 원을 투자하였
다. 이후 메가박스가 서울에 16개관을 연데 이어 지방 도시까지 멀티플렉
스의 시대가 열리게 되었다. 그리하여 멀티플렉스의 3두 주자인 CGV, 롯
데, 메가박스가 전국 극장 상영의 30%를 장악하였다(<경향신문>, 2002. 6.
19; <동아일보>, 2002. 9. 4). 상영업에 한발 늦게 뛰어든 시네마서비스는 프
리머스 시네마를 설립하고 지방 도시를 중심으로 현재 100개가 넘는 스
크린을 소유하고, 2005년 말까지 전국 200개 스크린 오픈을 예정하고 있
다. 메가박스도 100개 스크린을 확보할 계획을 세우고, 현재 66개 스크린
을 운영하고 있다. 롯데는 현재 118개 스크린을 보유하고 2005년 연말까
지 150개 스크린으로 세를 확장하려고 한다. 멀티플렉스의 최대 선두 주
자인 CGV는 현재 전국 220여 개의 스크린을 보유하고 있어 최대 보유
기업의 위상을 확실히 하고 있다.3 이로써 CJ 엔터테인먼트, 오리온, 롯
데, 시네마서비스 4파전이 극장 상영업에 치열하게 전개되고 있다. 이들
은 영화 산업의 진출 이력이 모두 다르지만 수직적 계열화를 통해 제작,
배급, 상영의 전 과정에 영향력을 확대하고 있다. CJ 엔터테인먼트의 경
우는 초기부터 제작, 배급, 상영의 수직적 계열화로 영화 산업에 뛰어든
경우이고, 플레너스는 시네마서비스의 제작에서 출발한 반면, 오리온과
롯데는 극장업으로부터 출발하였다. 그러나 현재 네 개 기업 모두가 제작

---

3. 4대 멀티플렉스 CGV(www.cgv.co.kr), Megabox(www.megabox.co.kr), Lotte Cinema(www.
lottecinema.co.kr), Cinema Service(www.cinemaservice.com) 인터넷 사이트 참조.

과 배급, 상영에 동시적으로 관심을 보여 수직적 계열화를 추진하고 있다. 현재 멀티플렉스가 복합 레저 공간으로 발전하고 있는 상황에서, 쇼핑몰 등에서 영화관 유치에 열을 올리고 있기 때문에 멀티플렉스는 더욱 확대될 전망이다. 특히, 1인당 연간 평균 영화 관람 횟수가 꾸준히 늘어나는 상태에서 영화 산업 중 수익 구조가 가장 안정적인 극장업에 기업들이 관심을 갖는 것은 당연한 일로 보인다(영화진흥위원회, 2004). 멀티플렉스의 수직적 계열화는 기업의 입장에서는 위험 분산을 위한 전략이며, 사회 전체적으로는 영화 산업의 독점 시장 구조의 공고화를 초래하고 있다.

멀티플렉스는 최근 한국 영화 산업의 지평을 뒤바꾸어 놓은 최대의 지축이 된다. 멀티플렉스는 관객을 극장으로 불러 모아 한국 영화 산업의 파이를 키우는 데 일등 공신으로 공헌하였다. 멀티플렉스는 수익의 증가 외에도 한국 영화 산업의 구조를 변화시키고 있다. 우선 가장 눈에 띄는 변화는 할리우드와 같은 광역 개봉 방식의 보급이다. 영화 한편이 전국 200개 극장에 동시에 걸리는 광역 개봉 방식은 블록버스터 영화에 적합한 방식이다. <서편제>(1995)가 마의 100만 관객 동원에 성공했다고 들떴던 때가 불과 몇 년이 지나지 않아, 블록버스터의 신기원을 이룬 <쉬리>(1998) 이후 시간이 갈수록 관객 동원율은 나날이 갱신되었고, 2004년에 이르러 <실미도>는 1000만 관객 동원을 넘어섰다. 이런 변화는 멀티플렉스를 기축으로 한 광역 개봉 방식에 힘입어서이다.

광역 개봉 방식에 의해 멀티플렉스에서는 2~3개의 소수 영화가 10개 스크린에 집중적으로 걸리고 인기가 적은 영화는 외면을 당하는 것이 현실이다. 이에 대해 과거 단일관 시절보다 영화에 대한 선택권이 더 감소되었다는 비판의 소리가 드높다(김소영, 2001: 7~13; 2003, 50~2; 허문영, 2003: 36~9). 광역 개봉 방식에 따른 부작용으로 이른바 작은 영화들은 개봉 후 2~3일 만에 간판을 내리거나 혹은 아예 극장을 잡지 못하여 몇 년씩 기다리는 경우가 속출하고 있다. 작은 영화를 살리기 위한 운동이 전개되기도 하고, 소수 예술 극장에서 특별 상영을 하기도 하지만 이들

그림 3-2. <실미도> (2004, 강우석)

영화들의 산업적 타격을 만회할 방법을 찾을 수는 없다.4

　　　한국 영화의 배급과 상영 시스템의 변화가 영화의 내용에도 영향을 미치는 구도가 형성되고 있다. 멀티플렉스를 중심으로 한 광역 개봉 방식에 힘입어 소수의 대형 영화가 시장 전체를 잠식하는 반면 다양성은 점차 사장되고 있다. 이런 구도에서 영화는 광역 시장의 대량 관객을 대상으로 한 할리우드 방식의 블록버스터가 제작되게 된다. 한꺼번에 대량의 관객을 동원하기 위해 보편적 주제와 스타 시스템의 차용, 대자본 투입에 의한 물량 공세, 거대한 스케일, 볼거리를 제공하는 특수 효과와 과

---

4. 평단에서 작품성을 인정받았으나, 광역 개봉 방식에 밀려 2~3일 만에 간판을 내린 <고양이를 부탁해>, <와이키키 브라더스>, <와니와 준하>, <플란더스의 개> 등의 영화를 살리기 위한 문화 운동이 전개되고 사회적으로 이슈화되어 예술 영화 전용관의 필요성이 대두되기도 하였다. 한편에서는 예술 영화 전용관을 통한 개봉은 관객 동원율을 저조하게 하여 예술 영화의 게토화를 초래할 수 있다는 비판의 소리도 나오고 있다.

잉 사운드가 블록버스터의 내용을 점철하게 된다. 성공의 실례를 모방한 블록버스터형 장르 영화가 아니면 투자가들로부터 외면당하고 제작이 좌절되는 현실에서 누구도 위험 부담을 지고 새로운 영화, 다양성을 담보한 영화를 만들려고 선뜻 나서지 않는다. 한국의 영화가 조폭, 코미디, 공포 등 때에 맞춘 장르 영화가 범람하고 비슷한 배역, 비슷한 볼거리를 제공하면서 다양성이 퇴보하고 있는 것도 이런 변화에 따른 것이다.

물론 블록버스터 영화가 항상 흥행에 성공하는 것은 아니다. 광역 개봉 방식으로 멀티플렉스에서 상영되는 영화 중 절반 이상은 흥행에 참패를 하였다. 특히, <실미도> 이전에는 블록버스터가 흥행 퇴락을 점치는 용어가 될 만큼 2~3년간 줄줄이 실패하기도 하였다.5 그럼에도 불구하고, 블록버스터 영화의 강력한 산업적 영향력은 한국 영화계의 제작, 배급, 상영의 3차원 전체를 획기적으로 변화시키는 힘을 발휘해온 것이 사실이다. 블록버스터 영화의 개별 흥행 기록의 저조함과 내용의 문제점에도 불구하고 영화 제작사나 투자자들은 이제 일정한 방식으로 구도화된 블록버스터 시스템을 추종하게 되었다. 블록버스터 영화가 배급과 상영의 변화에 힘입어 안정적인 수익을 가져다 주는 현실에서 한국 영화의 장기적 발전의 근거가 되는 다양성과 정체성의 문제는 제 방향을 잡지 못하고 있는 것으로 보인다.

5. 대형 프로듀서들은 블록버스터 영화 실패는 시행착오로 영화의 발전을 위한 일종의 투자라고 자조적인 의견을 개진하고 있다(차승재·김승재, 2003).

4

애니메이션과 영상 산업

1. 애니메이션과 영상 커뮤니케이션

흔히 만화, 애니메이션은 기성 세대에 의해 기껏해야 아이들의 놀이거리로 치부 되거나 혹은 폐쇄적 마니아 집단의 일탈적 관심거리로 일축되어 온 경우가 많았다. 신문을 보면 <왈순 아지매>나 <고바우> 같은 4단짜리 네모 그림에서 그 날 시사의 초점을 축약해 보는 기성 세대들이 왜 만화, 애니메이션에 대해서는 부정적인 견해로 무시해 왔던가? 그리고 왜 갑자기 최근 몇 년 사이 애니메이션이 산업적, 정책적 관심의 초점이 된 것일까? 이 문제는 한두 마디로 대답할 수 없는 사회적, 문화적 함의를 담고 있다. 이 장에서는 애니메이션을 좀더 거시적으로 조망하여 이에 연루된 사회 관계, 문화적 함의를 탐구하고자 한다.

최근 애니메이션에 대한 관심이 고조되고 있지만, 그 시각은 대체로 단기적이고 근시안적인 경우가 많다. 애니메이션에 대한 사회적 요구에 비해 애니메이션, 혹은 영상 산업 전반을 발전시킬 이론적 틀이나 방법론은 정부, 업계, 학계를 불문하고 채 정립되지 못한 상태이다. 기껏해야 <쥬라기 공원>의 신화나 몇몇 디즈니 애니메이션의 흥행 소식에 귀가 솔깃하여, 우리도 고부가 가치를 얻기 위해 영상 산업과 애니메이션 육성에 힘써야 한다는 것이 현재 논의의 수준인 것 같다. 애니메이션에 대한 사회적 요구와 앞으로의 가능성을 제대로 파악하기 위해서는 이에 관련된 현실을 파악할 수 있는 보다 거시적 시각과 현실 비판의 이론틀을 개발하여야 하고, 이를 바탕으로 미래의 방향을 제안해야 한다.

최근 애니메이션에 대한 산업적, 미학적 관심의 고조는 단지 새로운 돈벌이 수단이나 새로운 소비 문화의 확산으로만 환원할 수 없는 광범위한 문화적 현상이라고 볼 수 있다. 첫째, 애니메이션에 대한 관심은 하늘 아래 새로운 비자연적 현상이 아니라, 역사적으로 억압되어 왔던 영상 이미지에 대한 관심의 부활이라는 사실에서 출발해야 한다. 현재 인류의 문명은 대부분 문자 중심주의가 너무나 강력하기 때문에, 문자 언어에 의한 의사 소통이 자연스럽고 당연한 것으로 여겨지지만, 영상 언어가 역사 이전부터 의사 소통과 자기 표현의 중심이 되어 왔다. 선사 시대의 동굴의 벽화나 과거 화려했던 잉카 문명이나 호주 원주민의 문화에서 이미지가 생활의 중심이 되었다는 것을 알 수 있다(Kress & Leeuwen, 1997). 문자 언어는 서구 문명의 이성 중심주의와 맥을 같이 하면서, 소유권을 공고히 하기 위한 기록의 필요성에 따라 문자 중심주의 문명이 확립된 것이다. 문자에 비해 영상 이미지는 그 기호의 다의성 때문에 획일적인 해석과 통제에 적절하지 않아 억압되는 역사적 과정을 거치게 되었다.

문자 중심주의 문명권에서 영상 이미지는 희화화되거나 유희화되는 경향을 보이게 된다. 만화를 즐기는 어린이들을 억압하고, 텔레비전 애니메이션 시청에 열을 올리는 어린이에게 우려를 나타내는 어른들의 가치관도 부분적으로는 이런 문화적 편견이 반영된 것이라고 볼 수 있다. 만화, 애니메이션이 내용이나 용도에 있어 점점 변방화되어 저급 문화로 인식된 것도 이런 문화적 권력의 결과이다.

둘째, 근래에는 영상 언어에 대한 사회적, 문화적 요구가 어느 때보다 높아진 것은 기술 발전과 인식론의 전환에서 기인한다. 이는 기술의 발전에 따라 영상 이미지의 다의성과 풍부성이 기록되고 재생산될 수 있는 영상 매체와 컴퓨터 커뮤니케이션의 발전에 힘입은 것이다. 한편, 사회 문화적 변화에 따라 이성 중심주의를 넘는 새로운 유형의 인간주의, 감성주의가 눈뜨게 되었는데, 특히 포스트구조주의 혹은 포스트모더니즘의 등장은 이를 반영하고 있다. 이른바 포스트 사상은 이성 중심주의의 서구 사상이 지식을 통해 행사해온 권력에 대한 총체적 반성으로 해체주의를 표방하게 되는 것이다. 이에 따라 문자 중심주의도 비판을 받게 되고, 일상적, 즉각적 말, 복합적, 영감적 이미지의 다의성이 새로운 가능성으로 자리매김하게 되었다(Derrida, 1978). 포스트모던적 영상 이미지의 추앙은 사실 이와 같은 기존 사상에 대한 저항 의식을 담은 것이라고 볼 수 있다. 애니메이션에 대한 사회적 미학적 요구도 이런 맥락에서 두드러지게 된 것이다.

셋째, 정치 경제학적 차원에서도 후기 자본주의의 사회 변화는 애니메이션에 대한 새로운 사회적 요구를 높이게 된다. 후기 자본주의는 생산 양식의 변형에 의해, 산업 자본주의에서의 생산 관계가 다소 변형된 형태로 나타나게 된다. 현재 세계는 새로운 시대('정보화 사회' 혹은 '멀티미디어 시대')의 장이 열리면서 전통적 자본주의 생산 양식이 변화되었다고들 한다. 산업 자본주의 시대의 규모의 경제는 한풀 꺾이고, 하이테크, 창의적 문화 산업이 21세기를 이끌 주역으로 부상하고 있는 것이다. 문화 산업의 생산력은 규모와 집중화가 아니라, 지식과 창의력이다. 생산의 규모도 소규모이고, 생산 관계도 횡적으로 재구조화한다. 벤처 기업을 중심의 짧은 순환 주기에서 자본주의 초창기의 창업주의 정신이 다시금 요구되었다.

영상 산업과 정보 산업을 주축으로 하는 미디어 산업이 후기 자본주의 새로운 형태의 생산 양식을 구성하는 첨단 산업이 된다. 미디어

산업은 생산의 사회 관계가 변형됨과 동시에 가치의 생산 과정도 과거와
는 다른 형태를 띤다. 과거 산업 제품이 주어진 가치를 최대한으로 생산
하기 위해 최대의 에너지와 자원을 투입하고 노동 가치의 절대적 혹은
상대적 착취를 통해 생산을 관리한 데 반하여, 미디어 산업은 가치 자체
를 끊임없이 재창조하여 잉여를 최대화하는 새로운 형태를 띠게 되는 것
이다. 이때 에너지와 자원의 투입은 최소화하고, 노동 가치의 전이도 시간
이나 강도를 조절하는 과거의 방법과 다른 창의력을 기반으로 하는 새로
운 방법에 의거하고 있다. 미디어 산업 중에서 애니메이션은 가장 많이
고부가 가치를 창출하면서, 강력한 영상 이미지의 새로운 문화 지평을 생
산 과정에 편입시킨다. 애니메이션은 다양한 윈도 효과로 인해 단계별 부
가 가치를 첨가할 뿐 아니라, 2차 소비를 촉발하여 캐릭터, 완구 등 산업
연관 효과가 어느 것보다 높다고 볼 수 있다. 이와 같이 애니메이션 산업
은 산업 자본주의 시대 제조업과는 대조적인 생산과 소비 과정을 창출하
는 후기 자본주의의 변형된 생산 양식을 대표하는 산업이라고 볼 수 있다.

넷째, 애니메이션은 문화적 기호로서 현대 사회의 문화 현상을
극적으로 재현한다. 보드리야르가 포스트모던 사회의 문화를 시뮬라시옹
으로 표현했듯이, 애니메이션은 온통 시뮬라시옹의 기호로 가득하다
(Baudrillard, 1983). 보드리야르는 포스트모던 사회에 본질은 없으며, 의미 없
는 기표만이 유사 현실을 구성하는 시뮬라시옹의 세계를 모사하고 있다
고 설명한다. 애니메이션의 기표는 시뮬라시옹의 물리적 재현으로 어떠
한 현실성이나 본질을 본떠 만들어진 것이 아니다. 즉, 기표에 근간이 된
기의는 없으며, 인위적으로 합성된 시뮬라시옹의 코드 혹은 탈코드만이
애니메이션의 캐릭터에게 생명을 불어넣어 주는 것이다.

애니메이션이 가진 탈문화 혹은 낮은 문화적 할인율도, 사실
실체 없는 기호의 합성에 의한 캐릭터와 내러티브의 창조에 의한 것이다.
그렇다고 애니메이션의 기호가 문화성과 사회성과 무관한 것은 아니다.
애니메이션의 영상 기호는 인위적이지만, 문화적이고, 비실체적이지만

표 4-1. 10대 애니메이션 업체 현황

(단위: 1000달러)

구분	매출액	수출 실적 (수출 비율)	제작 편수	창작 만화 편수	해외 수주 현황	인력 규모 (full time / parttime)
대원동화	7,000	–	TV 26편	–	미국, 캐나다, 일본	200명
디알무비	500	476 (95%)	월 60~90분 1편	–	일본, 미국	4명 / 80명
새롬	6,700	4,300 (100%)	10분 80편	–	미국, 캐나다	25명 / 190명
선우	5,600	5,600 (100%)	20분 36편	–	미국	20명 / 260명
성보양행	400	400 (100%)	20분 50편	–	일본	40명 (95% 비정규)
애이콤	18,000	17,500	180여 편	–	미국, 캐나다, 프랑스	114명 / 600명
프러스원	7,000	600	20분 40편	–	미국, 캐나다	50명 / 300명
한길	450	300	80분 1편	1편	미국, 일본	7명 / 90명
한신	5,000	4,800 (90%)	20분 50~60편	극장 4 / TV 4편	이탈리아, 독일, 프랑스, 그리스 등	30명 / 300명
한호흥업	15,000	15,000 (100%)	20분 120편	20분 120편 / 극장판 1편	미국, 캐나다, 프랑스	86명 / 500명

자료: 자체 조사, 1998.

사회적인 코드로 구성되어 있는 것이다(Denzin, 1991). 영상 이미지의 강력한 영향력은 실재보다 더 실재적인 파생 실재를 구성하는 시뮬라시옹의 권력에서도 찾아볼 수 있으며, 애니메이션의 문화적 권력이 이를 가늠해 볼 수 있는 실례를 제공한다. 이는 우리가 여기서 논의하는 한국 애니메이션의 현재가 비근한 예가 될 수 있다.

위에서 지적한 역사적, 정치 경제적, 기술적, 문화적 측면의 네 가지 맥락에서 현재 한국 애니메이션이 당면한 창작 기반의 문제점을 진단하고, 이를 바탕으로 우리 애니메이션이 나아가야 할 방향을 모색할 것이다.

표 4-2. 지상파 방송의 국산 애니메이션 방영 시간

	KBS			MBC			SBS		
	고시	실제 방영		고시	실제 방영		고시	실제 방영	
		%	편수		%	편수		%	편수
2000	40%	−	7	40%	−	2	35%	−	5
2001	45%	−	9	45%	−	5	42%	−	3
2002	45%	−	5	45%	−	1	42%	−	5
2003	45%	30.37	3	45%	14	3	42%	27.38	5

출처: 송경희, "방송 서비스 시장 및 규제 현황," 도하 개발 아젠다 협상 간담회 토의, 2002; 방송위원회 보도 자료 및 방송법 시행령; 한국애니메이션제작사협회, 한국 창작 애니메이션 상영 방영 현황, 2003; 한창완, "국산 기획 창작 애니메이션 살리기 운동: 극장용 장편과 TV 시리즈 배급 시장을 중심으로," <문화 예술>, 2003. 12월호.

2. 한국 애니메이션의 산업 구조와 창작 기반

한국은 매출액 측면에서 보면, 미국과 일본 다음으로 세계에서 세 번째로 꼽히는 최대 애니메이션 생산국이다. 그러나 질적인 측면에서 자체 제작력으로 보면 세계 시장에서 약소국 가운데 하나이기도 하다. 한국이 제작하는 애니메이션의 90% 이상은 디즈니·워너·폭스 등 할리우드와 일본의 하청 생산이다. 이런 하청 생산은 OEM(Order Equipment Manufacturing)이라 불리는데, 한국은 1960년대 후반 이후 하청 생산에 동원되어 왔다. 1960년대 후반은 미국이 값싼 노동력을 찾아 해외로 눈을 돌리던 시기이고, 1970년대 들어와서는 일본도 '저패니메이션'의 창조에 한국의 노동력을 동원하기 시작하였다.

애니메이션 산업의 하청 구조로 인해 야기되는 첫 번째 문제점은 자생력을 가질 수 없다는 것이다. 한국 애니메이션 산업의 양적 성장과 질적 약체의 기형적 구조로 인해, 국산 애니메이션의 생산은 극히 저조한 실정이다. 방송 영상 진흥 정책이 발효된 1998년 지상파 TV에서 방

영되는 애니메이션 가운데 5.5%만이 국산 애니메이션이며 나머지 94.5%
는 해외 만화였다. 이에 정부에서는 국산 애니메이션의 육성을 위해 국산
애니메이션의 비율을 연차적으로 늘려 지상파 방송에서 국산 애니메이
션을 50%까지 증진시키려는 노력을 기울이고 있다.

정부의 정책적 노력으로 국산 애니메이션이 증가되기는 하지
만, 고시된 의무 비율에 비해 턱없이 낮은 비율로 방영되고 있다. 2003년
에 지상파 3사에서 방영된 국산 애니메이션은 고시 비율인 45%에 훨씬
못 미친 평균 20%대로 나타나고 있다.

지상파 방송사들이 국산 애니메이션 의무 비율에 비해 창작 애
니메이션을 훨씬 낮게 방영하는 이유는 무엇보다 경제적 채산성 때문이
다. 30분짜리 국산 애니메이션을 제작하는 데 평균 1억 원 정도가 들지
만, 외국 만화를 수입하는 데는 편당 2000~3000달러가 들며 포스트프로
덕션 비용을 합해도 국산 애니메이션에 비해 10분의 1 수준에서 소화할
수 있다. 애니메이션이 어린이 시간에 국한되어 방영되다 보니, B급 시간
대의 광고비가 제작비를 따라 잡을 수 없어 방송사 입장에서는 값비싼
국산 애니메이션을 방영하기보다는 아예 만화 방영 자체를 포기하겠다
는 고육책까지 내놓고 있다. 창작 애니메이션의 육성은 당장 눈 앞의 이
익에 의해 판단할 문제가 아니고 보다 장기적인 시각에서 접근해야 할

표 4-3. 국내 애니메이션 현황

(단위: 편, 명)

	국산 창작 애니메이션		수입 애니메이션	
	작품 편수	관객 수	작품 편수	관객 수
2001	3	37,481	11	1,988,550
2002	2	54,405	11	1,562,063
2003	3	177,254	9	1,575,638

출처: 영화진흥위원회, <한국 영화 동향과 전망>, 2003. 7~8월호; (사) 한국애니메이션제작
자협회, "극장용 애니메이션 상영 현황," 2004.

그림 4-1. <원더풀 데이즈>(2003, 김문생)

문제이다.

극장용 애니메이션은 TV용보다 더욱 열악한 상황을 드러내고 있다. 극장용 애니메이션은 수입 애니메이션에 비해 경쟁력을 갖지 못한 것으로 보인다. 표 4-3에서 보듯이 한 해 상영되는 국산 애니메이션은 불과 2~3편이며, 이마저 일반 관객의 외면을 받아 1만 명 이하의 관객을 동원하는 영화가 대부분이다.

2003년에 개봉한 <원더풀 데이즈>를 제외하고는 일반 관객 동원은 극히 저조한 실정이다. 세간의 이목을 집중시키며 기획된 <원더풀 데이즈>의 경우 제작 기간만 7년이 걸렸으며, 개봉 후 10만 이상의 관객 동원이라는 이례적인 기록을 세우기는 했으나, 기대치에는 미치지 못하는 결과를 보였다.

이에 비해 디즈니를 비롯한 수입 애니메이션의 경우는 대대적인 마케팅과 볼거리로, 한 해 200만의 관객층을 확보하고 있다. 특히,

표 4-4. 영화와 애니메이션의 수출액 비교

(단위: 원)

연도	총액 (영화＋애니메이션)	영화 수출액	애니메이션 수출액	총액 중 애니메이션의 비율
1991	56,322,850	472,850	55,850,000	99.2%
1992	61,178,900	195,900	60,983,000	99.7%
1993	62,324,838	173,838	62,151,000	99.7%
1994	94,710,879	620,879	94,090,000	99.3%
1995	84,088,679	208,679	83,880,000	99.8%

출처: 윤선희, 1997.

2004년 연말에 개봉한 〈하울의 움직이는 성〉의 경우, 국내 관객 300만을 동원하였고, 두 달 가까이 장기 상영을 해 공전의 히트를 기록하였다. 물론 미아자키 하야오라는 세계적 스타 감독의 작품임을 감안하더라도, 디즈니에 비해 낮은 제작비와 마케팅 비용을 쓰고도 작품성으로 관객의 호응을 받는 현상에 대해서는 면밀히 살펴보아야 할 사례가 될 것이다.

그러나 국산 애니메이션은 상대적인 약체임에도 불구하고 영상 산업 중 가장 획기적인 수출 역군 역할을 하고 있다. 애니메이션은 영화나 방송 등 다른 영상물에 비해 월등한 수출 실적을 보이고 있다. 1990년대 애니메이션의 수출이 1억 달러에 육박할 때, 영화는 50만 달러 이하로 수출이 이루어졌다. 최근 이른바 한류 열풍으로 한국의 방송 프로그램과 영화가 동아시아의 시청률 순위를 석권하는 것으로 축배를 올리고 있지만, 아직도 애니메이션에 비해 수출 실적은 크지 않은 것으로 나타나고 있다.

표 4-5에서 보듯이, 애니메이션이 여전히 8000만 달러 이상을 수출하고 있는 데 반해, 방송은 1000만 달러, 2001년 이후에야 영화도 겨우 1000만 달러를 상회하기 시작하였다. 물론 한류의 인기가 계속된다면 방송과 영화의 수출이 꾸준히 상승할 것으로 보인다. 한편 애니메이션의 경우는 대부분 OEM에 의한 수출이기 때문에 이제 값싼 노동력을 찾아 종주국들이 제3세계로 눈을 돌리고 있어 하향세로 기우는 실정이다. 이

표 4-5. 영상 산업의 해외 수출입 실적

(단위: 원)

분야		1999	2000	2001
영화	수출	5,969	7,054	11,250
	수입	26,934	46,223	48,482
비디오	수출	8,400	9,500	10,000
	수입	36,833	45,000	48,333
애니메이션	수출	81,663	85,000	80,000
	수입	–	5,394	6,000
방송	수출	12,736	13,111	18,920
	수입	28,733	29,093	20,442

출처: 국정 감사 자료, "통계로 보는 문화산업 현황," ＜전자신문＞, 2002. 9. 23.

에 애니메이션의 산업 기반을 유지 발전시킬 방책은 창작 애니메이션의 부흥에서 찾을 수밖에 없다.

표 4-6에서 보듯이, 애니메이션은 영상 부문에서 90% 이상으로 실사 영화에 비해 높은 수출률을 보이며, 해마다 500만 달러, 1000만 달러를 돌파하는 수출 효자 산업으로 성장해 왔다. 한편 방송, 케이블, 멀티미디어 등의 영상 산업이 수출 측면에서는 저조한 실적을 보이고 있는 현실을 감안할 때, 애니메이션은 영상 산업 중 가장 큰 수출 역군으로서

표 4-6. 애니메이션의 국가별 수출 현황

(단위: 만 원, ( )안은 만 달러)

구분	2000년		2001년		2002년 상반기	
미국	15,356,560	(12,797)	7,149,070	(5,957)	4,802,921	(4,002)
유럽	1,812,775	(1,511)	4,645,206	(3,871)	1,633,350	(1,361)
일본	1,466,849	(1,222)	1,456,729	(1,214)	1,450,291	(1,209)
기타	1,373,481	(1,145)	1,312,321	(1,094)	275,937	(230)
계	20,009,665	(16,675)	14,563,326	(12,136)	8,162,499	(6,802)

1달러당 1200원으로 환산.

역할을 하고 있다. 애니메이션의 수출을 국가별로 보면 역시 미국의 하청 생산이 가장 높게 나타난다. 표의 수치는 주문액을 기준으로 상정한 것이다. 미국에 1억 달러 이상 수출한 데 비해 아시아에는 800만 달러, 유럽에는 3000만 달러 정도의 수출액을 기록하고 있다. 디즈니의 TV 만화 영화의 주문량이 애니메이션 수출에서 차지하는 비율이 높기 때문이다.

표 4-7에서 보듯이, 애니메이션에 대한 매출은 TV용이 가장 높게 나타나고 있다. OEM 방식의 애니메이션 제작이 주로 TV이기 때문에 매출이 1400억 원으로 가장 높은 수치를 기록하고 있다. 극장용의 경우는 400억 정도가 나타나고 있다. 극장용의 경우는 내수와 수출 실적이 비슷한 비율로 매출을 보이지만, TV의 경우는 국내 매출은 해외 수출에 비해 5분의 1 수준이다. 애니메이션이 해외 수출 효자 상품으로 기록되고 있지만, 하청 구조에 의해 국산 애니메이션의 창작 기반이 위축되는 결과를 가져오기도 한다.

애니메이션 산업의 하청 구조가 야기하는 문제는 노동 문제이다. 앞서 지적했듯이 후기 자본주의에서는 시뮬라시옹이 높은 물질적 이윤과 강력한 문화적 힘을 발휘한다. 한편 실재적 가치, 혹은 마르크스가 본질론으로 본 노동 가치는 격하되어, 애니메이션 생산에 동원되는 인력의 급여 수준은 예나 지금이나 생계 수준을 넘지 못하고 있다. 노동력은 임노동자의 일반 조건보다 더욱 낮으며, 불안정한 계약 관계와 더불어 단

표 4-7. 애니메이션 매출 및 비용 현황 (2000)

(단위: 100만 원)

	극장용		TV		OVA		기타		계	
	매출	비용	매출	비용	매출	비용	매출	비용	매출	비용
국내	22,988	12,237	28,984	31,065	2,181	2,888	19,062	9,006	73,215	51,196
해외	23,464	42,419	115,089	191,648	8.570	13,623	4,181	6,322	151,304	254,012
계	46,452	54,656	144,073	222,713	10,751	16,511	23,243	15,328	224,519	305,208

출처: 문화관광부, <2001문화산업백서>, 2002. 2.

체 행동의 가능성이 제거된 상태에서 가치가 전이되는 것이다.

　　하청 생산의 가장 큰 문제는 한국의 자체 내 창작 기반이 생성 단계에서 싹이 잘리는 상황이다. 예를 들어, 한국의 애니메이터들이 과거 수십 년 간 디즈니 생산 과정에 참여하고 있지만, 이들은 선 하나 점 하나에 이르기까지 디즈니 본사에서 기획한 면밀한 주문에 따라 생산한다. 그 결과 수십 년의 경험에도 불구하고 한국 애니메이터들 스스로가 자체 제작을 할 수 있는 창조력은 축적하지 못하고 있다. 이는 미디어 산업이 21세기형 지식 산업의 중요한 부분임에도 불구하고 한국의 애니메이터들은 지식 생산 과정에서 철저하게 배제되어왔기 때문이다.

　　애니메이션 생산 과정에서 디즈니 본사는 스토리와 캐릭터를 창조하고 한국의 OEM 업체는 레이아웃에서, 원화, 동화, 채색, 선화, 촬영을 전담하는 것이 대부분의 경우이다. 이들은 모두 계약직으로 구성되어 직업 안정성이 매우 낮아 노동 문제가 야기된다. 표 4-8에서 보듯이

표 4-8. 애니메이션 제작 과정별 고용 인원

	만화 영화 및 비디오 제작업
기획, 진행	485
레이아웃	462
원화	1,523
동화	2,100
컬러링	910
배경	426
촬영	190
편집	144
모델링(3D)	200
애니메이션 및 효과 합성(3D)	184
렌더링(3D)	159
관리, 영업	489
기타	931
계	8,204

출처: 문화관광부, <2001 문화 산업 통계>, 2002. 2.

원화, 동화 등 OEM 공정 과정에 대한 인원이 많은 데 반해, 기획의 인원
은 적게 나타난다.

하청 산업 구조가 견고해짐에 따라, 창의적인 애니메이터들이
기존 산업 구조에 흡수될 수 없는 것도 큰 문제점 중 하나이다. 표 4-9에
서 보듯이 한국의 애니메이션 하청 산업은 노동 집약적인 산업이며, 노
동력의 투입 대비 저임금 구조인 것을 알 수 있다. 이와 같은 하청 산업
의 문제점으로 인해, 전문 교육을 받은 신진 애니메이터들은 업체에 진
입하려 하지 않고 독자 노선을 걷는 어려움을 감수하고 있다. 이로 인해
창의성 소멸과 저임금의 악순환이 계속되는 것이 한국 애니메이션 산업
실정이다.

한국 애니메이션 하청 산업의 종주 국가들의 업체는 값싼 노동
가치의 전이에 의해 높은 수익률을 기록하지만, 여러 가지 생산 관리 시
스템을 도입하여 최소 비용으로 최대의 이윤을 내기 위해서 다각적인 노

표 4-9. 애니메이션 제작 인원 및 임금 수준

직제	한호홍업	애니비젼코리아	선우애니메이션	선우의 임금 수준
레이아웃	10	15	17	300만 원 / 편
연출	18	7	−	−
원화	40	57	42	800만 원 / 편
동화	192	83	40	400~600원 / 장
배경	38	−	−	−
체크	8	4	8	−
카메라	12	14	8	200만 원 / 편
채색	60	63	48	450원 / 장
기타	49	13	57	−
총계	526	256	220	

출처: 전화 설문 조사 결과.

력을 기울이고 있다. 예를 들어, 하청업체에 대해서도 한국의 임금 수준이 과거에 비해 높아지자, 곧 중국·필리핀·베트남 등으로 더 값싼 노동 가치를 찾아 사업을 이전하고 있다. 그 결과 한국 업체들은 불안정한 계약 관계에 의해 위기 의식을 느끼고 있다.

위기 상황에서 한국 애니메이션 제작자들은 산업의 체질 개선으로 자생력을 길러야 한다는 데 의견을 같이하고 있다. 또한 국제 시장에서 경쟁력을 유지하기 위해서는 고품질, 테크놀로지 개발로 새로운 방법의 제작 기술을 발전시켜야 한다는 의견을 개진하였다.

한국의 애니메이션이 하청 구조를 개선하고 창작 기반을 확대해야 한다는 데는 업계나 학계가 합의하고 있지만, 그 방법론에 대해서는 아직 제 방향을 찾지 못하고 있다. 과거 십수 년 동안의 하청 생산 구조에 의해 창작의 기반은 싹부터 잘린 데에 원인이 있다. 우선 애니메이션 창작 기반의 교두보가 되는 교육 제도를 보더라도, 사회적 요구에 의해 난립하고는 있으나 제자리를 찾지 못하고 있다. 현재 우리나라의 애니메이션 교육 기관은 4년제 대학이 5개, 전문대가 6개, 또 문화 센터 사회 교육원 등의 단기 코스 등으로 구성되어 있다.

표 4-10에서 보듯이, 한 해 훈련된 애니메이터가 2000명 이상 배출되는 양적 성장을 보이지만, 교육 내용은 혼란을 겪고 있다. 그 문제점은 크게 세 가지로 나눠 볼 수 있다. 첫째, 전문가 육성의 문제점이다. 4년제 대학과 2년제 전문대학 간의 역할 분담이 아직까지는 미진하다. 교과 과정에도 셀 애니메이션과 디지털 애니메이션이 혼재되어, 학교에 따른 교육 영역의 특화가 이루어지지 않는 실정이다.

둘째, 교수와 시설 설비의 미비함인데, 이로 인해 첫 번째 문제인 전문성에 문제가 생긴다. 애니메이션이 신진 학문이고, 많은 젊은이들이 애니메이션에 관심을 갖는 데 비해, 교수는 양적으로나 질적으로 부족한 실정이다. 교수 양성을 위해서 대학원 교육도 활성화되어야 하지만, 현재는 이루어지지 않고 있다.

표 4-10. 국내 애니메이션 관련 교육 기관

구분	분류	세부 항목			계	총계
제도권 교육 기관	고등학교	특목고	실업고(68)		72	335
			공립	사립		
		4	19	49		
	대학교	4년제	3년제	2년제	109	
		54	5	50		
	대학원	일반 대학원	전문 대학원	특수 대학원	19	
		3	9	7		
준제도권 교육 기관	한국영화아카데미	1			1	
	사회 교육원	일반 교양 과정	전문 과정	학점 은행제	14	
		4	7	3		
	전문 학교	19			19	
비제도권 교육 기관	사설 학원	취업 학원	전문 학원	입시 학원	101	
		53	18	30		

자료: 문화관광정책연구원, <2002 문화 산업 통계>, 2002.

셋째, 첨단 기술이나 실험적 애니메이션 교육의 미비함은 시설 미비와 함께 동반되는 문제이다. 많은 대학에서 디지털 애니메이션을 교과목으로 포함하지만, 워크스테이션 등 장비가 제대로 구비된 학교는 소수에 그친다. 특히, 포스트프로덕션 설비를 갖추고 있는 학교가 드물어 애니메이션 교육의 허점을 드러내고 있다. 국내 애니메이션 산업의 구조적 문제로 기획과 포스트프로덕션이 약한데, 신진 애니메이터들 역시 이런 훈련을 받지 못한다는 것은 창작 기반 확대에 장애가 되고 있다.

한국의 애니메이션 교육 수준에 비해, 세계 유수의 교육 기관은 전문성과 예술성의 측면에서 단단한 교육 체계를 형성하고 있다. 미국의 칼아츠CalArts는 실험 애니메이션과 캐릭터 애니메이션으로 특화하여 체계적인 교육을 실시하고 있다.

표 4-11. 해외 애니메이션 교육 기관

학교명 / 지역	학위 과정	기간	교수진		교육 내용	주요 시설
			전임	강사		
칼아츠 / 미국	실험 애니메이션	학사 4년, 석사 3년, 비학위 4＋3년	9	13	실험 애니메이션 워크숍, 스토리보드, 테크닉, 타이밍과 구조, 실험 애니메이션 디자인, 옥스베리 카메라 작동, 동작, 비디오 * 매년 단편 제작	SGI Computers 비디오 설비 IRIX Software 개인용 컴퓨터
	캐릭터 애니메이션	학사 4년, 비학위 4년	9	27	드로잉, 색 디자인, 스토리 2D, 3D 레이아웃, 배경, 특수 효과, 포트폴리오 * 매년 단편 제작	
왕립예술대학 / 영국	영상 예술	석사 2년	16		개별 프로젝트 수행 스튜디오 실습, 전문가와 작문, 테크닉 워크숍 * 학위: 외부 심사위원단의 작품 심사	아미가 4000, 옥스베리캠, 아미가 시스템, 디지털 장비, 편집
세리던 / 캐나다	캐릭터 애니메이션	학사 3년			애니메이션 동작, 캐릭터 디자인, 응용력 사운드	
	컴퓨터 애니메이션	대학원 1년			3D, 특수 효과 조명, 시뮬레이션	
요요기 학원 / 일본	영상학부	전문대 2년	55*	79*	애니메이터 과정, 페이팅, 제작, 배경 디자인, 촬영, AV 오퍼레이터, CG 과정으로 세분화	

* 동경 캠퍼스
출처: 문화정책개발원 국내 애니메이션 육성 방안.

해외의 유수 애니메이션 교육 기관의 특징은 첫째, 전문화된 교육 기능을 맡고 있다는 것이다. 전문성을 바탕으로 애니메이션의 실험성, 기술 개발, 예술성이 한층 증진될 수 있는 것이다. 가까운 일본의 경우에도 전국에 8개 캠퍼스를 가진 요요기학원의 경우 매우 세분화된 전공에 의해 전문적 애니메이션 기술자를 배출할 수 있는 것이다.

둘째, 해외 유수 기관은 교과 과정이나 시설 설비를 위해 막대한 투자를 아끼지 않는 다는 점이다. 칼아츠나 세리던Sheridan 등에서는 일선에 있는 애니메이션 전문가를 강사로 초빙하여 잘 갖추어진 시설 설비를 기반으로 현장 교육을 실시하고 있다. 요요기학원의 경우, 교수진이 동경 캠퍼스만 130여 명의 수준이니, 교육 수준의 질을 짐작할 수 있다.

셋째, 세계 유수 교육 기관에서는 개인의 창의성과 관심을 집중적으로 교육하는 일 대 일의 교육 시스템을 채택하고 있다. 이들 학교에서는 교과 과정에서 이미 작품을 완성하여 전문 프로듀서로서의 역량을 길러 주고 있는 것이다. 이 결과 이들 기관의 졸업생들은 할리우드 등에 일찍이 스카우트되고, 세계 유수 애니메이션 페스티벌에서 수상하는 역량을 발휘하고 있다.

3. 한국 애니메니메션 창작 기반 구축

앞서 지적했듯이, 애니메이션에 대한 관심이 고조된 것은 후기 자본주의 시대의 사회적, 문화적 변화에 기인한다. 과거 산업 자본주의에서 노동 가치의 절대적, 상대적 잉여 가치 전유가 가치 생산을 전담했던 데 반하여, 생산 양식의 변형에 의해 문화 권력, 혹은 기호의 가치 생산이 마르크스가 주장한 부수적 현상 이상의 현실적 중요성을 띠게 되었다. 이때 기호의 가치 생산은 과거의 생산 과정보다 훨씬 복합적 양상을 띠게 되는데, 그 구체적 형태인 애니메이션의 생산 과정도 복잡한 양상을 띠게 된다. 현재 일고 있는 애니메이션에 대한 관심도 이러한 복합성을 띠고 나타나는데, 이를 두 가지 방향으로 축약해 보면, 산업적 이해 관계와 영상 세대의 저항성으로 대별하여 볼 수 있다. 즉, 기존의 산업 구조 내에서 애니메이션의 경제적 가치를 최대화시키려는 이해가 그 하나이고, 영상 세대의 저항성은 문자 중심적 문화에 저항적 영상 문화의 활성화, 더 나아가서는 시뮬라시옹의 시대에 적극적으로 기표의 조합과 창조에 의해 파생 실재를 구성하려는 시도를 포함하기도 한다. 두 이해 관계를 현실 집단에 적용시켜 보면, 하청 구조에 잠식된 기존 산업계와 보다 실험적 독립 제작 집단으로서 지금 교육 받고 있는 신세대 애니메이터들로 나눠 볼 수 있을 것이다. 애니메이션에 대한 육성 정책이나 산업 전략도 이들 두 방향에 대한 현실 인식과 균형 조정 기능을 수행하면서 진전될 수 있을 것이다. 이 두 세력이 현재 국산 애니메이션 창작 기반 구축이라는 대전제에 의견 일치를 보이고 있지만, 그 방법론에는 각기 의견을 달리하고 있다. 여기서 한국 애니메이션 발전을 위한 창작 기반 구축을 위한 정책적, 사회적 과제를 논의해 보고자 한다.

첫째, 애니메이션의 창작 기반 확대를 위한 가장 손쉬운 정책은 애니메이션의 양적 성장을 위한 쿼터 정책일 것이다. 쿼터 정책은 애니메이션의 창작 기반을 확대하기 위한 전략 가운데 가장 단기적이며 직접적인 정책 수단이다. 영화의 스크린 쿼터나 TV에 적용되는 프로그램 쿼터가 이에 해당된다. 쿼터는 정책 집행에 있어서도 가장 간단한 형태의 규제 제도이다. 문화관광부에서는 애니메이션을 영상 산업 중 전략 산업으로 인식하고 1998년부터 국산 애니메이션 쿼터 정책을 실시하였다. 1998년 공영 25%, 민영 15%에서 시작하여 2003년 45%로 쿼터를 고시하고 있다. 앞서 표 4-2에서 보았듯이, 지상파 방송에서는 국산 애니메이션을 현재 고시된 쿼터에도 못 미치는 평균 30%대의 방영하고 있다. 애초 2001년부터 공·민영 TV가 모두 50% 이상의 국산 애니메이션을 편성하도록 계획하였으나, 쿼터 고시율도 낮아지고 그것이 제대로 지켜지는 데 난점을 보이고 있다. 쿼터 정책은 애니메이션 창작 기반 구축을 위한 양적 측면에 기여할 뿐이고, 이것이 장기적으로 한국 애니메이션의 질적 발전을 보장하는 것은 아니라고 본다.

둘째, 국산 애니메이션 창작 기반을 확대하기 위해서 제작 지원 정책의 강화가 중요하다. 의무 편성 비율을 규정하면서 다음과 같은

표 4-12. 애니메이션 산업 지원 정책 — 1998~2002 애니메이션 분야 국고 지원 규모 현황

(단위: 100만 원)

구분	계	1998	1999	2000	2001	2002
애니메이션 산업 지원	6,899	658	1,353	1,674	2,362	852
- 영상 만화 대상	170	32	32	32	32	42
- 창작 애니메이션 제작 지원	886	111	111	182	182	300
- 춘천만화이미지정보센터 설립	4,088	400	1,000	1,000	1,688	-
- 서울국제애니메이션페스티벌 지원	805	115	210	160	160	160
- 춘천국제애니타운페스티벌 지원	900	-	-	300	300	300
- 해외 단편 애니메이션 참가 지원	50	-	-	-	-	50
전략 지역 수출 지원	805	38	38	38	191	500
- 견본시 참가 및 투자 로드쇼 개최	805	38	38	38	191	500
우수 파일럿 프로그램 제작 지원	1,000	-	-	-	-	1,000
현지 어버전 제작 지원	600	-	-	-	-	600
애니메이션기술지원센터 조성 지원	6,000	1,700	1,550	2,750	-	-
계	15,304	2,396	2,941	4,462	2,553	2,952

출처: 문화관광부 www.mct.go.kr

점이 우려된다. 첫째 시장 교란의 문제, 둘째 창작 애니메이션의 질적, 기술적 발전을 보장 못한다는 문제, 셋째 창작 애니메이션 공급력의 문제이다. 첫째, 의무 편성 비율 정책이 초래할 시장의 교란은 앞서 지적했듯이 현재 국산 애니이션의 TV 방영률이 낮은 것은 가격 경쟁력에서 기인하는 것이다. 국산물의 제작시 외국물보다 10배, 20배씩 비용이 증가하는데, 방송사가 이를 일방적으로 떠맡을 때 많은 편법과 부작용이 예상된다. 또한 중장기적으로 중요한 것은 일방적 규제보다 애니메이션 산업의 건전한 시장을 형성하는 것이다. 이를 위해 시장이 형성될 때까지 정부가 비용을 나눠 부담하는 것으로 가장 직접적인 수단인 제작비 지원 제도를 채택하도록 하였다. 의무 비율에 따른 국산 프로그램에 대해 총 제작비의 20%까지 정부가 장기 대출해 주는 형식으로 제작비 지원이 이루어진다. 1998년부터 2002년까지 방송 의무 편성 비율과 병행하여 애니

메이션에 대한 제작비 지원이 400억 원 규모로 지출되었다. 표 4-12에 애니메이션 육성을 위한 다양한 정부의 지원 정책이 열거되어 있다. 제작비 지원뿐 아니라, 페스티벌 지원, 수출 지원, 기술 지원 등 다양한 지원이 이루어지고 있다. 제작비의 직접 지원은 기존 산업에 대한 육성뿐 아니라, 상업성이 떨어지는 실험적이고 예술적인 작품에 대한 지원이 가능하기 때문에, 국산 애니메이션의 질적, 기술적 발전도 보완할 수 있는 장치가 될 수 있다.

셋째, 애니메이션에 대한 국가 지원 정책에 대해 문제 중 하나는 국산 애니메이션의 정의이다. 국산 애니메이션의 의무 편성 비율 정책이나 직접 제작비 지원 제도에 대해 가장 큰 문제가 되는 것이 국산 애니메이션의 정의이다. 뿌리 깊은 하청 구조의 문제가 있고, 이것이 편법에 의해 국산 애니메이션으로 분류되는 경우가 다수 있다. 물론 후기 자본주의에서 생산의 단위가 세계화되는 상황에서 인위적으로 국경선을 적용하는 것도 건전한 해외 공동 제작을 통한 기술적 발전이나 시장 확대의 기회를 저해할 수 있다. 이와 같은 두 가지 목적을 위해서 창작 애니메이션을 정의하는 데 많은 논란과 어려움이 있었다. 이에 프랑스와 캐나다식의 포인트 시스템을 도입하되, 하청 생산을 배제시키기 위해 보다 강력한 기준을 적용하였다. 표 4-13에서 보듯이, 애니메이션 점수 합계가 20점 이상이어야 국산 애니메이션으로 분류된다. 또 공동 제작인 경우 한국 자본이 제작비의 30% 이상이면서 점수 합계가 16점 이상이어야 국산 애니메이션으로 인정된다. 이 기준에 의해 국산 애니메이션으로 분류되면 방송 편성 쿼터로 인정되며, 여러 가지 정부 지원 정책의 혜택을 받을 수 있다.

넷째, 국산 애니메이션의 창작 기반을 확대하기 위해서는 교육 제도의 개선을 통한 창작 인프라의 확대가 필요하다. 창작 애니메이션의 미래는 교육에 있다고 해도 과언이 아닐 것이며, 이의 중요성은 앞에서도 말한 바 있다. 1990년대 후반 이래 애니메이션에 대한 사회적 관심이 높아지면서, 대학이나 전문대학에서 애니메이션 관련 학과를 속속 개설하

표 4-13. 국산 애니메이션 점수 제도

	셀	3D CG	스톱모션
1점	지적 재산권, 수익 분배권, 레이아웃, 선 / 채화, 영상 편집, 주제가, 성우 녹음, 효과 음악, 음향 / 믹싱	지적 재산권, 수익 분배권, 캐릭터 디자인, 배경, 매핑 / 텍스처, 영상 편집, 주제가, 성우 녹음, 효과 음악, 음향 / 믹싱	지적 재산권, 수익 분배권, 모델 디자인, 배경, 미술 감독, 조명, 영상 편집, 합성, 주제가, 성우 녹음, 효과 음악, 음향 / 믹싱
2점	프로듀서, 기획 착안, 시나리오, 모델 디자인, 총감독, 스토리보드, 배경 디자인, 배경 제작, 원화, 동화	프로듀서, 기획 착안, 시나리오, 모델링(캐릭터), 모델링(배경), 총감독, 스토리 보드, 애니메이션, 비주얼 이펙트 / 합성, 렌더링	프로듀서, 기획 착안, 시나리오, 스토리 보드, 캐릭터 제작, 세트 제작, 총감독, 스톱모션 애니메이션, 촬영

국산 애니메이션 합계 20점, 공동 제작의 경우 제작비 30% 이상 출자와 합계 16점 이상
자료: 방송위원회 보도 자료, 2005년 1월 18일.

게 되었다. 이에 따라 신진 애니메이터들의 양적 확대는 괄목할 만하지만, 기존 산업에 참여로 이어지거나 저항적 세력으로 확대되는 데는 성공하지 못하고 있는 것으로 보인다. 그 원인은 보다 구조적인 문제에서 기인하지만, 중단기적으로는 애니메이션 관련 교육의 특화와 전문성 문제 때문이기도 하다. 현재 애니메이션 교육 기관이 확대되어 한 해 2000명 이상이 배출되고 있지만, 교육의 특성화가 이루어지지 못하고 있다. 그러므로 전문대학은 업계에 유용한 실용적인 교과 내용으로 전환하고, 4년제 대학은 보다 실험적이고 예술적인 창작 인력을 배양하는 데 전력하는 것이 바람직할 것이다. 물론 이를 위해 전문 교수의 확보, 시설 설비의 과감한 투자가 필요함은 부언할 필요가 없을 것이다.

　　　애니메이션 교육 체제 특화와 전문화를 통해 창작 애니메이션의 생산 구조에 직결시키는 체제가 필요하다. 교과 과정 가운데 제작이나 현장 실습을 통해 기존 애니메이션 산업 구조에 곧바로 연계시키는 것과 동시에, 실험적이고 예술적인 작품이 일반 매체를 통해 발표되는 것도 중요하다. 이를 통해 기존 만화에 대비되는 대항적 만화 읽기나 이에 대한

수요가 늘어날 수 있을 것이다. 또 단편 작품이 광고, 영화 홍보, 시사 단편 등으로 창구화될 수 있는 다양한 매체 활동에 대한 새로운 아이디어의 개발도 필요하다.

　　다섯째, 창작 애니메이션을 벤처 활동으로 지원하는 것이 필요하다. 애니메이션은 영상 시대를 선도할 고부가 가치 산업이면서, 동시에 높은 위험성과 불확정성을 가진 산업이기도 하다. 생산의 구조도 다른 제조업 같은 원료 집약적, 에너지 집약적 산업이라기보다는 창의성과 기획력을 바탕으로 한 지식 산업이다. 이에 따라 벤처 산업으로서의 애니메이션 산업을 육성하기 위한 지원 활동이 요구된다. 앞에 예시한 직접 제작비 지원이나 인프라 구축도 애니메이션의 벤처 활동을 지원하기 위한 것으로, 이외에 광범위한 지원 활동이 필요하다.

　　다섯째, 해외 공동 제작을 확대하는 노력이 필요하다. IMF 이후 경제 불황을 겪으면서, 위축된 영상 시장을 활성화시키기 위한 타개책의 하나로 해외 공동 제작에 눈을 돌리게 되었다. 일부에서는 우리 영상 산업의 수준을 폄하하여 공동 제작의 가능성을 부인하지만, 건전한 공동 제작은 제작비 조달뿐 아니라, 기술 발전, 시장 개척에 절대적으로 유리하게 작용한다. 특히, 유럽 국가들은 자국 프로그램에 대한 쿼터제를 도입하고 있기 때문에, 적법한 절차에 의한 공동 제작은 그들 국가의 지원 대상이 될 뿐 아니라, 방영이 약속되기도 한다. 기존 업체에서는 공동 제작의 재정적 부담 때문에 망설이는 경우가 많으나, 다양한 매칭 펀드*matching fund*의 길을 찾아 유리한 조건을 조성할 수도 있을 것으로 보인다. 한편, 해외 공동 투자에 대한 준비가 전혀 안 된 상태에서 무분별한 공동 투자는 심각한 경영상의 문제나 문화 제국주의의 문제를 야기할 수 있다. 특히, 애니메이션의 경우는 고질화된 하청 구조로 공동 제작이 불균형한 파트너십을 형성할 수 있다. 해외 공동 제작에 대한 정부의 지원 노력과 더불어 공동 제작 조건에 대한 면밀한 자료 조사와 정보 교환이 요구된다.

우리의 창작 애니메이션이 할리우드에 비해 경쟁력이 뒤떨어지는 이유는 제작 기술이나 투자 규모에서 찾을 수 있으나, 보다 근본적인 원인은 시장 규모에 있다. 한국은 국내 시장의 규모가 협소하기 때문에, 세계 시장을 석권하는 할리우드의 투자 규모나 기술 개발의 수준을 따라갈 수가 없다. 그러므로 한국이 할리우드의 수준은 아니더라도 해외의 틈새 시장을 개척하여 시장 규모를 늘린다면, 우리 창작 애니메이션의 수준도 하루가 다르게 달라질 것이다. 이를 위해서는 제작 구조의 개선과 더불어 해외 마케팅의 노하우를 축적하여야 할 것이다. 우리 애니메이션 업체가 대부분 아직 영세성을 벗어나지 못하고 있기 때문에, 정부에서도 해외 시장 개척을 위한 공동의 진출 방안을 모색해야 한다.

5

게임과 영상 산업

1. 디지털 미디어와 컴퓨터 게임

흔히 정보 사회 혹은 영상 시대로 지칭되는 신세계의 실체는 현재 추이로 보면 다름 아닌 엔터테인먼트로 요약할 수 있다. 인터넷과 같은 신산업이나 기존 산업에 강화된 e-비즈니스의 실체를 따져 보면 엔터테인먼트의 성격이 강하게 드러난다. 성장하는 엔터테인먼트 중 가장 급속히 발전하고 많은 사람의 인기를 끌고 있는 것은 게임이다. 특히, 컴퓨터 매개 커뮤니케이션이 발전하면서 컴퓨터 게임은 성장률이 가장 높고 사회적으로 주목받고 있는 분야이다.

한국의 경우 컴퓨터 게임은 급속히 발전하여 가장 전망 있는 산업으로 자리 매김하고 있다. 특히, 젊은 세대들의 라이프스타일을 바꾸어 놓을 정도로 사회 전반적으로 영향력을 행사하고 있다. 요즘 젊은 세대들의 가장 손쉬운 엔터테인먼트는 컴퓨터 게임일 것이다. 모임 후에 뒷

그림 5-1. 스타크래프트

풀이로 술집이나 노래방을 찾던 젊은이들이 이제는 PC방에 가서 서로의 게임 실력을 겨루거나 서로 협력을 통해 네트워크상의 미지의 적을 무찌르는 일에서 즐거움을 맛보고 있다.

1990년대 말 한국에 PC방이 순식간에 번성하고, 많은 사람들을 PC방으로 불러들인 것은 스타크래프트의 성공 때문이다. 이는 미국 블리자드Blizzard사의 단일 게임 소프트웨어이다. 스타크래프트는 이 땅의 젊은 이들 사이에 새로운 문화를 배태시키고, 생활 양식을 변화시켜 왔다. PC방에서 새우잠을 자며 하루 10시간 이상 게임에 빠지는 이도 있었으며, 게임을 하다 죽기까지 한 PC방 주인에 관한 쇼킹한 뉴스를 기억하는 사람도 많을 것이다.

스타크래프트를 위시한 컴퓨터 게임은 디지털 매체를 장악할 뿐 아니라, 기존의 매체에까지 영향력을 끼쳐, TV에 컴퓨터 게임이 정기적으로 방송되기도 한다. 인터랙티브 매체적 성격의 총아인 게임이 일방향적 대중 매체의 전형인 아날로그 TV에 방영되는 양상은 매우 아이러니컬한 현상으로 비친다.

또한 컴퓨터 게임은 프로게이머라는 새로운 직업을 탄생시키기도 했다. 이들은 이른바 N세대나 2029세대들의 새로운 스타로 등장하기도 하였다. 예를 들어, 스타크래프트 프로게이머인 '쌈장'은 TV 광고에 신세계를 호령하는 영웅적 모습으로 등장하여 세인의 주목을 받았다. 이와 같이 한국 사회에서 인기 절정을 달리는 컴퓨터 게임은 산업적, 문화적, 커뮤니케이션적 측면에서 매우 특기할 만한 현상을 보이며 다방면의 영향력을 행사하고 있다.

이전까지 한국 사회에서 게임은 부정적으로 인식되어 왔다. 게임은 인간의 이성을 마비시키고 중독으로 이끄는 저질 문화로서, 청소년에 대한 보호와, 방어가 필요한 대상으로 인식되었다. 하지만 최근 컴퓨터 게임의 선전 이후 게임은 사회적으로 전망 있는 산업으로서 기대를 모으고 있다. 이에 게임 산업의 현황을 살펴보도록 한다.

2. PC방과 게임 산업

현재 한국의 산업 구도를 보면, 게임 산업이 가장 높은 성장률을 기록하는 산업 가운데 하나라는 것을 알 수 있다. 1998년 PC방이 전국 각지에 번지기 시작하면서 게임 산업은 급속히 성장하게 되었다. 1997년까지 수십 개에 지나지 않던 PC방이 현재 전국 3만 개로 늘어나게 되었다. 전국 각지의 모퉁이마다 자리한 PC방에 통상 10~20명의 이용자가 24시간 동안 끊이지 않으니, 지금 이 순간에도 최소 300만 명의 이용자가 PC방을 지키고 있다는 것을 알 수 있다. 이 중 70~80%가 컴퓨터 게임을 하고 있으니, 매순간마다 200만 명의 인구가 PC방에서 게임에 열중하고 있다는 계산이 나온다.

　　PC방은 매우 한국적인 현상으로 다른 나라에서 찾아보기 어려운 것이다. 물론 인터넷 카페가 여러 나라에 존재하지만, 한국의 PC방처럼 이토록 대규모적이고 사회 전반에 영향을 미치는 현상과는 사뭇 거리가 있다. 우리 사회에 PC방이 급속히 확산된 이유는 무엇일까? 첫째 한국의 PC방이 성행하는 이유는 스타크래프트의 유행에서 찾을 수 있다. PC방이 퍼지기 시작한 1998년은 스타크래프트가 출시된 해이기도 하다. 당시 PC방 이용자들의 대부분은 스타크래프트를 즐겼으며, 지금까지 비율이 줄어들기는 했지만, 스타크래프트 이용이 역시 대다수를 차지하고 있다. PC방 수효는 1998년 한 해 동안 불과 수십 개에 지나지 않던 것이 5000개로 증가하였다.

　　한국멀티미디어문화협회에서 전국 890개 PC방을 대상으로 1999년 9월 설문 조사를 실시한 결과를 표 5-1와 같이 정리하였다. PC방 중 1997년에 개점을 한 곳은 전체의 1.4%에 지나지 않고, 대부분 1998년 하반기부터 본격적인 PC방이 대규모로 개설되기 시작하였다. 이는 스타크래프트 발매가 시작된 1998년 4월과 때를 같이한다.

　　그러면 한국 사회에서 PC방이 대규모로 확산된 이유는 무엇일까? 미디어 경제학적 시각에서 보면, 수요와 공급의 원칙으로 이를 설명할 수 있다. PC방이 성행하게 된 두 번째 이유는 수요의 측면에서 찾을 수

표 5-1. PC방 개설 시기

개점 시기	%
1997년 1월 ～ 12월	1.4
1998년 1월 ～ 6월	3.7
1998년 7월 ～ 12월	38.6
1999년 1월 ～ 6월	55.3
1999년 7월 ～ 9월	1.0

자료: 한국인터넷멀티문화협회, 1999.

있는데, 스타크래프트 이용자들은 당시 네트워크 기반 시설의 부족으로 PC방에 대한 수요가 늘어났다. 즉, 게임 이용자들은 당시 가정에서 사용하는 28K, 56K 모뎀을 사용해서는 머그(MUG: multi-user graphic) 게임을 즐길 수가 없었던 것이다. 때문에 상대적으로 적은 비용을 들여 고속 네트워크로 마음껏 게임을 즐길 수 있는 PC방에 대한 수요가 급증하게 된 것이다.

셋째, 공급의 측면에서는 당시 사회 경제적 변화에 의해 PC방을 개설하려는 사람들이 늘어나게 된 시대상을 반영한다. 즉, 1997년 말 IMF 경제 위기를 겪으면서, 1998년이 되면 많은 사람들이 직장을 잃게 되었다. 이들은 퇴직금으로 소자본의 창업을 찾게 되었다. 소규모 투자가 가능하고 노력이 크게 들지 않는 전망 있는 사업으로 공급이 과다하게 몰리게 되는데, PC방도 이중에 하나로 인식되었다. 이리하여 불과 2년 사이 3만 개로 증가하는 현상을 보이게 된다.

한편, PC방의 급속한 증가를 미디어 경제학 같은 균형적, 상호주의적 모델로만 보기에는 부족한 구조적 요인이 작용한다. 넷째, 정치 경제학적 시각으로 접근해 보면, 세계 체제의 구도하에서 PC방이 급속히 증가하는 현상은 클린턴 정부가 주장하는 '정보 고속 도로*Information Superhighway*'의 한 변형으로 인식할 수 있다. 클린턴 행정부 초기 미국 경제 회복의 발판이 된 정보 고속 도로는 오늘날 인터넷의 세계적 연결망을 가능하게 한 교두보가 되었다.

한편, 커뮤니케이션을 연구하는 많은 정치 경제학자들은 정보 고속 도로가 '정보 사회'라는 담론을 주도하는 미국의 팽창주의의 한 기제라는 비판을 제기하여 왔다(Schiller, 1996; Mosco, 1996; Wasko, 1994). 19세기 전통적 제국주의가 무너지고, 20세기 경제적 제국주의의 새로운 형태로 세계가 재편되면서, 자유 무역은 미국의 헤게모니를 지탱하는 담론이 되었다. 전환의 세기를 맞아 경제적 팽창주의는 한계에 달하게 되고, 세계를 새로운 형태의 담론으로 재편할 필요가 있게 되었는데, 이때 등장한 것이 정보 고속 도로를 기반 개념으로 한 정보 팽창주의이다.

그러나 실러나 모스코 등 정치 경제학자들의 정보 고속 도로와 인터넷 확산에 대한 광범위한 비판은 추상적인 원칙론에 그치는 것이 문제점이다. 즉, 21세기 초미에 선 지금 정보 고속 도로는 아직 현실적으로 실현된 것이라기보다는 추상적 원칙으로만 세간에 회자되는 것으로 보인다. 특히, 국제적 차원에서는 제1세계와 제3세계 간의 정보 기술의 편차와 하드웨어의 보급이 극히 불균형하기 때문에 지구촌 곳곳을 정보 고속 도로로 연결하고자 하는 야망을 현실화시키기는 힘들어진다. 그러므로 미국이 국제적 차원에서 자유 소통과 보편적 서비스와 같은 정보 고속 도로의 원칙을 주장하는 것은 웅변적 가치 외에 실천의 길을 찾지 못하고 있다.

이런 현실에서 한국 사회에 PC방이 급속도로 보급되는 현상은 세계의 주변부에 정보 고속 도로가 확대되는 하나의 변종으로 볼 수 있다. 멀티미디어 PC의 보급이 미국에 비해 상대적으로 낮고 네트워크 기반 시설이 열악한 상황에서 정보 고속 도로를 실현시킬 수 있는 대안적 모델이 요구되는 바, PC방의 보급이 그것이다. PC방의 급속한 확대로 인해 일반인들이 정보 고속 도로를 탈 수 있게 된 것이다.

정보 고속 도로라는 미국 팽창주의의 이념을 그대로 반영하듯, 한국의 PC방은 미국 상품의 효과적인 유통망으로 봉사한다. 미국의 블리자드사가 제작한 스타크래프트가 단일 상품으로 100만 개 이상 한국에서 팔렸다. 이는 전 세계 판매량에 3분의 1 이상이 된다. 블리자드사의 홈페이지에는 한국에서 100만 개 판매 기념을 자축하는 글을 올렸으며, 한국을 겨냥한 다양한 이벤트를 계획한다는 기사를 게시하기도 하였다(http://www.blizzard.com). 홈페이지에는 스타크래프트 국제 경연 대회 중 60% 이상에서 승리의 트로피가 한국인에게 간다는 2002년 기사도 첨부되어 있다.

스타크래프트의 한국 내 판매를 맡고 있는 한빛소프트 자료에 의하면, 1999년 한 해 동안 한국 내 스타크래프트 매출액을 200억 원으로 보고 있다. 스타크래프트 하나로 한국의 게임 산업은 급속히 늘어났고,

그림 5-2. 바람의 나라

그림 5-3. 리니지

PC방의 자본 규모까지 감안할 때 2004년까지 3조 원 규모로 추정되고 있다.[1]

스타크래프트와 PC방의 확산으로 인해 한국 사회에서도 게임 산업에 대한 경제적 가치를 재고하게 되었다. 정부도 문화관광부를 중심으로 게임 산업을 발전시키기 위한 다양한 정책을 수행하고 있으며, 게임 종합지원센터를 건립하여 지원 정책을 펴고 있다. 그럼에도 불구하고 한국의 게임 산업은 아직 열악한 상황을 벗어나지 못하고 있다.

한국 게임 산업의 문제는 시장 규모가 상대적으로 작다는 데 그치지 않고, 내수 시장도 미국과 일본의 지배를 받는다는 데 있다. 통상

표 5-2. 국내외 게임 산업 규모

	2001년		2002년		2003년		2004년	
	세계	국내	세계	국내	세계	국내	세계	국내
아케이드 게임	280	4.2	294	4.6	309	4.8	331	4.9
PC 게임	36	1.6	37	1.9	37.8	2.0	37.4	2.2
온라인 게임	35.6	2.2	56	2.7	76.2	3.2	90	3.9
비디오 게임	186	0.1	209	1.8	204	2.1	174	2.0
모바일 게임	9.5	0.1	16	0.4	25.5	0.9	47.8	1.4
계	547.1	8.3	612	11.3	652.5	13.0	680.2	14.5

출처: 천호선, "2003 회계연도 문화관광부 소관 세입 세출 예산안 검토 보고서," 2002.10; (사) 한국첨단게임산업협회, "2003 게임 산업 연차 보고서," 2003.10.

1. 자료 문화관광부 www.mct.go.kr.

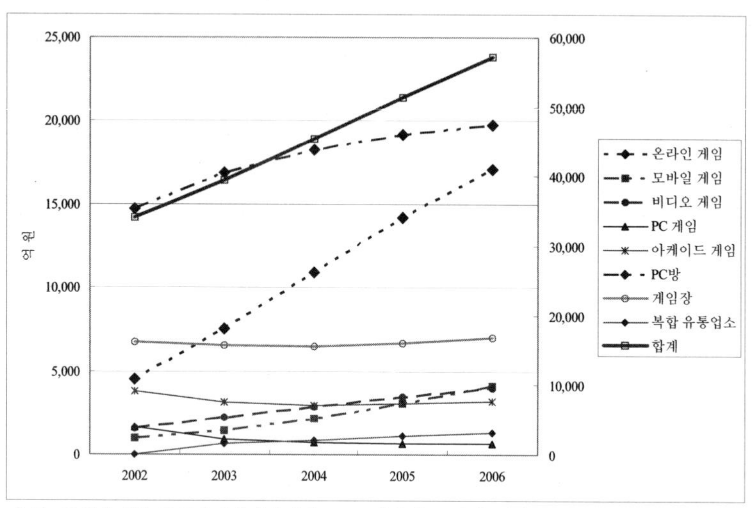

그림 5-4. 게임 산업 전망[2]

출처: 문화관광부 한국게임산업개발원, 2004 대한민국 게임 백서.

국내 게임이 내수 시장에서 차지하는 비율은 20%를 넘지 못하고 있는 실정이다(게임종합지원센터, 2000).

이런 상황에서도 한국의 업체 중 급속한 성장률을 보이면서 성공한 사례들이 나타나고 있다. 대표적으로는 '리니지'로 돌풍을 일으킨 엔씨소프트와, '바람의 나라'와 '다크 에이지' 등으로 성공한 넥슨을 들 수 있다. 엔씨소프트는 리니지라는 온라인 롤플레잉 게임 하나로 급성장한 기업이다. 1998년 자본금 9억 원으로 출발하여, 1999년 매출 80억 원, 순익 31억 원을 기록하였고, 2004년 매출액 2468억 9380만 5000원을 기록하였다. 1994년에 설립된 넥슨의 경우도 1998년 매출 20억 원에서 1999년 100억 원의 매출을 기록하였으며, 2000년 400억 원의 매출을 목표로 한 바 있다.3 넥슨의 경우 아직 엔씨소프트에 비해 매출이 뒤지고 있지만, 바

---

2. 이 그림은 단위 차이로 PC방, 합계 항목은 오른쪽, 나머지는 왼쪽 축으로 나누어 그렸다.
3. 엔씨소프트 자료: www.ncsoft.co.kr; 넥슨 자료: www.nexon.co.kr; 넥슨 사업자와 통신을 통한 인터뷰.

표 5-3. 국내 게임 인기 순위 (2005. 2. 9)

	아케이드		온라인 게임		모바일 게임		PC 게임*	
	사이트명	점유율 (%)	게임명 / 국가	점유율 (%)	사이트명	점유율 (%)	게임명 / 국가	점유율 (%)
1	게임24	35.34	월드오브워크래프트 / 미국	12.71	게임빌	37.19	워크래프트 3 / 미국	22.36
2	게임골드	20.51	열혈강호 온라인 / 한국	12.67	엠포탈	20.35	디아블로 2: 파괴의 군주 / 미국	12.42
3	에뮬-프로젝트	9.59	마비노기 / 한국	7.19	핸디게임	11.71	디아블로 2 / 미국	10.31
4	크레이지미니	7.26	군주 / 한국	5.03	컴투스	11.44	스타크래프트: 배틀체스트 / 미국	7.19
5	즐거운 게임	6.54	영웅 온라인 / 한국	4.51	엠쿠아	3.60	FIFA2002 / 미국	7.18
6	린리의마메	6.23	리니지 2 / 한국	4.16	게임보이	3.02	해리 포터: 비밀의방 / 미국	6.73
7	올드게임박스	4.01	리니지 / 한국	3.98	엠조이넷	2.71	던전시즈 / 미국	4.31
8	패스트게임	3.52	테일즈위버 / 한국	2.88	엠드림	2.21	코코룩 / 한국	4.23
9	게임장닷컴	2.99	라스트 카오스 / 한국	2.64	이오리스	1.80	해리포터와 마법사의돌 / 미국	4.08
10	에뮬나라	1.61	라그나로크 온라인 / 한국	2.60	신지소프트	1.59	주타이쿤 합본 / 미국	3.77

* 2002년 토털 판매 순위 (디지털타임스, 2003. 1. 23)
출처: 랭키닷컴 사이트 / 위자드소프트, 신세계I&C, 게임포커스, B&T, 게임 DC / (사) 한국첨단게임산업협회, "2002 게임산업 연차보고서."

람의 나라,4 다크 에이지, 카트라이더 등 다양한 게임으로 회원을 모으고 있다. 해외 사업에도 성공하여 넥슨 재팬이 온라인 게임의 100만 회원을 관리하고 있으며, 캘리포니아에 지사도 건립하여 외국인 회원도 다수 관리하고 있다고 한다. 넥슨의 비엔비는 중국에서 동시 접속자 70만을 기록하는 성과를 낳기도 하였다.5

---

4. 넥슨에서 인기를 끈 바람의 나라는 김진의 동명 만화를 원작으로 한 게임으로, 고구려를 배경으로 디자인되어 외국 회원들 사이에서 고구려 역사에 관심을 갖게 하는 계기를 마련하기도 하였다.

표 5-4. 세계 시장에서 한국 게인 산업 경쟁력

구분	온라인 게임		모바일 게임		PC 게임		비디오 게임		아케이드 게임	
	매출액	순위	매출액	순위	매출액	순위	매출액	순위	매출액	순위
일본	38.0	5	805.0	1	222	7	5,884	2	12,000 (추정)	1
미국	2,716.0	1	86.0	2	1,458	1	8,146	1	10,000 (추정)	2
영국	23.0	6	36.6	7	269	4	1,771	3		
프랑스	6.8	9	30.4	8	255	5	1,027	6		
독일	12.8	7	46.7	5	439	3	1,129	4		
이탈리아	4.9	10	40.0	6	241	6	1,035	5		
스페일	3.2	–	21.6	9	142	9	871	7		
스웨덴	2.2	–	5.8	10	71	–	329	9		
중국	84.0	3	64.0	4	467	2	381	8		
대만	41.3	4	40.0	–	188	8	–	–		
홍콩	19.4	8	14.0	–	–	–	–	–		
한국	377.0	2위	84.0	3위	137	10위	130	15위권 (추정)	315	8위권 (추정)

자료: Datamontor, 2002; Screen Digest, 2002; DFC Intelligence, 2001; SOFTBANK Research, 2002; Informa media group, 2002; IDSA, 2001; DN spedrum, 2003; Frost & Sullivan, 2002; CESA, 2002 재구성.
출처: 문화관광부 한국 게임 산업 개발원, <2002 대한민국 게임 백서>, 2002.

엔씨소프트나 넥슨처럼 성공적 게임 업체들이 등장하고 있지만, 한국 게임 산업은 전반적으로 약세를 면치 못하고 있다. 몇몇 성공한 업체의 경우에도 세계의 정치 경제의 구조적 제약 속에서 마이너리티로서의 위치를 설정하고 틈새 시장을 개발하여 성장한 경우이다. 내수 시장에서도 국내 소프트는 아직까지 서자의 위치에 있다. 특히, 스타크래프트 같은 PC 게임이 난공불락의 성을 독점하고 있기 때문에, 한국 업체들은 좀더 위험 부담이 있지만 대결을 피하기 위해 온라인 게임에 주력하게

---

5. 넥슨 보도 자료 2004년 9월. www.nexon.co.kr

된 것이다. 결과적으로 엔씨소프트나 넥슨과 같이 한국의 게임 산업이 온라인 게임으로 승부를 두게 되었는데, 미국과의 정면 대결을 피하기 위한 세계적 정치 경제 구도 속에서 나타난 전략에서 비롯된다.

온라인 게임 분야에서 한국이 경쟁력을 기록하고 있지만, 전체 게임 산업을 고려할 때 내수 시장에서도 외국 게임이 인기 순위를 점하는 비율이 높다. 표 5-3에서 보듯이 온라인 게임을 제외하고는 아케이드나 PC 게임 등 수입에 의존하는 비율이 높게 나타나고 있다.

세계 게임 시장에서 한국의 게임의 경쟁력을 비교해 보면, 문화관광부의 자체 평가에 따르면 10위권 정도로 표시되고 있다. 표 5-4에서 보면 온라인 게임의 경우 한국이 미국 다음으로 2위의 경쟁력을 가지는 것으로 나타난다. 이에 비해 PC 게임은 미국이 불굴의 1위를 차지하고 비디오 게임은 미국이 1위, 일본이 2위를, 아케이드 게임의 경우는 일본이 1위, 미국이 2위를 차지하고 있다. 모바일 게임의 경우는 지금이 시작 단계에 있는 불모의 지대이므로 빨리 선점을 차지하는 국가가 경쟁력 있는 국가로 성장할 수 있다.

3부

영상 산업의 문화 연구: 포스트식민주의 시각

6

외국 자본 도입과 미디어 산업의 변화

1. 미디어 산업의 변화와 외국 자본의 유입

다매체 다채널 시대를 맞아 미디어 기술의 발전에 의한 쌍방향 커뮤니케이션의 가능성과 수용자의 다양한 선택권이 높이 평가되고 있다. 하지만, 정작 수용자들에 대한 심층적 연구를 통해 보면 그 성과는 단지 표면적인 허식에 불과함이 쉽게 입증된다(윤선희, 2001; Williams & Pavlik, 1994; Ess, 2001). 반면, 미디어 산업의 구조는 시대의 변화를 그 자체로 체현하면서 아메바식 자기 증식과 진화를 독주하고 있다고 해도 과언이 아니다. 현재 우리가 목전에 경험하고 있는 획기적인 미디어 기술의 발전은 명분상 수용자의 복지와 이익을 내세우고 있지만, 실상 자본주의 산업의 자기 생존과 팽창을 목적으로 선도되고 있다는 주장이 한층 설득력 있다. 그 결과 미디어 기술의 발전이 수용자에게 주는 복지는 표면적인 형식에 그치고, 산업적 변화와 이익은 실체적 모습으로 자리를 굳혀가고 있는 것을 목격하게 된다.

20세기 후반 이후 급격하게 발전한 미디어 산업의 변화 중 가장 두드러진 것은 미디어 자본의 성격 변화에서 찾을 수 있다. 다매체 다채널 시대라고 하는 미디어 기술의 발전은 미디어 산업의 변화를 초래했는데, 가장 큰 변화는 개방화와 자유화라고 볼 수 있다. 20세기 후반 이후 미디어 기술의 발전과 더불어 시장이 개방되면서, 국가 개입과 정부 규제가 완화되고 미디어 산업의 사유화, 국경을 넘는 미디어 산업의 개방화가 진전된 것이다. 물론 이러한 산업 구조의 변화는 중립적일 수 없고, 정치적 변화와 맞물린 거시적 사회 경제적 문화적 변화를 수반한 것이다.

한국의 미디어 산업도 정치 개입이 완화되면서 보이는 손으로부터의 자유가 획득되어 시장 원칙이 한층 더 적용되고 있는 것이 사실이다. 그러나 보이지 않는 손이 자유로운 화합과 균형을 이룰 것이라는 예상은 경제학자들의 비현실적 이상이며, 사실상 또 다른 차원의 권력이 보이지 않는 손에 개입하고 있는 것이다. 즉, 정치적 권력 외에 구조적 문화적 권력은 보이지 않는 손 속에 그 존재를 조직과 체계로 드러내지 않으면서, 실증적으로 잡히지 않는 무의식적이고 심층적 차원에서 은연중에 그의 존재를 개방과 자유의 시대에도 여전히 증명하고 있다.

이 장에서는 미디어 시장 개방과 자유화의 시대에 두드러진 현상인 한국 미디어 산업의 외국 자본의 진입을 문화 권력의 측면에서 접근하고자 한다. 1990년대 후반 이후 현 정권에서는 외국 자본 유치에 적극적으로 나서고 있고, 미디어 분야도 이에 발 맞추어 통합 방송법의 제정으로 외국 자본을 과감하게 허용하고 있다. 미디어 분야의 외자 도입에 대해서는 사회적으로 환영과 우려가 뒤섞인 반응을 보이고 있다. 즉, 외자 도입을 환영하는 시장주의적 입장과 외자 도입에 의한 문화 종속성을 우려하는 문화 제국주의의 두 입장이 팽팽하게 맞서고 있는 실정이다 (Yoon, 2002: 27). 시장주의 입장에서는 자본의 탈정치성을 이유로 미디어 산업 분야에도 외국 자본이 자유롭게 도입되어야 국제 경쟁에 의해 자국 미디어가 발전할 수 있고, 현재 33% 제한 조건도 없어져야 한다고 주장한다(김기현, 1999: 1195~202; 김경, 1998: 241~61).[1] 이에 반해, 문화 제국주의 입장에서는 뉴 미디어 기술의 무분별한 도입과 개발이 수용자의 요구와 무관하게 대자본화를 꾀하고 외자 도입을 부추기고 있으며, 이는 궁극적으로 한국 미디어의 해외 의존도를 높여 문화 종속의 길로 인도할 것이라고 주장하고 있다(홍찬선, 2000; 김성구, 1998).[2]

시장주의와 문화 제국주의 두 입장 모두 부분적인 타당성이 보이지만, 이는 모두 추상적인 모델을 통해 설명하려는 시도로 인식된다. 실제 일상적 현실 속에서 외국 자본이 산업적, 문화적 권력의 상호 작용 속에서 어떻게 실천되고 있는지를 구체적으로 보기 위해서는 새로운 시각과 이론이 필요하다. 이 장에서는 시장주의와 문화 제국주의 양 진영이 속해 있는 실증주의, 마르크스주의 모두를 비판하면서 등장한 포스트 사상 가운데 푸코와 들뢰즈의 이론을 원용하고자 한다. 특히, 푸코의 이론이 국가 사회간의 관계에 활용되어 발전된 포스트식민주의의 이론을 인용하여 한국의 미디어 산업과 외국 자본 도입의 문제를 문화적으로 접근해 보고자 한다.

이를 위해서 방송과 영화를 포함한 미디어 분야에 외국 자본을 도입하고 있는 대표적인 10개의 기업의 담당자를 대상으로 심층 인터뷰를 실시하였다. 이를 통해 외국 자본이 한국 미디어 산업에 끼친 영향력

---

1. 이런 논의는 주로 업계에서 제기하고 있으며, 커뮤니케이션 학문 분야에는 외국 자본에 대한 연구가 아직 활발하지는 못하고 있다. 그 중 정용준(1999)은 머독의 한국 진출에 대해 문제는 있지만, 적극적 활용을 주장하여 외자에 대한 시장주의 입장의 선두에 있다. 직접적으로 외자 문제를 연구하고 있지는 않지만, 커뮤니케이션 분야의 시장 개방과 관련해서는 최영(1998), 손승혜(2001)를 들 수 있다.

2. 문화 제국주의 입장에서도 자본의 문제를 직접 다룬 학문적 논문은 커뮤니케이션 분야에서 찾아보기 어렵고, 미디어 콘텐츠나 학문적 담론의 문화 제국주의 문제를 주로 다루고 있다. 시장 개방이 문화 종속을 심화시킨다는 논의를 전개시키고 있다(전규찬, 1999; 임동욱, 1997; 김승현, 2000).

을 파악할 수 있을 뿐 아니라, 외국 자본 도입 배경과 실제 기업 활동 속에 작용하는 문화 권력을 감지할 수 있을 것이다. 현재 우리 사회가 미디어 산업에 외국 자본이 도입되는 극히 초기 단계에 있기 때문에 외자의 영향력을 총체적으로 평가하는 것은 아직 시기 상조이다. 그럼에도 불구하고 외자 도입의 배경과 과정 속에 작용하는 문화 권력의 파악을 통해 미래의 방향을 예지할 수 있을 것으로 기대된다.

2. 포스트식민주의: 해석과 실천

현재 문화 연구 영역에서 가장 활발히 논의되고 있는 것 중에 하나가 바로 포스트식민주의에 관한 것일 것이다. 에드워드 사이드의 ≪오리엔탈리즘≫으로 견인차가 된 포스트식민주의의 논의는 사회 내 문화적 차별과 갈등이 상이한 국가 간에 발생하는 차별과 갈등의 문제와 연결되어 있다는 논거를 전개하고 있다. 사이드는 푸코의 이론을 기초로 하여 동양에 대한 차별은 사실상 유럽의 철학과 문학 등 서양 문화의 담론 형성 과정에서 형성된 '오리엔탈리즘'에 근거하고 있다는 것을 역사적 사료를 들어 논증하고 있다(Said, 1978). 사이드는 '오리엔탈리즘'을 동양을 특정한 방식으로 보게 하고 가르치고 지배하는 담론 형식의 체제로 묘사하여 푸코의 담론 형성 이론을 그대로 적용시키고 있다(p.16).

사이드의 ≪오리엔탈리즘≫과 더불어 프란츠 파농의 영향을 계승하여 전개된 다양한 포스트식민주의 연구에서는 서양과 동양의 권력 작용에서 형성된 뿌리 깊은 문화적 편견과 차별의 역사를 다양하게 제시하고 있다. 포스트식민주의 논의는 국가간의 권력 관계를 논의한 이전의 식민주의의 논의와는 이론적 맥락에서 상이한 입장을 가지고 있다. 제1세계와 제3세계의 국가 간의 관계를 논의한 식민주의와 신식민주의 *neo-colonialism*를 다룬 일련의 논의는 마르크스주의와 네오마르크스주의를 기반으로 한 제국주의론, 종속 이론, 세계 체계론, 사회 구성체론에 이르기까지 국제적 차원에서의 계급 갈등을 중심으로 논의를 전개하였다. 19세기 이후 정치적 식민주의를 이끌어 온 계급의 이익을 고발한 레닌(1970[1916])과 룩셈부르크(1951)의 제국주의론에서 시작하여, 20세기 중반 식민지들이 독립한 이후에도 지속되고 있는 경제적 종속에 대해 종속 이론, 세계 체계론은 사회 역사적으로 뿌리 깊게 각인된 국제적 차원의 계급 관계의 불변성을 실증적으로 예시하고 있다.3

국제적 차원의 계급 관계를 설명하는 이론들은 국가간 차별과 갈등을 설명하는 데 어느 정도의 타당성을 보이지만, 정작 제3세계 자체의 변화와 다양성을 설명하는 데는 한계를 드러내어, 심각한 문제점으로 지적되어 왔다. 마르크스주의의 틀 내에서는 이 문제를 해결하기 위해 1980년대 사회 구성체론이 등장하여 신식민지 국가 내부의 문제를 접합의 개념을 통하여 설명하고자 하였다.4

이와 같이 네오마르크스주의 틀 내에서 제3세계의 현실에 접근하기 위한 연구들이 치열한 논쟁을 통해 개발되고 변화되어 왔지만, 국가간의 계급 관계, 특히 경제적 관계를 궁극적인 토대로 하고 있기 때문에, 현실의 다양성을 설명하는 데는 한계를 드러낼 수밖에 없었다. 이런 상황에서 사이드는 제3세계에 대한 발전론과 마르크스주의의 해묵은 논

---

3. 종속 이론을 창시한 프랑크(1979)는 1960, 1970년대 라틴 아메리카를 배경으로 한 제3세계와 구미 제1세계와의 관계를 주변과 중심으로 규정하고, 그 구조적 관계에 의해 제3세계는 영구히 경제적 발전을 이룰 수 없다고 하여 국제적 계급 이원론을 주장하였다. 1970년대, 1980년대를 풍미했던 월러스타인(1974)의 세계 체계론은 종속 이론의 정체성을 비판하면서 20세기 중·후반의 역동적인 국제 경제의 현상을 반영하여 경제적으로 발전하고 근대화하는 제3세계 국가들의 현실을 인정하면서도 궁극적으로 변함없이 유지되는 국제적 차원의 계급 관계를 설명하는 틀을 제공하였다.

4. 종속 이론 내부에서도 후기에 와서는 국제적 차원에서 정체된 계급 관계뿐 아니라 라틴 아메리카 내부의 변화를 반영하고 경제와 정치의 관련성 속에서 종속의 상황을 보다 역동적으로 묘사하기 위한 개념 틀들이 개발되었으며, 오도넬(1979)의 관료 정치와 경제 개발의 모델은 그 가운데 가장 큰 성과로 기록되기도 하였다.

쟁을 동시에 비판하면서 새로운 이론틀로 '오리엔탈리즘'을 정립하였기 때문에 이 분야에 커다란 충격과 반향을 불러일으키게 된 것이다.

사이드의 ≪오리엔탈리즘≫ 이후 신식민지에 대한 연구는 국가간 정치 경제적 관계를 넘어 심리적, 문화적, 사회적 다양한 차원에서의 권력의 작용을 설명하게 된 것이다. 스피박(1994[1985])의 담론 연구, 호미 바바(1994)의 문화의 지정학 연구, 애시크로프트 등(1989)의 식민지 문학의 해석, 낭디(1983)의 식민주의 정체성의 연구 등은 포스트식민주의의 주요 연구들로서 기존의 식민지 연구인 네오마르크스주의의 전통을 깨는 사이드와 파농의 대안적 시각을 기반으로 하여 새로운 학문 방향을 제시하면서 나온 연구들이다.

포스트식민주의의 성과는 국제적 차원의 거시적 계급 관계에서 숨겨졌던 식민지 내부에 눈을 돌리게 한데서 그 의의를 찾을 수 있다. 식민지적 지형학이 배태했던 내부의 심리와 문화적 변형을 드러내는 작업은 네오마르크스주의나 발전주의 모두에서 찾아 볼 수 없었던 새로운 연구 영역이다.

이런 맥락에서 포스트식민주의의 상당한 연구들은 식민지 내부의 목소리를 드러내기 위한 문학적 해석들로 주류를 이루고 있다. 사이드의 ≪오리엔탈리즘≫이 수행한 텍스트 분석을 위시하여, 보에머(1995)가 수행한 소설, 시, 역사, 법문, 역사서 등 다양한 문헌을 통해 영국 식민주의를 분석한 것은 이런 예에 속한다. 포스트식민주의의 정상을 이루는 ≪제국의 되쓰기*Empire Writes Back*≫도 문학 분석을 통해 문화를 통한 제국의 정치적 지배의 원형을 폭로하고 있다. 스피박, 호미 바바, 아칠 멤브도 문학에 나타난 식민주의 전통을 텍스트 분석을 통해 보이고 있다(Bryton, 2000). 아토퀘슨 또한 세익스피어 문학에 나타난 식민주의를 파헤치고 있고, 헬렌 티핀, 사이몬 지간디, 이안 아담 등은 인도나 호주, 서남 아시아 등 신생 독립국 내부의 문학에 나타난 식민주의적 경향을 분석하고 있다 (Quayson, 2000; Adam & Tiffin, 1990; Gikandi, 1990). 이와 같이 현재 포스트식민주의에서 문학이나 담론 등 텍스트 분석이 사실상 주류를 이루게 된 것은 태생적으로 텍스트 분석을 기반으로 한 사이드의 ≪오리엔탈리즘≫의 전통을 잇는 것이라 할 수 있다.

사이드가 그러했듯이, 그를 잇는 포스트식민주의의 일련의 연구들이 놓치고 있는 것은 '실천'이다. 즉, 식민지적 텍스트 분석을 주류로 한 포스트식민주의 연구들이 문학적 해석에 치우치다 보니, 실제로 살아 숨쉬는 인간들의 생생한 일상적 삶의 모습, 그 실천의 장은 오히려 후퇴하고 있는 느낌이다. 사이드의 ≪오리엔탈리즘≫의 유려하고 풍성한 문헌 분석 어디에서도 실제 '오리엔탈'의 일상 생활 속 실천의 모습을 찾아보기는 어렵다. 사이드의 연구 자체에서 '오리엔탈'은 나폴레옹이 이식한 서구적 응시gaze의 대상으로서 투영될 뿐이지 실천적 존재로서 모습을 갖춘 살아 숨쉬는 생생한 인간들로 제시되고 있지 않다(Said, 1978: 140~59).

사이드 이후 많은 포스트식민주의 연구자들 또한 해석에 치우치다 보니, 실천이 도외시되는 결과를 보인다. 앞서 예시했던 유럽의 문헌뿐 아니라, 신생 독립국이나 서구 내 하위 인종 집단의 문학과 담론 체계를 연구한 많은 연구에서도 사실상 일상의 실천의 측면이 도외시되는 텍스트 분석의 한계를 그대로 드러내고 있다.

실제로 푸코는, 포스트식민주의 연구가 인식론의 근거를 두고, 있는 자신의 연구에서 담론 분석을 훨씬 깊이 있게 탐구하고 있기 때문에, 좁은 의미의 해석이 아닌 다양한 층위의 실천의 문제가 다루어지고 있다. 푸코 자신이 마르크스주의나 실증주의 모두를 비판하면서 대안적인 인식틀을 개발하게 된 동기도 진정한 인간의 삶, 그 실천의 장을 학문의 담론 속으로 끌어들이고 싶었기 때문이다. 푸코의 연구에서 정신병, 감옥, 섹슈얼리티의 담론 연구는 좁은 의미의 텍스트 분석에 그치는 것이 아니라, 그야말로 일상성 속에서의 실천의 문제를 광범위하게 다루고 있고 이것이 푸코가 말한 진정한 담론적 실천의 연구이다(Foucault, 1972; 1977; 1978; 1980).

그러나 푸코의 뒤를 잇는 많은 연구들이 추상화, 형이상학화되면서, 실천을 버리고 해석에 치우치게 되는 것을 종종 목격하게 된다. 포스트식민주의는 전형적인 경우로 푸코의 이론적 영향을 좁은 의미의 담론 분석의 틀로 가두어 놓으면서 현실 속의 실천이 종적을 감추게 되는 것이다. 스피박이나 호미 바바 등 대표적 포스트식민주의자들이 이론적 차원에서는 마르크스와 푸코, 들뢰즈를 직접 인용하여 다양한 의미의 실천을 원용하면서도, 실제 분석에서는 식민지 내부의 인간들의 일상적 삶의 모습에 주목하지 않거나, 혹은 기껏해야 해석의 차원으로 환원하여 무마시키는 경향을 보인다(Spivak, 1994: 90~5; Bhabha, 1994: 102~22).

　　　　이 장에서는 푸코와 들뢰즈의 원전으로 돌아가 그들이 시도했던 일상 생활 속에서 실천의 의미를 부각시키고, 포스트식민주의의 한계를 넘어 이를 보완하고자 한다. 이를 위해 일상적 실천에 대한 구체적 분석이 이루어져야 하는데, 이를 위해 마르크스주의의 전통적 영역인 경제와 계급의 문제를 과감히 도입하여 본격적으로 다루고자 한다. 마르크스주의가 현대 사회의 다양한 현실을 설명하는 데 문제점이 많은 것은 분명하지만, 이상하게도 마르크스주의를 비판하면서 나온 많은 연구들이 마르크스를 버리는 순간 실천의 문제도 같이 버리고 있는 현상을 자주 목격했기 때문이다. 여기서는 경제의 문제를 다루면서도 경제 결정론을 극복하고, 문화주의적 시각에서 접근하고자 한다.

　　　　현대 사회에서 국제적 차원의 차별과 갈등이 극렬하게 드러나는 것은 역시 자본의 관계에서일 것이다. 여기서는 오늘날 세계에서 자본의 이동이 가장 활발하면서 불평등하게 이루어지고 있는 미디어 산업을 대상으로 다룰 것이다. 또한 미디어 산업은 산업적 특성상 문화 권력이 경제에 미치는 영향이 가장 극명하게 나타나는 분야라 할 수 있다. 우리나라의 경우는 미디어 산업에 국제적 자본의 이동이 최근에야 이루어지기 시작했기 때문에, 경제적 관점에서 그 성과를 종합적으로 평가하기는 시기적으로 아직 이르다. 하지만, 문화적 차원에서는 외국 자본 유입의 동기와 절차들이 문화 권력의 작용을 적나라하게 드러내고 있기 때문에,

문화 연구가 타당성을 가지게 된다.

현재 다양하게 전개되고 있는 외국 자본의 유입 과정도 단순한 시장주의적 법칙이 아니라 앙티오이디푸스적 욕망의 한 흐름으로 이해될 수 있을 것이다(윤선희, 1998: 215~23). 자본은 사회적이고 정치적이며 이는 인간 개개인의 정신과 일상 생활을 변화시키는 문화적 단위이기도 하다. 이것이 외국 자본의 직접 투자 형태에서 드러나듯이 투자국과 피투자국 간의 극렬한 계급 갈등(노동 운동이나 구조 조정)으로 나타날 수도 있고, 전략적 제휴나 유동 자본의 유입 과정과 같이 기술이나 자본의 흐름에 의한 보다 간접적 영향으로 나타나기도 한다. 어떤 형태이든지, 자본의 흐름은 단지 물질적 조건에만 작용하는 것도 경제적 법칙에 의해 중립적으로 움직이는 것도 아니다. 자본의 탈코드화된 흐름은 앙티오이디푸스적 욕망의 흐름으로 욕망의 기계가 된 인간의 정신과 영혼에 의해 정의되고 재생산되는 문화적 재화이기 때문이다(Deleuze & Guattari, 1983: 225).

3. 한국의 미디어 산업과 외국 자본의 유입

전통적으로 미디어는 산업적 가치보다는 정치적 가치를 더 중요시해 왔던 것이 사실이다. 우리나라 미디어 산업의 경우도 해방 이후 미군정과 군사 독재 등 질곡의 현대사를 겪으면서, 미디어를 정치적 통제 수단으로 인식했지, 산업적 가치는 기껏해야 부수적인 것으로밖에 취급하지 않았다.

그러나 1990년대 중반 이후 뉴 미디어 혹은 멀티미디어가 발전하면서, 미디어의 산업적 가치에 대해 범사회적으로 재고하게 된 것이다. 구미 각국을 비롯해 세계적으로 미디어 산업의 경제적 가치가 부상되면서 탈정치화하게 되는 계기가 된다. 1990년대 후반 이후 민영화와 탈규제화는 미디어 산업의 새로운 방향으로 정립되었다.

특히, 우리나라의 경우에는 1997년 이후 'IMF' 경제 위기를 겪으면서 미디어 산업의 경제적 가치 생산에 대한 강력한 요구가 전개되었다. 이전까지 미디어는 안정적인 광고 수입에 의존하여 별다른 경제적 어려움을 경험하지 못하다가, 갑자기 닥친 경제 위기로 광고 산업이 위축되면서 미디어 산업이 경제적 위기를 맞이하게 된 것이다. 이를 계기로 미디어 산업도 경제적 가치 창출에 대한 시대적 필요성에 직면하게 되었다.

1) 외국 자본 유입의 배경과 한국 미디어 산업

20세기 후반 전개된 경제 기반의 변화 방향과 IMF 경제 위기를 겪으면서, 한국의 미디어 산업은 새로운 이정표를 마련하게 된다. 미디어 산업이 직면한 경제적 위기를 타계하고, 경제적 가치를 고양시키기 위해 마련한 정책은 탈규제화와 지원 정책의 병행 그리고 시장 개방이다. 이런 정책 방향은 통합 방송법과 문화 산업 기본법, 문화관광부가 발표한 영상 산업 대책 등에 잘 나타나 있다.

이와 같은 정책은 기존 미디어 정책에 대비되는 획기적 변화이며, 국가 경제 기조의 획기적 변화의 한 반영이기도 하다. 세계적 구도에서 볼 때 한국은 신흥 경제 부국으로 국가 주도의 경제 개발 이후 수출 경제를 기조로 하여 획기적 경제 성장을 이룩한 국가로 자리 매김하였다. 주류 경제학적인 입장에서 평가할 때는 라틴 아메리카 등 수입 대체를 경제 발전의 기조로 하는 다른 제3세계 국가들에 비해 수출 중심으로 성장을 이룬 아시아의 네 마리의 용*four dragons* 가운데 하나로서 성공 사례로 평가받았다. 네오마르크스주의적 시각에서 볼 때도 기존의 종속 이론이 설명할 수 없는 후발 경제 발전국으로 세계 체계론에서는 체계 안정을 유지시키는 반주변부로서 세계 경제의 역동성을 부활시킨 주역으로 평가되었던 것이다.

한국은 수출 주도의 경제*export-oriented economy*를 이끌면서 세계 시장에 적극적으로 적응하면서도 국내 시장은 철저히 비개방적 구조를 유지시키는 이원적 시장을 유지시켜 왔다. 이것은 라틴 아메리카 등 수입 대체 경제import substitutions economy가 외국 자본의 유입으로 국내 시장을 개방하면서도 해외 수출 시장에는 소극적이었던 것과 현격한 대조를 이루어 왔다. 한국은 외국 자본의 유입을 정부의 통제 아래 제한하면서 수출에 주력하여 급격한 성장을 이룬 것이다.

1997년은 아시아 경제 성장의 신화가 일시에 무너지는 이변을 보인 한 해였다. 아시아의 용 혹은 호랑이는 이제 신화 속으로 사라지고, 그동안의 경제 개발 정책 자체에 대해서도 회의와 비난이 쏟아졌으며, 파산 선고라는 극한의 상황까지 갔다. 그동안 발전의 원동력이었던 수출 주도 경제의 취약성이 드러나고, 이제 수입 대체와 같은 국내 시장의 재구조화가 다시 중요하게 평가되는 이론들이 속속 등장하기도 하였다. 이에 즈음하여 시장 개방론이 득세하게 되었다. 이제까지 금지되어 왔던 외국 자본이 경쟁적으로 유입되면서, 많은 외자를 유치하는 것이 지도력을 입증하는 시대로 급격하게 변화한 것이다.

이는 김대중 대통령이 세계 미디어 재벌 루퍼드 머독을 얼싸안고 있는 사진과 외자 유치의 성공을 축하하는 샴페인을 터뜨리는 기현상이 신문 일면을 장식하던 시기와 때를 같이 한다. 경제 위기 속에 새로운 경제 정책을 도모하면서, 산업별 특수성이나 상황적 변수 같은 것은 고려하지 않고, 시장 개방과 외자 유치가 맹목적으로 추구되었던 것이다.

그 후 미디어 산업의 특수성을 고려한 문화 종속과 문화 제국주의 등의 우려가 시민 단체와 학계에서 일어나 미디어 산업 분야에 정부의 일방적 외자 유치는 잠시 주춤하게 되었다. 그럼에도 불구하고 장기적인 시장 개방의 방향은 거스를 수 없는 것으로 서서히 자리 잡아갔으며, 21세기의 문턱에 들어서자마자 외국 자본의 유입은 미디어 시장에도 활발히 전개되기 시작하였다(Yoon, 2002: 25~6).

외국 자본의 유입은 다양한 양태를 띠고 피투자 국가에 들어오게 된다. 첫째, 외국 자본의 가장 전형적인 형태는 직접 투자(FDI: foreign direct investment)이다. 이는 외국 자본이 호스트 국가의 기존 기업이나 신설 기업에 직접 투자하는 형태로 지분의 보유와 경영권을 장악하는 형태이다. 앞서 설명했듯이, 한국의 경우는 경제 발전 단계에서 수출 주도의 경제를 유지하고 내수 시장은 유치 산업 육성에 주력했기 때문에, 외국 자본의 직접 투자는 정부의 강력한 규제로 활발하지 못하였다. 반면 수입 대체 경제를 근간으로 한 라틴 아메리카 등의 국가들은 외국 자본의 직접 투자로 내수 시장 육성을 통해 경제 발전을 도모하였기 때문에, 발전 초기부터 외국 기업과의 갈등이 극렬한 노동 운동과 권위주의 국가의 강력한 억압 등 표면적인 대립이 강하게 나타났다. 이 와중에서 종속 이론도 라틴 아메리카에서 발전하게 되었다. 이제 한국이 경제 발전의 후기에 이르러 경제 위기를 겪으면서 외국 투자 유치에 적극 나서게 된 것이다.

둘째, 후기 자본주의에 이르러 외국 자본의 투자 형태는 전략적 제휴나 자본 유치 형태를 더 많이 띠게 된다(박종훈·김광수, 2002: 165~70). 전형적인 직접 투자를 통해 외국 기업을 통제하는 것은 라틴 아메리카의 예에서 보듯이 많은 정치적 비용과 직접적 계급 갈등을 일으켜 외국 기업에게도 부담이 된다. 합자나 전략적 제휴를 통해 외국 기업과 부분적인 관계를 유지하면서 간접적 통제를 실시하면, 직접적 갈등을 회피하게 되면서도 기업이 목표로 하는 이윤 추구는 그대로 유지할 수 있게 된다.

셋째, 외국 자본 투자가 가장 간접적이고 부분적으로 일어나는 형태는 유동성 자본의 유입이다. 현대 사회에서 자본의 유통은 거시 경제의 틀인 국가 경제를 넘어 일어날 뿐 아니라, 미시 경제의 틀인 기업을 넘어 일어나고 있다. 국경과 기업의 경계를 넘나들며 탄력적으로 움직이는 국제 유동 자본은 치고 빠지는 게임의 법칙처럼 투자 대상 기업이나 사회의 경제적, 정치적 혹은 문화적 영향에도 개의치 않고 오직 단기적 경기 변동에 따라 움직이는 철새떼 같은 것이다(Singh, 1999). 우리나라의 미디어 산업에도 주식 시장을 중심으로 국제 유동 자본이 유입되고 있다.

이와 같이 외국 자본은 다양한 형태를 띠고 현재 한국의 미디어 산업에도 유입되고 있다. 현재 활발해지고 있는 외국 자본의 유입을 경제학자나 업계에서는 이제까지 정치적 목적에 의해 억압되었던 시장주의의 최종적 승리로 자축하지만, 이는 경제적 법칙으로만 설명할 수 없는 문화적 현상으로 보인다. 우리 사회가 직면하고 있는 다양한 문제들을 시장의 법칙으로 해결해야 한다는 이들의 주장은 불변의 진리라기보다 일종의 신화라고 보인다.

경제와 문화가 별개의 대립되는 영역으로 인식되어온 현재의 학문의 풍토에서 경제의 문화 구속성을 학문적으로 규명하기는 참으로 어려운 일이다. 전문화, 객관화를 모토로 경제와 문화를 더욱 세분화하는 주류 학문 전통에서뿐만 아니라, 경제와 문화의 상호 관련성을 강조한 비판 이론의 전통 내에서도 경제 결정론과 문화주의로 분리되어 치열한 상호 공방을 벌이고 있는 것을 주지하고 있는 터이다. 여기서는 실증주의와 마르크스주의 모두를 비판하면서도 경제 결정론의 오명을 입을까 모두 회피해왔던 자본의 문제를 과감히 도입하여 문화적 분석의 대상으로 삼아 새로운 해석을 한 들뢰즈와 가타리의 연구와, 마르크스주의를 넘는 새로운 패러다임의 정립으로 새로운 실천의 장을 연 푸코의 이론을 참고로할 것이다.

2) 외국 자본의 유입 동기와 자본의 문화적 실천

한국의 미디어 산업에 외국 자본이 유입되는 동기와 과정을 면밀히 연구하기 위하여 외국 자본을 도입한 미디어 업체에 대한 심층 인터뷰를 실시하였다. 표 6-1은 현재 외국 자본을 도입하고 있는 미디어 산업 현황을 요약한 것이다. 표에서 제시한 15개 업체 중에서 유동성 자본 형태의 외자 유치를 제외하고 인터뷰에 응한 10개 업체를 대상으로 관계자와의 심층 인터뷰를 실시하였다. 인터뷰 대상은 온미디어, CJ 미디어,

표 6-1. 한국 미디어 산업에 외국 자본 유입 현황 (2003)

업체명	사업 영역	외자 유형	투자 회사	투자 규모	투자 조건
온미디어	채널 사업자 (오리온 시네마 네트워크 투니버스 뮤직 네트워크) MSO	직접 투자 전략적 제휴	Capital International New Asia East Investment fund, HBO	6000만 달러	지분 참여 35%
제일제당 CJ	채널 사업자 영화 사업자 (CJ 엔터테인먼트 CJ 미디어)	직접 투자 전략적 제휴	Dream works Citicorp Capital Asia MTV networks Asia		드림웍스 2대 주주 CJ 미디어 외자 지분 6%
C&M	MSO	자본 유치	Olympus capital ADP Invesment Subsidairy	2000만 달러	지분 참여
플레너스	종합 인터테인먼트 (영화, 게임, 매니지먼트)	직접 투자	Locus Warburg Pincus	200억 원	지분 40%, 경영 참여
넥스트미디어	채널 사업자	자본 유치 전략적 제휴	SMETV(일본)	100억 원	
새로운넷		직접 투자	3Com (머독 소유)	50% 증자	지분
인디컴	프로덕션	자본 유치 전략적 제휴	Kitchen (일본)	5억＋협상중	＜2009 로스 트 메모리즈＞ 배우
휴먼컴	프로덕션, SI	직접 투자	Korn Hill Investement (홍콩)	총자본 51%	경영권
MBC-ESPN	채널 사업자	직접 투자	ESPN		지분 33% 경영 참여
드림씨티	채널 사업자	자본 유치	AIF-MSO		
한맥영화사	영화 사업자	자본 유치	Columbia	100억 원	
LG홈쇼핑	채널 사업자	유동성 자본	Morgan Stanly Zurich Schudder		코스닥 시장
한빛 I&B		유동성 자본	해외신주 공모	1000만 달러	
미래케이블	MSO	자본 유치	Scudder Kemper		
KEP 전자	채널 사업자 (리빙 TV 대주주)	유동성 자본			코스닥 시장
아이스비전	프로덕션	유동성 자본		2000만 달러	사채 발행

출처: 자체 조사

CJ 엔터테인먼트, C&M, 플레너스, 넥스트미디어, 새로운넷, 인디컴, MBC-ESPN, 휴먼컴을 포함한다.[5]

표 6-1에서 직접 투자*foreign direct investment*는 합자를 포함하여 외국 자본이 직접 사업 참여를 하는 형태이며, 전략적 제휴는 프로젝트별 외국 기업과의 관계를 일컬으며, 단순히 자본만 유입되는 경우는 주식 시장 등을 통한 불특정 자본이 유입되는 유동성 자본의 형태와 특정 외국 회사의 자본이 특정 프로젝트나 기업에 도입되는 자본 유치로 분리될 수 있다.

한국 미디어 산업에 진출한 외국 자본의 경우에는 과거의 식민주의 이론으로 설명할 수 없는 복합적이고 다양한 양상을 보이고 있다는 것을 심층 인터뷰를 통해 알 수 있다. 인터뷰 결과 가장 두드러진 발견은 현재 외국 기업은 대체로 직접 들어와 통제하지 않고 보다 객관적이고 중립적인 모습인 자본의 형태로 들어와 경제 활동을 전개하고 있다는 점이다.

그러나 통치의 부재가 권력의 부재를 의미하는 것은 아니며, 보다 미세하고 복잡한 차원에서 피투자국 기업인, 노동자 더 나아가 사회 전체에 강력한 변화를 이끌어 가고 있다. 지배자가 물리적으로 부재한 상태에서 피지배자 스스로의 변화에 의해 유도되는 포스트식민주의적 문화 실천으로 권력 작용이 전개되고 있는 것이다.

이것이 포스트 사회에서 권력이 작용하고 재생산되는 방식이다. 19세기식 제국주의론은 물론 네오마르크스주의의 잣대를 갖고 평가할 때, 이와 같은 현상은 권력으로 인식되지 않고 무권력의 평화로운 화합으로 인식될지도 모른다. 그러나 신체에 가해지는 직접적 억압적 권력은 부재한 채, 권력은 또 다른 얼굴을 하고 현대 사회에서 지배를 공고히

---

5. 인터뷰는 2002년 8월부터 10월에 걸쳐 3개월간 진행되었으며, 대상 기업 중 외자 유치를 실제 담당했던 담당 부서의 팀장을 중심으로 실시되었다. 대상자의 사정에 따라 1회에서 2회에 걸쳐 인터뷰를 시행하였으며, 회당 평균 2시간 가량의 시간이 소요되었다. 인터뷰 내용 전체는 참여자의 양해를 얻어 녹음하였으며, 현장에서 필기를 병행하였다. 인터뷰 형식은 직접 면담으로 비구조화된 질문 형식으로 자유 대담을 나누었으나, 대상 기업에 공통적으로 유사한 질문을 제시하는 방식으로 연구자가 인터뷰를 이끌어갔다.

하고 있다. 이제 억압적 권력이 아닌, 푸코가 말한 생성적 권력*positive power*
으로 사람들의 일상 생활에 면밀히 침투하여 미시적 차원에서 권력을 유
지 확장시킨다(Foucault, 1977). 권력은 더 이상 대결자의 갈등과 투쟁으로가
아니라, 피지배자 스스로의 주체의 변화로 입지를 다져가기 때문에, 가장
안전한 길에 접어들게 된 것이다. 국가간의 권력 관계도 이제 더 이상 정
치적 제국주의나, 경제적 신식민주의가 아니라 주체의 변화를 유도하는
문화적 실천에 의한 포스트식민주의 시대로 접어든 것이다.

　　　　포스트식민주의는 현실에 작용하는 복합적 권력 양상을 설명
하기 위해 식민지와 지배국간의 명시적 대결 구도가 아니라, 둘이 조화하
고 화합하는 듯한 모습을 보이는 데 더 주목하게 된다. 호미 바바 등이
말했던 양가성*ambivalence*은 이와 같은 식민지에 사는 인간의 일상성 속에
서의 변화, 주체 자체의 심리적, 문화적 변화를 가정한 것이다(Bhabha, 1994:
37~8; Young, 1995: 21~2). 이런 세심하고 복합적인 권력 작용을 추적하기 위
해 일상성 속에서의 미세한 변화 양식과 식민지인 스스로의 목소리를 부
각시키는 것이 중요하게 된 것이다.

　　　　현재 한국의 미디어 산업 중 외국 자본과 관련하여 가장 활발한
활동을 벌이고 있는 온미디어와 제일제당의 경우도 포스트식민주의적 자
본의 문화 실천을 여실히 보여 준다.6 온미디어 전략 조정 팀장과의 인터
뷰에서 온미디어의 자본 구조는 오리온 그룹이 65%, 외국 자본이 35%를
차지하고 있지만, 자본만 유치할 뿐이지 경영에는 참여하지 않는다고 한
다. 그러나 심층 인터뷰의 결과 외국 자본이 경영에 직접 참여하지 않아도
경영상 많은 변화와 영향을 가지고 온다는 것을 알 수 있었다.7

---

6. 1999년부터 미국 타임워너 계열의 자금을 끌어들여 투니버스의 지분 17.4%를 인양한 후 미
국 투자 회사 캐피털 인터내셔널Capital International에서 5000만 달러를 유치하고 2000년 9월에
는 미국 타임워너 계열의 HBO로부터 1240만 달러를 유치하여 2001년 캐치원의 상호도 아예
HBO로 바꾸었다. 2002년 11월에 HBO에서 다시 캐치원으로 원 상호를 회복하기도 하였다.
2004년 6월 HSBC로부터 600억 원 투자를 유치하여 외국 자본 유입을 확대하였다.
7. "타임워너 같은 회사와 사업을 하다 보니 자본 이외에 경영이나 기술, 이를 테면 노하우도

외국 자본을 유치하면서 기업 자체에 경영상, 기술상 변화를 가져올 뿐 아니라, 시장 전체 구성에도 변화를 가져옴을 알 수 있다. 한국의 기업들은 타임워너 같은 세계적 미디어 재벌과 파트너가 된다는 것에 상당한 자부심을 표명하고 있으며, 이는 사회 전반에도 영향을 미쳐 인지도의 변화나 주식 시장에서 확고한 입지를 다지게 된다고 한다. 이런 변화는 단순히 경제적 효과에 그치는 것이 아니라, 일상적으로 기업의 업무 수행이나 피고용인 또 더 나아가 시장 전체에 영향을 미치는 문화적 실천의 측면을 여실히 드러내 주고 있다.

한편, 제일제당의 경우는 보다 의도적으로 외국 자본의 다양한 문화적 영향력을 기대하여 외자를 도입하고 있다는 것을 인터뷰를 통해 발견할 수 있었다. CJ 미디어의 경우, 외자 도입의 동기를 자본 자체보다는 프로그램과 마케팅 측면에서 도움을 받기 위한 것이라고 한다. CJ 미디어의 재무팀장은 실제 외국 자본이 지분 형태로 도입되었지만, 그 규모는 총자본의 6%선이라고 말하고 있다. 전략적 제휴를 하고 있는 소니 뮤직 엔터테인먼트 TV는 차후에 일본 음악이 개방될 때 프로그램을 선점하기 위한 동기로 외자 도입이 이루어진 것이다.[8]

외국 자본을 받아들이는 동기가 자본 확보뿐 아니라 경영 합리화, 마케팅, 프로그램 차별화 등 다양한 동기에서 출발하였다는 것을 알

자본과 함께 유입되었다고 볼 수 있습니다…… 타임워너 같은 미디어 업체와 손을 맞잡고 있다는 것은 인지도에서 엄청난 영향을 미친다고 할 수 있습니다…… 우리나라 주식 시장에서 동양제과에서만 투자하는 사업이라면 주가가 떨어질 수 있고 불투명할 수 있는데, 외국 기업이 함께 투자한다면 얘기가 달라지죠." — 온미디어 전략조정팀장 Kim M.과의 2002년 9월 7일 인터뷰.

8. "순수하게 전략적 제휴이므로 [외자 도입 이후] 크게 달라진 것은 없습니다. 오히려 우리가 주주 구성에 있어서 주주 가치가 극대화되었다고 볼 수 있죠. 국내 주주만으로 구성된 것과 외국의 기업이 들어와 주주로 참여한 것은 제3자가 볼 때 차이가 있을 것입니다…… 외국 기업과 전략적 제휴, 지분 참여로 일을 하다 보면 세계화에 도움이 될 것이고 국내에서도 조금 마케팅 쪽으로 선점하는 데 다른 기업보다 유리할 것입니다." — CJ 미디어 Kim H. 재무팀장과 8월 29일 인터뷰.

수 있다. 특히, 미디어 산업의 특성상 프로그램 수급이나 해외 마케팅 등은 제조업과 같은 일반 물류 시장과 상이한 시장 특성을 보이기 때문에 외국 기업과의 협력이 도움이 된다는 입장을 보이고 있다. 현재 외자 유치를 진행하고 있는 네트워크 사업자인 새로운넷도 이런 입장을 명백히 하고 있다. "외국 자본을 유치하려는 동기는 투자 재원이 필요해서이지만 자본을 유치하면서 제휴를 생각하고 있다. 이러한 측면이 아니라면 국내 자본을 구해도 될 것이다"9라고 밝히고 있어 외자 도입이 단순히 자본의 문제만이 아니라, 문화적 영향력에 대한 인식에 기초하고 있다는 것을 알 수 있다.

미디어 산업체들의 이러한 인식과 동기 부여의 원천은 사회적으로 확산된 담론의 실천에 의거하고 있다는 것을 인터뷰 대상자들 스스로의 진술을 통해 잘 알 수 있다. 투자 규모와 상관없는 외국 기업의 존재 자체가 주는 사회 내 이미지의 변화나 세계화의 동기는 사실상 경제적 법칙의 작용도 객관적 현실의 반영도 아니다. 이는 푸코가 말한 문화적 권력의 작용에 의한 담론적 실천이라 볼 수 있다.

현대 세계에서 자본은 군림하나 통치하지 않으며, 미시적 권력으로 자발적 복종을 유도한다는 푸코적 권력 개념은 케이블 업체로 국내 최대의 MSO를 보유하고 있는 C&M 커뮤니케이션의 재무 부장과의 인터뷰에서도 발견된다. C&M의 경우에는 미국 펀드 회사에서 외자 유치를 한 관계로 경영에는 관여하고 있지 않다고 전제하고 있다.10

---

9. 새로운넷 전략 기획팀 Gee S.와의 2002년 8월 27일 인터뷰.

10. "상대 기업은 올림푸스 캐피털Olympus Capital이라는…… 펀드 회사이기 때문에 자본의 유입이나 수익성, 투자 가치 등에 주목할 뿐 실제적인 경영에는 전혀 참여하고 있지 않습니다…… 외국 자본을 받아들인 후 어떤 형태로든 그들에게 참여할 기회를 열어 줘야 하고 원하는 때에 경영 현황에 대해 설명해야 했습니다. 그러다 보니 좀더 적극적으로 투명 경영을 지향하게 되었는데, 이것이 그 전과 달라진 점이라고 할 수 있지요…… 한국에서 기업 경영에는 일반적인 전횡이라 말할 수 있는 것들이 있잖습니까? 이를테면 오너가 자신의 실리에 따라 회사 방침이나 경영을 마음대로 한다든지 하는 것 말입니다. 하지만 외국 기업과 함께 사업을 하

외국 자본 유입 중 상대적으로 중립적인 경우로 보이는 펀드 회사의 자본 투자의 경우에도 자본은 결코 중립적인 형태로 유입되지 않는다는 것을 실무자의 목소리를 통해 확인할 수 있는 진술이다. FDI처럼 외국 기업이 실제 투자 상대국에 들어와 기업 활동을 하지 않는 자본 유치의 경우에도 기업 스스로가 이른바 '투명 경영'과 '합리적 사고'라고 하는 지침에 맞게 기업 활동을 변화시키게 되는 것이다.

현대 사회에서 자본의 권력은 직접 통치가 아니라, 자발적 복종에 의거한다는 의미는 경제적 법칙이 아닌 주체의 변화를 유도하는 문화적 실천에 근거하고 있다는 뜻이다. 들뢰즈와 가타리에 따르면 자본의 문제는 결국 욕망의 문제로 욕망 실천의 메커니즘을 무시하고 노동 가치에 치중했던 마르크스의 이론이 한계를 가질 수밖에 없는 것도 인간의 정신과 육체에 동시에 작용하는 자본주의의 문화적 실천을 간과하고 있기 때문이다. ≪앙티오디푸스≫에서 들뢰즈와 가타리는 프로이트와 마르크스를 동시에 비판하면서 '아빠-나-엄마'의 삼각 관계의 문제가 아니라 자본주의의 욕망 기구인 금융 자본과 기관 없는 신체, 욕망의 기계인 인간 주체간의 관계, 즉 욕망의 사회적 관계를 강조한다(Deleuze & Guattari, 1983: 266~7)

들뢰즈와 가타리의 인식대로 자본주의는 물질뿐만 아니라 인간의 정체성과 일상 생활의 모든 부분에 영향을 주는 탈코드화된 실천의 체계이다(pp.244~5). 자본과 노동이라는 자본주의의 큰 축도 결국 문화적 사유화 과정을 통해 형성되고 실천되는 단위이다. 현재 우리 사회에 다양하게 전개되는 외국 자본의 유입 과정도 단순한 시장주의적 법칙이 아니라 앙티오디푸스적 욕망의 한 흐름으로 이해될 수 있을 것이다. 여기서 화폐 중립론이나 금융 자본의 비정치성, 비사회성의 가정은 현실적으로

면 그들의 합리적인 사고도 함께 흘러들어 이런 문제점이 발생하지 않게 되는 투명한 경영을 할 수 있게 되는데, 이런 것이 외국 기업과 함께 사업을 하는 중요한 이유라면 이유겠지요." ── 2002년 9월 3일 C&M 커뮤니케이션의 재무 담당 부장 Jung W.와의 인터뷰.

성립되지 않는다. 들뢰즈와 가타리의 주장대로 자본은 사회적이고 정치적이며 이는 인간 개개인의 정신과 일상 생활을 변화시키는 문화적 단위이기도 하다. 앞서 인터뷰 대상자들이 원망하고 있는 외국 자본의 힘과 합리적 투명 경영의 전략과 우리 기업의 변화의 계획 또한 자본의 욕망 메커니즘의 한 장으로 이해될 수 있다.

한국 미디어 산업에 유입된 외국 자본이 순수히 경제적이라기보다 문화적 권력에 의해 동기화되고 실천되고 있지만, 결국 이것은 필연적으로 경제적 변화를 초래한다. 인터뷰를 통해 미디어 관계자들이 모두 외국과의 기업 활동을 통해 투명 경영과 합리적 사고, 기업 선진화를 달성할 수 있다고 긍정적으로 평가하고 있지만, 외국 자본이 한국 미디어 산업에 끼친 영향은 그리 긍정적이라고 평가할 수만은 없을 것으로 보인다. 즉, 외국 자본이 한국 미디어 산업에 끼친 경제적 영향은 경제학자들이나 기업가들이 가정하고 있는 시장주의적 이상을 실현하고 있는 것이 아니라, 반대로 시장의 지배력을 공고히하는 방향으로 나가고 있다. 현재 한국에 진출하고 있는 미국 등 구미 국가의 미디어 산업 자체가 그 사회의 역사적 사회적 맥락 속에서 시장주의를 보장하는 형태가 아닌 독점적 시장을 형성해 왔다. 이제 한국에 도입된 외국 자본도 시장주의적 이상이 아닌 독점적 기업 활동에 일조하는 것이다.

외자에 의한 한국 시장 구조의 가장 큰 변화 조짐은 미디어 산업 중 최근 시장 성장률이 급속히 치솟고 있는 영화 산업, 게임 산업을 중심으로 추적할 수 있다. 종합 엔터테인먼트 회사인 플레너스의 경우에는 외자 도입에 의해 시장 독점력을 급속히 증가시키고 있는 것으로 나타난다. 플레너스는 2002년 영화 시장의 2대 지주인 시네마서비스를 합병했을 뿐만 아니라, 게임 산업, 음반 산업, 매니지먼트 산업 등 토털 엔터테인먼트 산업을 관장하고 있다. 영화 산업의 경우, 2001년 플레너스는 총배급의 22.6%, 한국 영화의 경우 45.2%의 배급을 관장하여 CJ 엔터테인먼트와 더불어 국내 영화 배급을 주도하게 되었다(플레너스 내부 자료).

영상 산업의 역동적 시장 변화의 와중에서 2003년 플레너스 엔터테인먼트는 CJ 엔터테인먼트에 인수되고, 다시 2004년 4월에 플레너스 전체가 CJ 엔터테인먼트에 합병되어 현재 CJ 인터넷으로 상호가 변경되었다. 시네마서비스는 영화 산업으로 독립 법인화하였다.

시네마서비스가 처음에 플레너스에 의해 합병될 당시 워버그 핀커스Warburg Pincus로부터 총자본의 16%에 해당하는 자본을 영입했으며, 그 외 외국 자본이 10% 더 유입되어 있고, 이사진에 2명을 포함하여 경영에 참여하였다. 외국 자본을 유입하게 된 동기에 대해 플레너스 관계자는 한국 시장에서 과점적 위치를 보다 더 넓히기 위한 시네마서비스의 야망을 들고 있다.[11]

결국 외자 도입을 통해 자본의 집중화와 시장 독점력을 양양하게 된 것이다. 관계자의 말대로 이미 시네마서비스는 한국 영화 시장에서 과점의 위치를 확보하고 있는 데도 불구하고, 시장 지배력을 더욱 확장하기 위해 외국 자본을 끌어들이고, 그들의 경영 방식을 모방하여 독점력을 확보하게 된 것이다. 더 나아가 여타 미디어 분야와의 수직적 결합을 통해 막강한 시장 지배력을 확보하고자 하는 것이다. 이와 같은 시장 독점이 외국 미디어 산업을 따른 '투명 경영'과 '합리적' 기업 활동의 내용이며 경제적 결과인 것이다.

외국 자본이 미디어 산업을 재편하는 데 가장 강한 영향력을 미치는 예는 가장 취약한 부분에서 찾을 수 있다. 휴먼컴의 경우는 다른 미디어 사업 부분과 달리 외국 자본이 한국 기업을 인수 합병하여 경영

---

11. "일단 시네마서비스에 추가적인 자금을 조달하는 것이 일차적 목표였습니다. 시네마서비스는 지금까지 한국 시장에서 과점이란 자리를 확보하고 있었는데 이를 더 확장하기 위해서 투자를 필요로 했던 거죠. 저희들은 지금 한국 영화계에서 일어나는 일들은 한국 영화 발전의 초기 단계로 해석하고 있는데, 이를 위해서나 한국 영화계에서 쾌거를 이룩하기를 원하는 강우석 감독의 개인적인 목적을 위해서도 외국 자본 유치가 필요했습니다. 저희들은 사업 영역에 있어 수직적 계열화를 통해 시너지를 창출하는 데 목표를 두고 있습니다." — 플레너스 엔터테인먼트 재정, 국제 팀장 Jung J.와 9월 24일 인터뷰.

권을 갖게 된 프로덕션 회사이다. 여타 미디어 산업에 외국 자본이 간접적인 지배 형태로 들어오는 데 반하여 독립 프로덕션의 경우는 열악한 산업 구조를 가진 부분에는 인수 합병에 의해 기업 자체를 재구조화하여 직접 경영하는 직접 투자의 전형을 보인다.[12]

한국 방송 프로그램 유통 시장의 현황에 대해 강력한 저항을 나타내면서, 외국 자본의 힘을 빌려 시장 구조 자체를 변화시키려는 의지를 부각시키고 있다. 이와 같이 변화의 여지가 많은 영역에는 전통적 형식의 **FDI**를 통해 한국 미디어 시장 자체를 변화시키고자 적극적인 사업 활동을 펴기도 한다. 이 경우에도 한국 기업을 **흡수** 병합하여 한국 고용인들의 동의에 의해 변화를 유도해가는 방식을 취한다.

미디어 업체들은 외국 자본의 도입으로 자본력만을 통해서만 아니라 다양한 문화적 권력에 의해 사회 전체의 변화를 유도하고 시장의 지배력을 확보하고자 시도하고 있다.

> (외자 도입 후) 선진 경영 기법이 도입되었다는 점이죠…… 외국 회사가 투자를 한다고 하면 곧 실사가 진행되거든요. 실제로 외국 회사의 자본을 받아들인 기업과 그렇지 않은 기업은 차이가 많이 납니다. 시스템이나 관리 조직 자체도 많이 바뀌고 합리적이고 효율적인 체계를 갖느냐 안 갖느냐 하는 문제도 거론되죠…… 저희 회사가 작년에 수많은 일들을 하면서 은행의 자금을 끌어들였는데, 은행과 영화사가 만난 건 초유의 일이었습니다. 그렇게 할 수 있었던 것도 그 이전에 외국인이라는 투자자가 있었기 때문이 아닌가 생각됩니다. 어느 정도 인지도가 있으니까 이제 국내에서도 자금을 유치할 수 있게 된 것이지요.[13]

---

12. "우리는 일단 완정 경쟁 시장이 아닙니다. 콘텐츠를 만드는 사람들이 대우를 못 받고 있는 실정이지요…… 제작 업체가 자금이 없는 상태이기 때문에 방송국에 하청 업체처럼 종속되어 있습니다. 앞으로 장기적으로 원하는 방향은 우리 돈으로 프로그램을 만들어서 방송국을 상대로 딜을 할 수 있는 환경을 만들어 가고 싶은데, 외국처럼 하고 싶은 것이죠."
13. 플레너스 재정, 국제팀장과 9월 24일 인터뷰.

플레너스 관계자의 말대로, 영화와 같은 무형의 제품은 은행의 담보 조건을 만족시키지 못하여 일반 금융 자본이 미디어 산업에 개입하는 데 장애 요소가 되어 왔다. 이것은 서구 여러 나와는 큰 차이를 보이는 것으로 영화와 금융 자본이 밀착한 미국 등의 현실과는 상이한 한국식 미디어 산업의 자본 형성을 보여 주는 예였다(Wasko, 1987; Guback, 1969). 1996년 이후 영화 산업에도 금융 자본이 도입되기 시작하는데, 이는 창업 투자 회사의 자본이지 일반 은행권의 참여는 일어나지 않았던 것이다. 그러나 플레너스가 외국 자본을 유치함으로 인해, 새로운 신용 평가를 받아 일반 금융권의 자금을 끌어들이는 초유의 사건을 성사시키게 된 것이다. 이로 인해 특정 미디어 업체가 금융권을 등에 업고, 재벌과 같은 독점적 사업 활동을 할 수 있는 기반이 조성된 것이다.

이와 같이 외국 자본의 도입은 화폐의 중립성이나 객관적 시장주의 법칙에 따르는 것이 아니라, 새로운 권력으로서 한국 미디어 산업의 변화를 유도하고 있다. 이는 제국주의나 신식민주의 시대의 강압적 권력으로서가 아닌 피지배자의 자발적 동의와 참여, 주체 변화 자체의 포스트 식민주의적 문화적 권력의 작용이라고 앞서 설명한 바 있다.

그럼에도 불구하고 미디어 산업 관계자는 입을 모아 자본의 중립성을 부르짖고 있다. 그들이 직접 말하고 있는 문화적 권력 작용의 입증 진술과는 모순된 주장이라고 보이지만 그것이 그들의 믿음이다. "외국 자본이 한국 미디어 산업에 유입되는 것에 대해 종합적으로 어떻게 생각하십니까"라는 질문에 "외국 자본의 유입을 종속적인 것처럼 해석하는 것은 위험한 발상"(C&M 커뮤니케이션)이며, "산업에서 자본은 국내 자본이든 국외 자본인 것을 굳이 따질 필요가 없다…… 외국 거대 자본 잠식으로 보면 안 됩니다…… 자본을 국내 국외로 나누는 것은 시대 착오적 발상"(온미디어)이고, "외부에서 들려오는 '잠식'이라는 우려의 목소리들은 사실과 많이 다르다는 것…… 시장의 생리를 이해하지 못한 데서 나온 오류"(플레너스)라고 주장하고 있다. 이들 모두 외국 자본 도입에 대한 사회적 우려의 목소리를 인식하고 있으며, 화폐의 중립성을 논리 근거로 하여 이를 부정하고 있다.

또한 "세계화되는 추세에 외국 자본은…… 한국 기업이 주축이 되고 문화 정체성이나 고유 문화를 파괴하지 않는 이상 문제가 안 되고 단지 기업 가치를 높여서 제값을 받는 것이 중요"(CJ 미디어)하고, "외국 자본이…… 독점할 수는 없지만…… 서로 좋은 영향을 미치기를 바란다"(MBC-ESPN)는 점, "우리 것을 갖고 받아들이는 것이 필요하고…… 서로 도움이 되는 시너지 효과"(인디컴)가 클 것으로 보고 있다. 또, "미디어 산업에 외국 자본 진출을 허용하지 않으면 시장 자체의 크기가 줄어 산업은 더욱 어려워지리라 생각"(새로운넷)하고, "우리나라는 수출을 많이 해야 하는 나라이고, 외국 자본이 들어온다는 것은 우리 시장에 많은 매력을 느낀다는 것이고, 문화적인 면에서도 외국 자본이 들어오면서 더 업그레이드를 시킬 수 있는 좋은 기회"(휴먼컴)라는 반응을 보이고 있다. 인터뷰 참여자들은 어느 정도 경계나 국내적 여건에 대한 고려를 하고 있지만, 모두 외국 자본을 한국 미디어 산업을 일으키는 데 중요한 힘으로 보고 긍정적으로 보고 있다는 것을 알 수 있다.

한국 미디어 산업이 외국 자본을 받아들이면서 화폐 중립성과 한국의 주체성을 강조하게 되는 것은 외자 도입 이후에도 물리적인 강압이나 명시적인 지배를 받지 않기 때문일 것이다. 외자 도입 형태가 다양하므로 외국 기업의 영향력도 직접 투자, 자본 유치, 유동성 자본 등 형태에 따라 다양하게 나타나겠지만, 대부분 외국 기업의 영향력은 강제에 의한 것이 아니고 자발적 참여에 의한 것이다. 위의 인터뷰에서 보듯이 가장 강력한 형태인 직접 투자로 경영에 참여하는 MBC-ESPN, 휴먼컴, 플레너스의 경우에도 한국 기업 스스로가 외국의 이른바 '선진 경영'과 유리한 마케팅 효과를 적극적으로 받아들이고자 하는 동기와 태도로 합자가 진행되고 있지, 외국 기업의 억압적 권력에 의해 마지못해 따라가는 형태가 아니다. 이는 포스트식민주의의 권력 작용의 전형을 보이는 것으로 과거와 같은 억압적 권력이나 경제력의 흐름으로 파악할 수 없는 일상적이고 문화적 권력의 활약이다. 더 나아가 포스트식민주의에는 지배가 물리적으로 부재한 상태로 이루어지는 것으로 앞서 제시한 기업의 예에서 보듯이 외국 기업이 한국 미디어 산업에 화폐 형태로 투자하나, 경영 참여나 어떤 물리적 형태의 참여는 없는 상태에서 영향력은 여전히 효과적으로 발휘되는 것이다.

포스트식민주의의 유동적이고 융통성 있는 권력 지배의 효율적 효과는 역할의 전도를 통해서도 나타난다. 전도된 역할을 통해 지배와 피지배는 경계가 모호해지며, 현대 자본주의의 흐름은 이제 정형화된 주체를 넘어서는 것으로 인식하게 하는 산 증인이 된다. 문화 제국주의나 종속 이론 등 신식민주의 이론을 기반으로 한국 미디어 산업과 외국 자본과의 관계를 설정할 때, 가장 해결되지 못하는 수수께끼는 CJ 엔터테인먼트 같은 바로 한국 자본이 외국 기업, 그것도 선진국에 진출하여 역할을 수행하는 바로 전도된 역할의 예가 될 것이다. 현재 할리우드에서 한창 주가를 발휘하고 있는 드림웍스 **SKG**는 CJ 엔터테인먼트가 스필버그와 손을 잡고 자본을 투자하여 1995년에 건립한 회사로, 현재 CJ 엔터테인먼트가 2대 주주로 이사회에 참여하고 있다.

그러나 한국의 자본이 미국에 진출한 역전된 역할 전도에서도 국가간 권력 관계의 종주가 전도되지는 않는다는 것을 인터뷰를 통해 알 수 있다. CJ 엔터테인먼트 관계자와의 인터뷰에서 해외 자본 진출의 동기는 외국 자본 도입의 동기와 별로 다르지 않다는 것을 발견할 수 있다.[14] CJ 엔터테인먼트가 출자한 것은 사실상 할리우드의 기업을 한국화

---

14. "처음 사업을 시작할 때 이 분야에 전혀 노하우가 없어서 경영이나 전략적인 면에서 도움을 받을 수 있을 거라는 생각이 있었고, 실제로 **CGV**를 설립할 때에도 많은 도움을 받았습니다…… 한국 영화의 수출과 묶어서 장기적으로 아시아 직배망을 갖는 것이 목표이고 그러면서 거대 엔터테인먼트 기업으로 가야 할 것입니다. 필요하다면 외국 자본을 들여올 수도 있고 진출할 수도 있을 것입니다." — CJ 엔터테인먼트 국제 업무 담당 Kim S.와의 8월 29일 인터뷰.

시킨다기보다는 한국 기업이 할리우드의 노하우를 들여 오고, 아시아권에서 마케팅의 우위를 점하기 위한 목적에서 시작한 것으로 위에 예시한 외자 도입 동기와 같은 것이라는 것을 말하고 있다.[15]

　　이와 같이 제1세계와 제3세계 간의 자본 유동이 국가의 경계를 넘어 정방향과 역방향으로 동시에 일어나는 역할 전도의 사례 때문에, 화폐의 중립성과 자본과 경제 법칙의 객관성은 마치 사회 역사적 맥락과 주체의 경계를 넘어 자유자재로 일어나는 것과 같은 믿음을 굳히게 한다.

> "시장 자체가 열려 있는 것으로 본다면 자본은 어디든 들어갈 수 있는 것 같아요. 자본이라는 것이 수익에 의해 움직이는 것이기 때문에 조금의 이자율 차이가 있다면 움직이는 것이 자본이 아닌가, 엔터테인먼트, 미디어나 다른 사업 분야에 비해 크게 차이가 없을 것 같습니다. 굳이 이런 것을 현상화시키는 것은 자기 암시 정도의 의의가 있는 것 아닐까요…… 외국 자본이 들어온다는 것에 대해서는 전혀 문제가 없을 것이고 상관이 없을 것이고, 자본의 성격이 문제가 되죠. 어떤 콘텐츠를 만들어 내느냐는 것이 중요한 것이지 어떤 돈을 가지고 만드느냐는 중요한 것이 아닌 것 같습니다. 외국 자본도 금융 자본이냐 산업 자본이냐 성격에 따라 달라지기 때문에 그러한 측면에 주목해야 할 것입니다. CJ 엔터테인먼트는 금융권 차입이 없습니다."[16]

　　자본의 해외 진출로 할리우드 영화사의 2대 주주가 된 CJ 엔터테인먼트의 입장에서는 시장은 개방적이고 자본은 수익에 따라 움직이는 객관적인 경제의 법칙을 따르는 것이라고 신봉하면서, 국가의 경계로 자본을 나누는 것 자체가 심리적인 허상이라고 일축하고 있다.

　　그러나 포스트식민주의 시대에도 국가간의 권력이란 여전히

---

15. 실제 CJ 엔터테인먼트는 드림웍스의 아시아 배급 기업으로 1997년 <피스메이커>, 1998년 <딥 임팩트>, <이집트 왕자>, 2000년 <글래디에이터>, 2001년 <슈렉>, <케스트 어웨이>, 2002년 <뷰티플 마인드>의 배급을 담당했다(CJ 엔터테인먼트, 2001 Annual Report; 19).
16. 위의 인터뷰.

존재하고 있으며, 단지 일상성 속에서 실천되는 양식의 차이를 보일 뿐이라는 것을 앞서 심층 인터뷰 분석에서 밝힌 바 있다. 즉, 과거 식민지와 지배 국가 간의 정치적 혹은 경제, 계급 갈등의 차원에서 전개되던 억압적 권력은 현재 약화되었고, 존재한다 해도 극단적 소수에 지나지 않게 되었다. 그러나 피지배자의 동의와 자발적 실천을 통해 행사되는 문화적이고 일상적인 권력은 경제 영역에도 광범위하게 확산되고 있는 것이다. CJ 엔터테인먼트의 역할 전도의 경우도 포함하여 합자, 자본 유치, 유동성 자본의 유입 등 외국 자본의 유입, 혹은 진출의 경우도 특정 주체는 따라야 할 모델로 다른 편은 자기를 버리고 따라가야 할 추종자로 그리고 그것이 유일한 길이요 진리인 양 신봉하고 있는 현실을 보면서 포스트 시대의 자본주의의 자기 변형과 끈질긴 생명력을 다시 한 번 실감하게 된다.

4. 외국 자본과 자본의 문화적 실천

이 장에서는 미디어 시장 개방과 자유화의 시대에 두드러진 현상의 하나로 외국 자본이 한국에 유입되는 현상을 문화적 접근으로 분석하고자 하였다. 현재 외자 도입에 대해서는 시장주의와 문화 제국주의론이 격렬히 대립되는 논쟁을 벌이고 있지만, 이는 모두 추상적 모델을 통해 설명하려는 시각이라는 비판 의식에서 출발한다. 실제 일상적 현실에서 산업적 문화적 권력의 상호 작용을 통해 실천되는 외국 자본의 문제를 구체적으로 보기 위해서는 새로운 이론이 필요하게 된다. 이 장에서는 푸코와 들뢰즈의 이론과 이들 이론이 국가 사회간 관계에 적용된 포스트식민주의 이론을 통하여 외국 자본 유입의 문제를 문화적으로 접근해 보았다.

포스트식민주의의 성과는 그동안 국제적 차원의 거시적 계급 관계에 중점을 두다가 도외시되어 왔던 식민지 내부의 문제에 눈을 돌렸다는 데서 그 의의를 찾을 수 있다. 이런 성과에도 불구하고 이것이 텍스트 분석을 주로 한 문학적 해석에 치우치다 보니 실제로 살아 숨쉬는 인간들의 생생한 일상의 삶의 모습, 즉 실천의 측면을 간과한 우를 범했다. 이에 여기에서는 포스트식민주의가 발생한 이론의 원전으로 돌아가 실천의 문제를 다시 부활시키고자 하였다. 더 나아가 일상적 실천에 대한 구체적 분석을 위해 마르크스주의 실천의 전통 영역인 경제의 문제를 과감히 도입하여 분석하고자 외국 자본의 영향에 초점을 맞추게 된 것이다. 경제의 문제를 다루면서도 경제 결정론을 극복하고자 푸코, 들뢰즈, 포스트식민주의 이론을 원용하여 문화주의적 시각에서 접근을 시도한 것이다.

여기서는 현재 진행되고 있는 미디어 산업의 변화 요인과 방향을 경제적 구조와 문화적 실천의 장을 통해 설명하고자 하였다. 여기서 문화적 실천은 대자적 개념으로 현실 구성의 원동력을 뜻한다. 실천 이론가인 마르크스 이론의 핵심은 진정한 현실, 즉 복잡한 현상의 이면에서 변증법적 현실 구성의 원동력이 되는 계급 관계의 변화가 실천이라 보았다. 문화적 실천은 현실 구성과 변화의 핵을 초점으로 한다는 측면에서 마르크스가 말한 실천의 대자적 개념이 되면서, 동시에 결정론의 한계와 변증법적 논리 구조를 극복한 개념이다. 푸코가 말한 담론 구성체*discursive formation*도 이런 맥락의 개념이며, 여기에서는 경제적, 물질적 현실을 구성하는 문화적 구속성을 파헤치기 위해 문화적 실천에 초점을 두었다.

이와 같은 논의는 들뢰즈의 이론에 선명하게 나타나는데, 들뢰즈는 마르크스가 환원론적 시각에서 감지하지 못한 현실 변화의 다양성을 재해석하여, 자본의 문제는 욕망의 문제이며, 자본주의 흥망도 인간 욕망 실천의 메커니즘을 통해 유지되므로 자본의 흐름과 같은 탈코드화된 실천의 측면을 면밀히 살펴보아야 한다는 주장을 편다. 이 장에서는 현재 한국 미디어 산업에 다양하게 유입되고 있는 외국 자본을 유형화하고, 그들의 탈코드화된 실천의 과정을 구체적으로 살펴보고자 하였다. 외국 자본은 1970년대 라틴 아메리카에 강력한 노동 운동과 권위주의 독재 정부를 형성시켰던 직접 투자(FDI) 형태보다는 포스트식민주의 시대에는 자본 유치나 전략적 제휴의 형태로 유입되는 경우가 더 많다는 것을 발견할 수 있었다. 또 유동성 자본 형태의 외국 자본이 한국 미디어 산업에 투자되는 경우도 흔하게 볼 수 있었다.

외국 자본이 경영권을 쥐고 투자 대상 국가의 고용인을 직접 통제하고 사회적 영향을 끼치는 것과 대조적으로 자본 유치나 유동성 자본의 경우는 자본의 법칙에 의해 간접적인 영향력만을 발휘하게 된다. 전략적 제휴의 경우에도 기술 제휴나 프로그램 수급 등 기술적 차원에서 교류하지 직접적이고 억압적인 통제를 가하지는 않게 된다. 그러나 포스트식민주의 시대의 간접적 영향력 행사가 권력의 부재를 의미하는 것은 아니다. 오히려 제국주의나 신식민 시대보다 더욱 일상적이고 광범위한 권력을 대상자의 자발적 참여를 통해 행사하고 있는 것이다.

외국 자본의 경제적 유통과 문화적 실천을 내부의 목소리를 통해 면밀히 살펴보기 위해 현재 외국 자본을 활발히 받아들이고 있는 10개 기업 관계자를 대상으로 심층 인터뷰를 실시하였다. 인터뷰 결과 외국 자본이 경영에 참여하지 않는 경우에도 자본은 결코 중립적으로 유입되지 않고, 피투자 기업의 경영상 기술상 변화를 가져올 뿐 아니라, 시장 전체 구성에도 변화를 가져옴을 알 수 있었다. 이들은 과학과 합리주의의 신념으로 누가 강요하지 않아도 자발적으로 외국 기업을 따르고 있는데, 이것이 포스트 사회에서 권력이 작용하고 재생산되는 방식이다.

외국 자본은 기업의 변화와 시장 전체에 영향을 주면서 결국 미디어 산업을 재편하게 되는데, 그 방향은 경제학자들이 가정하는 시장주의적 이상의 실현은 아니다. 오히려 종주 국가에서 미디어 산업이 그랬던 것처럼 시장 지배력을 공고히 하는 방향으로 나아가 한국 미디어 시장의 독점적 구조 형성에 일조하고 있는 것이다.

이와 같이 외국 자본의 도입은 물리적이고 억압적인 지배력을 행사하지 않을 때도, 문화적 권력을 일상적으로 실천하고 있다는 것을 인터뷰 대상자들 스스로의 목소리를 통해 알 수 있었다. 외국 자본의 도입은 결코 화폐의 중립성이나 객관적 시장주의 법칙을 따르는 것이 아니라 새로운 권력으로서 한국 미디어 산업의 재편과 변화를 유도하고 있는 것이다. 그럼에도 불구하고 인터뷰에 참여한 미디어 산업 관계자는 하나 같이 자본의 중립성과 시장주의의 우위를 주장하고 있다.

포스트식민주의 시대에도 국가간의 권력은 여전히 존재하며, 단지 일상성 속에서 실천되는 양식의 차이를 보일 뿐이다. 역할이 전도될 때도 결코 한편은 권력의 주체가 될 수 없음을 인터뷰를 통해 밝힐 수 있었다. 직접 투자, 자본 유치, 유동성 자본의 유입을 비롯한 외국 자본의 유입과 또 자본이 진출되는 역할 전도의 경우도 결국 포스트식민주의 시대에 세밀하고 일상적인 권력의 작용, 그 문화적 실천의 장을 목격하게 한다.

7

한국 영화의 정체성과 할리우드 영화의 영향

한국 영화는 이미 3장에서 살펴보았듯이 관객 동원이나 매출 신장으로 획기적인 경제적 성과를 이룩하였다. 하지만 내용적인 측면에서는 할리우드 영화와 매우 흡사하다는 비판이 나오고 있다. 한국 영화의 산업적 부흥과 내용적 문제의 아이러니를 깊이 있게 분석하기 위한 이론 틀로서 들뢰즈의 ≪영화 1: 운동 – 이미지≫, ≪영화 2: 시간 – 이미지≫를 참고로 하고자 한다.

들뢰즈의 영화 이론은 사실상 영화에 관한 논의는 아니다. 기호학이나 이데올로기론처럼 영화에 관해 분석하는 데 유용한 틀이나 방법론을 제공하는 것은 아니고, 영화 자체의 원리를 논한 철학서이다. 한국형 블록버스터의 문제점을 할리우드 영향 관계 속에서 논하기 위해서는 외형적 유사성이나, 영화 기호, 이데올로기 비판을 넘어 보다 근원적인 문제에 파고들어야 한다는 문제 의식으로 들뢰즈의 이론을 참고로 하였다.

한국 영화의 정체성의 문제를 논의하기 위해서는 할리우드에 대항한 정치적 저항 전략과 더불어 산업 구조의 문제, 영화 내용상의 독창성을 총체적으로 살펴보아야 할 것이다. 할리우드에 대항한 저항 정책으로 스크린 쿼터와, 블록버스터 도입 이후 산업 구조의 변화는 3장에서 논의하였다. 이 장에서는 한국 영화의 내용이 할리우드 영화에 어떤 영향 관계하에 놓이는지를 분석하고 한국 영화의 정체성의 문제를 논의할 것이다. 결국 한국 영화가 아무리 경제적으로 성장하고, 제도적 차원에서 한국 영화 보호를 위해 온 힘으로 사수한다고 하여도, 영화의 내용과 정신 자체가 정체성을 갖지 못한다면 한국 영화의 성공을 논하는 것은 무의미할 것이다. 이를 위해 들뢰즈의 영화 이론을 참고하여 영화의 산업적 정치적 권력 관계와 영화 영상의 기본 구성 원리와의 관련성을 살펴본다.

1. 블록버스터 영화와 한국 영화의 정체성

현재 한국 영화가 제2의 전성기를 맞고 있다고 자축의 소리가 드높다. 한국 영화의 자국 내 관객 동원율은 세계 모든 나라들이 부러워할 정도로 높은 비율을 나타내고 있고, 내용 면에서도 자국뿐 아니라 세계에서 인정받는 쾌거를 보이고 있다. 세계 영화제에서도 한국 영화에 대한 관심이 높아지고 있고, 거의 불모지였던 영화 수출도 최근 1~2년간 급속히 신장되고 있다.

한국 영화의 성장을 긍정적으로 평가하는 측에서는 세계적인 기술력과 함께 한국적인 소재의 개발로 한국적인 영화가 만들어지고 있다고 보고 있다. 한국형 블록버스터를 이끈 <쉬리>, <공동경비구역 JSA>, <친구> 등이 모두 한국적인 상황을 세계화한 성공 사례로 기록하고 있다. <쉬리>와 <공동경비구역 JSA>은 세계 유일의 분단 국가인 한국의 정치적 상황을 인간주의적 관점에서 풀어냈고, <친구>는 1970~80년대 부산의 지역적 정서가 일반 관객들의 보편적 관심과 흥미를 이끌어 냈다. <취화선>같이 한국적 특징을 살려 만든 영화가 칸 영화제 감독상을 수상한 일이나, 가장 대중적인 장르인 <조폭 마누라>나 <엽기적인 그녀> 같은 코미디 영화의 저작권이 할리우드에 팔리는 현실에서 한국 영화의 세계화에 축배를 올리는 것은 일견 당연해 보이기도 한다.

그러나 한편에서는 한국 영화가 할리우드의 아류를 양산해 놓아 한국 영화의 미래를 낙관할 것만은 아니라는 자성의 소리도 높다. 블록버스터 영화를 중심으로 양적 성장을 이룩한 한국 영화가 자체의 정체성을 잃고 할리우드 따라하기에 급급해 있고, 이것이 할리우드 영화에 길들여진 관객에게 어필하여 산업적으로는 성공하였지만 내용적으로는 실패하였다는 주장이다. 더 나아가 영화의 제작 시스템이나 배급 체계도 점점 할리우드의 방식을 모방하는 것으로 나타난다. 한국 영화가 외적 조건으로는 성장하고 있지만, 내적 정체성은 점차 가늠하기 어려운 상황에 이르고 있는 것이다. 물론 이것이 한국 영화계만의 잘못은 아니며, 현대 사회에서 세계적 패권이 그 힘을 공고히 하는 새로운 세력 구축의 전략에 의한 것이기도 하다.

푸코적 시각에서 보면, 현대 사회에서 권력이 증식되는 원리는 치열한 전쟁이나 혁명에서가 아니라, 내적으로 정체성을 동화시키는 전략으로 전화되고 있다. 푸코가 인식하듯 치열한 정치적 투쟁은 또다른 형태의 권력의 재생산, 지배와 피지배를 영속화시킨다(Foucault, 1980). 치열하게 권력에 대항하면서 어느 사이 권력에 동화되는 것이 푸코가 말한 이른바 생성적 권력, 미시적 권력의 핵심이다(Foucault, 1977: 35). 푸코 자신이 비판적 인식을 가졌던 사회 운동, 환경 운동들이 또 다른 권력적 지배로 귀착되는 것을 목도하면서, 권력의 자기 생성적 전략을 간파하게 된 것이다.

푸코적 시각에서 보면, 정체성의 문제는 민족이나 지형에 토속적인 본질적이고 자연적 실체는 아니다. 정체성이란 유동적이고 자기 동화적인 것으로서 담론에 의해 형성되는 것으로 본질적 실체에 근거하지 않는다. 범죄나 정신병, 성적 성향도 본질적 실체가 있는 것이 아니고, 사회 내에 문화적으로 통용되는 담론의 축적과 승인에 의해 자기 동화적으로 끊임없이 생성되는 것이다(Foucault, 1965; 1977; 1978). 그렇다고 하여 정체성을 이른바 허위 의식과 일치시킬 수는 없다. 푸코적 시각에서 보면 담론적 형성체의 결과로 나타난 정체성도 허위가 아닌 현실적 존재성과 의미를 갖게 되는 것이다.

국가 내 문화 정체성도 같은 원리로 생성된다. 민족과 지형이라는 자연적 조건에 의해 정체성은 본래적으로 생겨나고 유지되는 것이 아니라, 푸코가 말한 이른바 생성적 권력 관계 내에서 형성되고 동화되어 실체화되어 가는 과정에 있는 것이다. 이러한 정체성의 형성 과정을 구체적으로 추적한 것이 푸코의 ≪지식의 고고학≫이다(Focault, 1972).

푸코의 영향 아래 세계적 지배 관계에 주목한 포스트식민주의 이론에서는 국가간 지배의 전략을 보다 구체적으로 파헤치고 있다. 포스트식민주의 이론은 식민주의 시대의 정치적 지배가 종식된 지 오래고 신식민주의 시대 경제적 지배 형태가 변화된 이후에도 피식민지 국가들이 지속적인 권력의 지배 대상이 되는 이유를 푸코가 말한 새로운 권력 개념에서 그 이유를 찾고 있다. 이는 정치적 혹은 경제적 지배보다 더 광범위하고 간접적인 권력의 작용으로 문화적 권력의 지배 형태로 명명할 수 있을 것이다.

포스트식민주의 이론의 접근으로 호미 바바나 스피박은 피식민지인의 정체성 문제를 다루었다. 식민 지배는 제도나 경제 침탈 외에 식민지적 정체성을 피식민국 내부에 움트게 했는데, 피지배인이 가지는 이중적 욕망이 그것이다. 호미 바바가 말한 양가성*ambivalence*은 피식민지인의 잃어버린 기억, 억압된 욕망에서 발현된다. 호미 바바는 라캉의 정신 분석학을 인용하여, 피식민지인이 식민지의 심리적 외상을 피하기 위해 처절한 거부와 억압된 기억에 의존한다고 말하고 있다. 즉, 과거 처절한 현실의 기억을 회피하기 위해, 피식민지인들은 폭력과 적대감을 강조하게 된다(Bhabha, 1994: 63). 식민지를 경험한 사람들은 치열한 쟁투와 미움으로 지난 역사를 정당화하면서 현실을 인정하지 않고 억압하게 된다. 이렇게 억압된 기억의 반추가 식민지를 벗어나서도 양가적인 정체성으로 지속되는데, 외형적으로는 식민지를 미워하고 저항하면서 내면적으로는 그들을 부러워하고 모방하는 이중적 욕망을 보이게 되는 것이다. 정치적 쟁투가 강할수록 이중적 욕망은 더욱 모순되게 나타나게 되는 정체성의 아이러니를 보이게 된다.

한국 영화의 정체성은 푸코와 포스트식민주의 이론이 설명하고 있는 문제점이 전형적으로 드러나고 있다. 한국 영화계가 스크린 쿼터를 둘러싸고 할리우드에 강력하게 대항하는 정치적 저항과 동시에 내용적 동화는 호미 바바가 말한 양가성, 푸코가 말한 생성적 권력의 실례를 전형적으로 보여 준다. 포스트식민주의의 지배는 억압이 아니라 자기 동화에서 나온다는 말의 근거는 이런 양가성을 통해서이다. 피식민주의자들은 식민적 지배에 대해서 거세게 저항하면서 실상 내면적으로는 어느새 저항의 대상을 모방하고 그들에 동화된다는 것이다. 한국 영화계가 스크린 쿼터 사수 운동에서 보이는 강도 높은 시위와 조직적 연대가 할리우드도 감히 함부로 침투할 수 없는 방어벽이 되고는 있지만, 실상 내면적으로는 할리우드를 모델로 삼아 내용을 모방하고 시스템을 받아들이고 있다. 이는 포스트식민주의적 문화 정체성의 양가성을 여실히 보여 주는 실례가 될 것이다.

1) 들뢰즈의 영화 이론과 한국 영화

들뢰즈는 영상의 사고 구조로서의 함의를 유추하기 위해, 1권 (≪영화 1: 운동 – 이미지≫)에서는 고전 영화를, 2권(≪영화 2: 시간 – 이미지≫)에서는 모더니즘 영화을 중심으로 실제 분석을 시도하고 있다. 하지만 들뢰즈가 두 권의 책을 통해 시도한 것은 스스로가 밝히다시피 영화에 관한 이야기도 아니고, 영화의 역사적 접근도 아니다(Deleuze, 1986: ix). 오히려 마치 물리학적 법칙처럼 영화 자체의 원리를 근본으로부터 규명하고자 하는 의도이다. 그는 베르그송의 운동 법칙으로부터 시작하여 영화의 장면과 편집이 구성되는 원리를 운동과 시간의 철학적 원리를 근거로 이론화하는 작업을 펼치고 있다.

들뢰즈의 영화 이론이 한국 영화의 정체성을 평가하는 데 유용한 것은 현상의 표층으로 접근하기 어려운 문제를 가장 심층 단계의 근본 원리를 통해 설명하기 때문이다. 들뢰즈가 주장하듯 영화에 관한 이론이 아닌 영화 자체의 원리를 파악하는 이론이 여기서 필요하게 되는 것이다. 즉, 문화 연구에서 자주 인용되는 기호학이나 서사 이론, 정신 분석학에서 포스트모더니즘이나 근대주의 이론에 이르기까지 영화에 표상된 것을 통해 의미를 이끌어 내고 해석하는 것으로 들뢰즈식으로 말하면 영화에 관한 이야기가 된다. 이런 이론들이 모두 영화 비평에 나름대로 중요한 역할을 하지만, 이를 통해 한국 영화의 정체성을 평가하기에는 혼란스러운 면이 있다. 즉, 기호학에서 근대주의 이론에 이르기까지 한국 영화에 표상된 흔적들을 통해 보면 정체성의 문제는 긍정1되기도 하고 부

---

1. 예를 들어, 한국 영화에 대한 일반 비평의 방법을 적용하면, 한국 영화의 정체성에 상이한 평가가 나올 수밖에 없다. 한국 영화의 국제적 성공을 긍정적으로 보는 입장에서는 다양한 소재 개발에 성공했다고 주장한다. 현상적으로 한국의 영화 감독들은 개인적인 교육과 훈련의 경험을 불문하고 한국적 소재를 찾고 개발하기 위해 노력을 기울이고 있다. 한국 영화계에서 독보적인 영화 세계를 구축한 홍상수 감독, 흥행몰이에 성공한 박찬욱, 강제규, 곽경택 감독 등도 대부분 미국에서 교육을 받았지만 소재나 상황 디테일 등에서 한국 영화 개발에 의식적으로 힘쓰고 있다. 전 세계의 영화계가 신선한 소재를 찾기 위해 혈안이 되어 있는 이때, 분단의 현실 등 한국의 특수한 상황, 한국의 고질적인 사회, 문화의 문제를 잘 살려 영화화함으로써 세계적으로 인정을 받기도 하였다. 한편 국내에서 훈련을 받고 이제는 세계적 감독으로 자리를 구축한 김기덕, 허진호 감독 등도 한국적 미학의 개발로 세계 영화제에서 빛을 발하기도 하였다. 이들 감독들의 작품을 서사 구조로 분석하거나 시각적 청각적 요소들을 기호학적으로 분석해 볼 때 한국적 정취나 한국적 상황의 의미를 쉽게 찾아 볼 수 있을 것이다.
　　"<쉬리> 유사 할리우드 장르 전략의 성공," <한국일보> 1999. 3. 5, 15면; "두 마리 토끼 잡은 블록버스터 <쉬리> 강제규 감독 인터뷰," <국민일보> 1999. 2. 20, 32면; "<친구>의 곽경택 감독 인터뷰," <키노>, 2001. 3. 29; "<공동경비구역 JSA> 박찬

정되기도 할 수 있기 때문이다.[2]

　　한국 영화의 문화 정체성을 파악하기 위해서는 보다 심층적인 차원에서의 영화의 구성 원리를 이해해야 하는데, 여기에 들뢰즈의 영화 이론이 유용한 지침이 될 것으로 보인다. 앞서 설명했듯이, 들뢰즈는 정체성을 평가하거나 국제적 차원에서 영화를 비교하기 위해 영화 이론을 개발한 것은 아니다. 그럼에도 불구하고 한국 영화의 정체성을 평가하는 데 들뢰즈 이론이 유용한 이유는 현대 사회에서 구조적 권력과 인간 정체성의 접점을 본격적으로 다룬 그의 이론의 연구 성과와 관련하여 생각해 볼 수 있다. 들뢰즈가 영화 이론을 통해 행한 고전주의와 모더니즘 영화 분석은 기실 ≪앙티오디푸스≫와 ≪천 개의 고원≫을 통해 거시적으로 접근했던 사회 권력과 정체성의 문제, 정치 경제와 문화 철학의 총체적 접근을 시도한 연구 성과와 맥을 같이 하고 있다(Deleuze & Guattari, 1983; 1987). 들뢰즈의 영화 이론에서 펠리니나 고다르 영화의 장면 분석이나 퍼스 기호학의 재해석은 오히려 부차적 성과일 수 있고, 철학과 지식 권력을 재편하는 문화적 실천으로서의 영화, 지식과 논리를 재구조화하는 영화의 정신적 충격 효과라는 근원적 차원의 탐구가 보다 높은 가치를 가지는 것이다. 들뢰즈의 이론이 한국 영화의 정체성을 논하는 데 유용한 것도 피상적인 차원에서 그의 영화 분석이 한국 영화 분석에 모방하기 좋은 모델을 제시하기 때문이 아니라, 영화를 가장 근원적 원리로 접근한

　　욱 감독 인터뷰," <대한매일>, 2000. 9. 1, 18면; "박찬욱 감독 류승완 감독 인터뷰," <씨네 21>, 2000. 10. 28.

2. 보다 비판적으로 접근해 보면, 영화 감독들의 의식적인 노력과 한국 문화의 영향에도 불구하고 한국 영화에서 외국 영화의 영향 특히 할리우드 영화의 영향을 찾아내는 것은 어렵지 않은 작업이다. 가장 표층적인 차원에서는 할리우드 영화의 장면화를 그대로 모방하고 있는 블록버스터 영화는 물론 예술 영화로 분류되는 한국 영화에서도 보다 유럽식 예술 영화의 운치가 모방되고 있음을 찾아 낼 수 있다. 심지어 한국적 전통성을 개념으로 완성한 <취화선>이나 <춘향뎐> 혹은 한국적 정서의 발견으로 최다 관객을 동원했던 <집으로> 같은 영화에서도 외부인의 시선을 꺼림칙하게 느끼게 되는 것은 한국 영화의 정체성 와해를 현상적 차원에서도 찾아 볼 수 있는 흔적이 된다.

방식과 새로운 인식론에 근거한 것이기 때문이다. ≪앙티오디푸스≫에서 "기관 없는 신체"로 시작한 정체성 논의는 사회 권력 내 구조화되고 또한 부유하는 인간의 정체성이 '돈'과 '리비도'의 양다리를 걸친 채 영화라는 구체적 기제 속에서 어떻게 실천되는지 여실히 보여 줄 수 있다는 점에서 들뢰즈 영화 이론의 유용성이 있다(Deleuze & Guattari, 1983: 16, 28～9). 들뢰즈의 영화 이론이 베르그송에서 출발한 것은 결코 우연이 아니며 이런 의미의 반영이다.

들뢰즈의 영화 이론은 한국 영화의 정체성을 총체적으로 접근하는 데 유용한 개념틀을 제시한다. 한국 영화 정체성의 문제는 세계 영화를 재패하는 할리우드의 헤게모니와 이에 반응하는 주변부들의 포스트식민주의적 권력 작용에 기인한다. 스피박이 18세기 인도의 언어와 제도에 나타난 정체성의 문제와 서구의 권력 관계를 들뢰즈의 앙티오디푸스적 욕망으로 설명했듯이, 한국 영화의 정체성의 문제도 단순한 산업 분석이나 텍스트 비평의 차원을 넘기 위해 들뢰즈의 이론이 유용하게 작용한다(Spivak, 1994: 66～75).

한국 영화의 정체성을 총체적 연관 관계로 볼 때, 우선 정치적인 차원에서는 할리우드의 권력에 삭발로 독사로 거세게 저항하면서, 실제 내면적으로는 그들을 모방하고 닮아가고 있다. 그것은 정치 경제적 차원에서 한국 영화 제작, 배급, 상영 시스템이 선진화의 이름으로 할리우드와 유사하게 나타난다. 이런 정치 경제적 토대는 영화 내용에도 영향을 주어 할리우드와 유사한 영화가 양산되고 지역적 정체성은 와해되게 되는 것이다. 정치 경제적 차원에서 할리우드의 권력과 대응이 양가성을 보이는 것과 똑같이, 문화적 차원에서도 할리우드의 영향이 한국 영화의 내용을 구축하는 원리는 양가성을 띠고 있기 때문에 표층적인 차원에서만 파악하기는 어렵다. 영화의 표면적 내용이 아닌 심층적 구성 원리를 통해 분석할 때 할리우드와의 유사성의 비교도 가능해지고 문화 정체성의 수준도 비로소 파악할 수 있다.

들뢰즈에 따르면, 영화의 심층적 구성 원리는 다름 아닌 운동 이미지와 시간 이미지의 두 축이다. 들뢰즈는 ≪영화 1: 운동-이미지≫에서 베르그송의 운동의 법칙을 원용하여 운동과 순간의 논리적 구분으로부터 영화의 철학적 이론화의 작업을 시작하고 있다. 들뢰즈에 따르면 영화의 세 가지 운동의 차원은 프레임과 숏, 몽타주로 분류할 수 있다(pp.12~27). 들뢰즈가 1권을 통해 수행한 작업은 운동 이미지의 세 가지 아바타를 개념화하여 이를 실제 영화 분석에 활용하는 것이다. 운동 이미지는 세 가지의 아바타를 통해 나타나는데, 이것이 인식 이미지*perception-image*, 행동 이미지*action-image*, 감성 이미지*affection-image* 이상 세 가지이다. 들뢰즈는 영화가 우리의 두뇌와 같이 구조화되어 있다는 인식에서 출발한다. 정신 분석학자들이 무의식을 꿈 혹은 언어의 구조로 이해할 수 있다고 했던 것처럼 들뢰즈는 철학자로서 두뇌 인식의 구조, 사고의 원리를 영화를 통해 이해하려고 했던 것이다(Flaxman, 2000). 그러므로 영화를 문화의 한 표현 형태로 이해하는 여타의 이론과는 다르게 접근하고 있다. 사고의 원리가 영화의 원리로 드러나며 철학자는 영화 이미지의 운동 법칙을 아바타를 통해 해득할 수 있게 된다. 들뢰즈가 말하는 운동 이미지의 아바타를 단순화시켜서 이해하면, 인식 이미지는 운동의 단면을, 감성 이미지는 운동의 사이를, 행동 이미지는 운동의 관계를 의미한다(Deleuze, 1986: 71~177). 영화에서 사고의 구조를 이해하기 위해 들뢰즈의 시도에서 비롯되듯 인식은 운동의 기본이 된다. 실상 감성 이미지와 운동 이미지도 이들의 인식에서 비롯된다는 의미에서 두 번째와 세 번째 아바타는 운동의 인식이며 행동의 인식이기도 하다. 또 인식은 변화하는 상황을 전제한다는 의미에서 행동 이미지와 연관되며 운동의 사이로 연결되어 있다는 의미에서 감성 이미지와도 연관되어 있다. 이렇듯 운동 이미지는 유기적으로 연관된 세 가지의 아바타로 존재하게 된다. 이와 같이 유기적이고 동적인 이미지의 측면을 이해하기 위해 들뢰즈는 데카르트적 세계관을 버리고 베르그송적인 생명력으로 회귀하기를 기대하며, 이런 이정점에서 운동 이미지가 개념화된 것이다(pp.76~100).

　　들뢰즈의 이론은 ≪영화 2: 시간-이미지≫에서 운동 이미지를 넘는 시간의 개념을 끌어들이게 된다. 운동 이미지의 기본 개념은 여전히 유효하지만, 모더니즘 영화의 발전에 따라 새롭게 구성되는 시간 이미지의 원리는 운동 이미지의 관계를 새롭게 구조화한다(pp.1~43). 이제 영화는 감각적 인식에서 한 단계 더 심화된 사고의 영역으로 발전하게 된다. 들뢰즈는 2권의 전권을 통해 안토니오니, 펠리니, 고다르 등을 비롯한 누벨바그나 네오리얼리즘 계열의 작품을 실례로 하여 시간의 구성과 이와 관련된 운동 이미지, 또 이를 인식하는 인간의 감각의 측면을 분석하고 있다.

2) 한국 영화의 운동 이미지와 정체성

　　한국 영화의 정체성을 논하기 위해서는 근대 매체의 기술적 제국주의성과 정서적 자유주의라는 양면적 아이러니를 고려해야 할 것이다. 우리나라에 영화가 처음 도입된 것은 일제 시대 근대 문물의 도입으로 시작되었으며, 전통 문화에서 근대 문화로의 이행이라는 새로운 인식에 영향을 주었다. 영화가 근대주의의 동경과 이른바 '선진' 문화에 대한 동일시를 배태시켰다는 것은 부정할 수 없는 사실일 것이다. 근대 초기의 영화가 도입되면서 사람들이 보여 준 경이감과 적응 과정은 근대성의 많은 연구에서 또는 당시 시사에 보도된 에피소드를 통해 흔히 접할 수 있다. 하지만 한국 영화는 정서상으로 제국주의에 대한 저항으로부터 시작되었다. 초창기 가장 유명했던 <아리랑>은 일제에 대한 저항적 메시지 때문에 제작진들이 정치적 압력을 받기도 하였다.

　　이와 같이 한국 영화의 역사를 돌이켜 볼 때 제국주의적 영향과 저항 정신 혹은 정체성 형성의 노력이 양면적으로 존재해왔던 것으로 볼 수 있다. 들뢰즈의 이론을 적용시켜 보면, 한국 영화의 구조는 운동 이미지의 아바타인 인식 이미지는 영화의 근대주의적 기술 결정론이 필연적으로 작용하지만, 정서 이미지의 아바타는 저항과 정체성 확립을 위한 노력의 측면을 담보하고 있다. 들뢰즈에 따르면 인식 이미지는 운동의 단면*side*으로 영화가 영화로서 구성되기 위해서는 근대주의적 영상 구성의 원리와 전개의 시각이 작용할 수밖에 없고, 이런 의미에서 한국 영화는 차입된 근대 기술로서의 영화 구성의 원리를 모방하게 된다. 한편, 정서 이미지는 운동의 사이*interval*로 영화가 구성되는 환경과 상황을 전제하므로 한국적 현실과 한국적 미학이 재현될 수 있는 측면을 가진다. 영화가 하나의 매체로서 보편적 원리에 의해 숏이 구성되고 1초에 24프레임이 지속적으로 돌아가야 하는 운동 이미지이지만, 한국적 정신과 한국적 미학을 엿볼 수 있는 것은 정서 이미지가 작용하기 때문이다. 인식의 기본 구조는 근대 영상의 원리를 거스를 수 없지만, 운동의 사이를 구성하는 정서 이미지는 한국적 상황과 환경, 한국적 미학의 표현을 가능하게 하는 여력을 보여 준다. 이와 같은 인식 이미지와 정서 이미지의 아이러니를 통합하여 영화를 통해 상황(상황 S — 행동 A — 변화된 상황 S´)을 전개하는 행동 이미지의 아바타는 운동 이미지의 관계*relation*를 설정하는 역할을 하게 된다(pp.141~59). 한국적 소재와 한국적 미학을 개발하기 위한 노력이 돋보이는 <아름다운 시절>이나 <그 섬에 가고 싶다> 등의 영화에서 보이는 롱 테이크는 정서 이미지를 극한까지 추구하여 한국적 정서를 보기 좋게 재현하고 있다.

한국형 블록버스터는 영화의 운동 이미지를 새롭게 구성하는 역할을 하며, 이것이 한국 영화의 정체성에 큰 영향을 미치게 된다. 블록버스터가 대자본과 기술력을 투입하다 보니 할리우드적인 보편적 서사, 할리우드 방식의 장면화를 모방하여 한국 영화의 정체성을 사장시킨다는 비판의 목소리가 이를 대변해 준다(김경욱, 2002: 13~45; Wilson, 2001).

한국형 블록버스터 영화는 지역이나 인종 같은 자연적 조건으로 주어진 한국적 소재를 다루면서도 운동 이미지의 구성 원리는 할리우드 방식으로 재구조화되고 있다. 블록버스터 영화의 인식 이미지는 타자화를 근간으로 하고 있다고 볼 수 있다. 가장 표면적으로는 영화의 서사에 나타난 남과 북 같은 사상적 대척점에 위치한 이분법적 타자의 창출에서부터, 표면에 드러나지 않으나 내재한 여성의 타자화, 모성의 타자화, 지역성의 타자화, 권력 제도의 타자화, 시간의 타자화, 몸의 타자화 등 할리우드적 일원화된 갈등 구조를 모방하기에 적절한 타자화를 인식의 근거로 하고 있다. 갈등의 기본 구도로서 타자화는 때로는 유머의 대상으로 때로는 공포의 대상으로 극적 재미를 돋우는 행동 이미지로 작용하는 것이다. <쉬리>의 남과 북, 전사와 희생자로서의 여성의 타자 구도, <친구>의 지역성의 타자화, 모성의 타자화는 때로 과잉되고 때로는 은폐된 채 한국 사회 모더니즘의 상흔을 깨우게 된다. <조폭 마누라>, <엽기적 그녀>에서 희화화된 여성성의 타자화, <살인의 추억>, <해피엔드>에서 공포와 미스터리로 타자화된 여성성과 모성성 등 일일이 열거하지 않아도 한국 영화의 운동 이미지는 블록버스터 구도로 단일화되고 있다. 이제 <실미도>나 <말죽거리 잔혹사>에 이르러서는 그동안 침묵했고 단지 연기의 소재였을 뿐인 몸이 타자화하면서 서사의 중심을 이루고 나르시시즘적 환상을 불러일으키기에 이르렀다.

　　　　한국 영화 정체성의 명맥을 유지해 왔던 것은 운동 이미지의 또 다른 아바타인 정서 이미지로 한국의 지역성을 자연적 조건대로 담아내는 것으로 역할을 해왔다. 그러나 한국형 블록버스터는 할리우드의 장면 구도와 시스템을 모방하면서 자연적 지역성은 점점 약화되어 정서 이미지도 정체성을 유지하지 못하게 되었다. 할리우드적 스튜디오 시스템의 모방으로 한국형 블록버스터는 더 이상 지역적 자연성이 아닌 인위적 공간의 창출로 운동 이미지의 틈인 정서 이미지를 메우게 된 것이다. <쉬리>가 남북 관계라는 경직된 이데올로기의 문제를 다루면서도 전혀 진부하지 않게 느껴지고 대중적 인기를 얻게 된 것은 여러 이유가 있겠지만, OP 사무실, 수족관 신에서 보다시피 일상적 현실을 떠난 신세계

그림 7-1. <공동경비구역 JSA> (2000, 박찬욱)

로 보이는 인위적 공간의 장면화에 성공한 데도 기인한다. <공동경비구역 JSA>의 공동 경비 구역, <튜브>의 지하철, <유령>의 잠수함, 심지어 <올드 보이>의 사설 감옥도 더 이상 냄새나고 일상적 기능으로 복닥거리는 공간이 아니다. 블록버스터 영화가 수억 혹은 수십억 원을 투자하여 스튜디오를 짓고 미술 장식으로 인위적 공간을 창조하는 것은 깔끔한 장면을 연출하여 관객의 이목을 사로잡는 목적에 의한 것이지만, 동시에 정서 이미지의 무력화로 한국 영화의 한국적 정체성을 저해하는 결과를 초래하게 되는 것이다.

3) 시간 이미지의 양면성과 한국 영화의 정체성

한국형 블록버스터 영화가 한국 영화 정체성에 부정적으로 작용하는 것은 영화의 구성 원리 자체에서 찾을 수 있는데, 이것을 들뢰즈는 운동 이미지를 넘는 시간 이미지의 차원으로 설명하고 있다. 들뢰즈는 영화 2권에서 모더니즘 영화를 예로 들면서 운동 이미지를 넘는 시간 이미지를 개념화하고 있다. 운동 이미지는 감각-운동*sensory motor link*을 통해 인식을 유도하는데, 베르그송이 이야기했듯이 인식이란 사물 자체를 인식하는 것이 아니라, 기존의 인식틀 내에서 허락된 부분만 인식하므로 사물 자체보다 덜 인식하게 되는데, 인식 부분은 상투성*cliche*에 한정하게 된다(Deleuze, 1989: 20). 그러나 기존의 고정 관념이 깨지면서 인식이 상투성을 넘어 사물 자체를 날것으로 인식하게 되는데 이것은 감각-운동 연계 *sensory motor link*를 넘는 새로운 인식 근거로 영상 기호*opsign*, 청각 기호*sonsign* 와 더불어 연시 기호*chronosign*, 선택 기호*lectosign* 의식 기호*noosign*로 개념화 할 수 있다(pp.18~24).3 이와 같은 복잡한 개념을 개발하여 난해한 이론을 전개하면서, 들뢰즈가 주장하는 바는 결국 모더니즘 영화의 형식적 파계 破戒가 상투성을 넘는 새로운 인지를 가능하게 하는데, 그것의 핵심을 구성하는 것이 시간 이미지라는 것이다. 시간 이미지의 새로운 구성을 통해 과거 상투적으로 받아들였던 운동 이미지를 넘어 새로운 의미의 구성과 독해가 가능해진다는 말이다. 과거 운동 이미지에 종속되었던 시간의 개념이 모더니즘 영화를 통한 형식의 파계로 시간이 재구성되어 독특한 인식 구조를 유도하는 것이다. 펠리니의 <8½>, 레네의 <지난해 마리앵 바드에서>에서 보여 주었듯이, 시간 이미지가 운동 이미지의 부속물로서 배경 묘사의 수단이 아니라, 영화의 중심 구성 요소가 되는 새로운 형식 개발에서 비롯되었다는 것이다.

　　들뢰즈는 고전 영화와 모더니즘 영화를 비교하여 운동 이미지와 시간 이미지를 분석하고 있지만, 최근의 영화 경향을 고려했다면 새로운 주장을 폈으리라 추측된다. 모더니즘 영화에서 새롭게 개발된 시간 이미지는 그 구성 원리가 세월이 흐르면서 주류 영화계에 흡수되고 모방되

---

3. 연시 기호는 시간의 연속성을 기호화한다. 선택 기호는 연대기 기호와 필연적으로 연관되는데, 이미지가 갖는 수많은 증상을 해독하도록 만드는 기호이다. 의식 기호는 연관성, 인과성, 의도를 논리적으로 관련지어 주는 기호이다(Deleuze, 1989: 24).

면서 시간 이미지는 새로운 상투성을 형성하게 된다. 즉, 현재 할리우드 영화에서 보여 주는 시간 이미지는 들뢰즈가 분석하였던 모더니즘적 기법과 원리들을 편의적으로 활용하면서도 들뢰즈가 기대했던 해체성이나 전위성이 아니라 상투성의 강화로 나아가기도 한다.4 현실과 꿈의 이분법이나 연대기적 시간 배열을 파괴하고 시간 이미지를 중심에 놓는 기법들은 이미 할리우드 영화에서도 편입되고 있다. 특히, 포스트모더니즘 계열의 영화는 이를 극단까지 전개시키고 있고, 가장 대중적 장르인 액션 영화에서도 이를 차용하고 있는 것을 종종 목격하게 된다.5 주류의 영화가 차입하고 있는 시간 이미지의 기법은 상투성의 파괴가 아닌 상투성을 더욱 강화시키는 방향으로 이중적으로 작용할 수 있다.

더 나아가, 국제적 차원에서 보면 시간 이미지가 변방 영화들의 정체성을 약화시키고 제국주의적 스타일을 확산시키는 부작용을 가져 올 수 있다. 운동 이미지를 넘는 시간의 파괴, 시간의 가속화는 운동 이미지에서 보이는 서사성과 배경을 약화시키고 스타일을 강조함으로써 영화가 제작되는 공간적 뿌리를 와해시키게 된다. 즉, 운동 이미지를 초월하여 전개되는 시간 이미지의 구성 원리에 의해 운동 이미지의 두 번째 아바타인 정서 이미지가 드러내고 있는 운동의 사이라는 간극을 메워 버리게 된다. 최근 영화에서 보이는 빠른 편집, 서사와 연관되지 않은 시간의 조작, 현실과 환상을 뒤섞어 놓은 시간 이미지의 중심화로 영화의 제작 공간의 특수성, 민족적 문화적 배경이라는 고전적 의미의 지형적 맥락이 뒤로 밀리고 탈영토화의 신드롬으로서 형식적 창의성이 선두에 서게 된다.

---

4. 들뢰즈 자신도 히치콕이나 오슨 웰스 등 몇몇의 할리우드 영화를 분석하고 있다. 하지만 프랑스 누벨 바그 감독들이 그러했듯이 히치콕을 모더니즘 영화 작가로 보고 있다.

5. 예를 들어, 칸 영화제 감독상에 빛나는 데이비드 린치의 ＜멀홀랜드 드라이브＞는 포스트모더니즘 영화의 전형을 보일 정도로 시간 이미지가 강화된다. 또한 타란티노 감독의 출세작 ＜펄프 픽션＞도 시간 이미지의 새로운 구성으로 평단의 찬사는 물론 타란티노 신드롬을 불러일으킬 정도로 대중적으로 성공하였다.

한국형 블록버스터가 발전하면서 할리우드의 주류 영화를 더욱 모방하게 되는데, 서사의 전개 방식이나 시각적, 청각적 기법뿐 아니라 영화의 구성 원리도 모방하게 된다. 한국의 영화 감독들이 기술적으로는 할리우드를 따라하더라도, 내용적으로는 한국적인 소재, 한국적 정서를 표현하고 있다고 주장하지만, 영화의 구성 원리 자체가 한국 영화의 정체성을 그대로 수용할 수 없게 만든다. 들뢰즈식으로 본다면, 시간 이미지의 강화와 이를 통한 운동 이미지의 복속화는 영화의 국가적, 지형적 배경을 느낄 수 있게 했던 정서 이미지의 간극을 해체해버려 지형적 맥락을 더 이상 인식할 수 없게 하는 탈영토화로 귀착된다.

한국형 블록버스터는 운동 이미지를 넘는 시간 이미지의 강화로 나아가고 있다. 그러나 이것이 들뢰즈의 주장과는 달리 이미지를 날 것으로 느끼게 할 정도로 창의적이고 해체적인 것도 아니고, 한국적 인식과 정서와 행동 이미지를 구축하는 한국적 정체성 형성의 방향으로 나가는 것도 아니다. 오히려 할리우드 영화에 편입된 기술로서의 시간 이미지를 모방하여 상투성을 강화시키고 있다.

블록버스터 영화가 시간 이미지를 강조하는 것은 과거에 비해 숏 수가 기하 급수적으로 늘어나는 데서 찾을 수 있다. 1980, 1990년대 후반 예술 영화로 <그 섬에 가고 싶다>나 <그대 안의 블루> 같은 영화가 100여 개 숏으로 구성되고 액션 영화도 150~200개의 숏으로 통상 구성되었던 데 비해 현재 블록버스터 영화는 500개 이상의 숏으로 구성되는 경우가 많다. 상영 시간이 연장된 것을 감안하더라도 단위 시간당 3~4배로 빠른 편집이 사용되고 있다.

또한 한국형 블록버스터는 편집 속도뿐 아니라, 개별 장면에서도 시간 이미지가 강조되고 있다. 이는 들뢰즈가 말한 지적 창의성을 위한 것은 아니고, 블록버스터 영화가 추구하는 시각 효과와 스타일의 강조를 위한 것이다. <친구>에서 보이는 화려한 액션과 자갈치 시장을 내달리는 시간 이미지의 강조는 정서 이미지의 상투성을 넘는 것으로 고안

되었지만, 그것이 한국적 정체성을 확립하는 창의성이 아니라, 블록버스터적 시청각 기호의 상투성으로 다가온다. <공동경비구역 JSA>의 도입에서부터 보이는 정연한 시각 구성과 플래시백을 적절히 조합한 시간 이미지의 강조에서 보이는 시각 효과의 상투성, <쉬리>에서 가장 적나라하게 보이는 장면화의 모방과 더불어 액션과 폭파 장면에서 보이는 시간 이미지의 강조는 블록버스터의 전형적 스타일로 각인되어 있다. <무사>의 전투 장면의 클로즈업과 슬로우 모션은 <글래디에이터>를 직접 모방한 시간 이미지의 강화이며, 리얼리즘을 강조한 <태극기 휘날리며>의 전투 장면도 사실상 유사한 시간 이미지의 구성을 보이고 있다. 이들 블록버스터 영화가 강조하는 시간 이미지는 창의적 스타일의 개발이 아니라 이미 주류 영화에 편입된 기법으로서의 시간 이미지가 모방된 것으로, 한국적 정체성을 와해하는 방식으로 작용한다는 것을 목격하게 된다. 한국적 소재의 개발로 주목을 받아 베를린 영화제 경쟁 부문에 올랐던 <공동경비구역 JSA>가 상영된 지 불과 20분도 안 되어 기자들과 관계자들이 거의 자리를 떴던 이유도 할리우드 주류 영화와 너무 유사하다는 반응 때문이었다(Ellie, 2003: 49~51). 블록버스터 영화가 상업적으로 성공했음에도 불구하고 국제 영화제나 평론계에서 외면당하는 것은 한국 영화의 운동 이미지와 시간 이미지의 상투성에서 기인한다.

영화의 국가 문화적 정체성을 논함에 있어 더들리 앤드루는 들뢰즈로부터 한 단계 더 나아가기를 제안하고 있다. 즉, 들뢰즈가 ≪영화≫ 1, 2권을 통해 영화의 구성 원리를 철학화시키면서 운동 이미지를 넘는 시간 이미지의 강조로 모더니즘 영화의 지적 공헌을 평가하고 있다. 이에 앤드루는 서아프리카 영화를 논하면서 운동 이미지를 넘는 시간 이미지로부터 한 단계 더 나아가 시간 이미지를 넘는 유목 이미지 *nomadic image*의 개발을 강조하고 있다(Andrew, 2000: 215~49). 유목 이미지는 들뢰즈가 자신의 책 ≪천 개의 고원≫에서 개념화한 유목민주의*nomadism*에서 출발한 것으로 시간 이미지를 넘는 지형적 맥락의 중요성을 강조한 것이다(Deleuze, 1987; 윤선희, 1998). 들뢰즈는 유목민주의에서 현대 사회 인간 해방의 가능성을 보았고, 앤드루는 유목 이미지에서 제3세계 영화의 정체성의 확립의 가능성을 기대하고 있다. 앤드루는 "유목민은 저항군적 개인주의자가 아니라, 소속감을 강하게 갖고 그들의 토지를 탐구하는 부지런한 학생"이라고 표현하고 있다(p.233). 서아프리카에서 1980~90년대 발표된 영화들에서 유목 이미지의 가능성을 평가하고 있다. 영상 기술적인 면에서 약하고 세계 영화계에서 작품성으로 평가를 못 받고 있지만, 그들 자신의 광활한 땅을 있는 그대로 드러내 놓고 있는 서아프리카 영화들에서 치밀하게 전개되는 운동 이미지나 시간 이미지의 형식 미학이 뒤떨어진다고 해도 그 차원을 넘는 유목 이미지의 아름다움과 독립적 정체성을 맛볼 수 있다는 주장이다.

한국형 블록버스터는 한국 영화의 기술적 발전과 관객 동원에 성공적으로 이바지하였는데, 운동 이미지의 치밀한 구성과 시간 이미지의 미학적 도약에 힘입어서이다. 한국형 블록버스터가 이루어 놓은 성과는 경제적 성공뿐 아니라, 제작, 배급 시스템의 변화, 이에 따른 영화의 내용의 변화까지를 수반한다. 한국 영화가 이룩한 성과는 결코 폄하할 수 없고, 영화 산업의 중요성은 과거로의 회귀를 향수할 만큼 한가한 것도 아니다. 하지만, 현재 한국 영화의 발전을 토대로 미래를 헤쳐 나가기 위해서는 섣부른 모방이나 흉내를 통해서 장기적인 발전을 이룰 수는 없다. 이번 연구에서는 보다 근본적인 차원에서 한국 영화의 나아갈 길을 모색하기 위해 시스템의 변화를 평가해 보고 이것이 내용에 미친 영향을 보다 심층적인 차원에서 평가하기 위해 영화 구성의 기본 원리인 시간 이미지와 운동 이미지를 통해 살펴보았다.

3. 한국 영화 산업과 할리우드의 영향

들뢰즈는 "두뇌는 스크린이다"라는 유명한 말로 영화가 단순한 오락의 수단만이 아니라, 인간 정신과 같이 구조화된 매개체로 인식하고 있다. 영화의 기본 구성 원리인 운동 이미지와 시간 이미지의 교차를 통해서 그것이 인간의 인식을 구조화하는 영화의 철학화를 시도하였다. 들뢰즈는 고전 영화에서 보이는 운동 이미지의 우월성을 넘어서 모더니즘 영화에서 보이는 시간 이미지의 우월성과 파격성이 고정 관념을 깨고 새로운 인식의 틀을 도모하는 문화적 혁명의 길이라고 인식했던 것으로 보인다.

한국 영화의 발전은 작은 문화 혁명이라고 불릴 만큼 세계를 놀라게 하면서 거세게 일어나고 있고, 세계 차원에서 문화적 연대를 도모할 만큼 저력을 보이면서 성장하고 있다. 한국 영화 점유율이 50%를 넘는 상황에서 스크린 쿼터를 둘러싼 논쟁은 더 이상 한국 내부에서만의 담론이 아니라, 세계 문화계의 담론으로 퍼져나가 할리우드에 대항한 세계적 문화 연대의 핵심에 설 만큼 영향력을 신장한 것이다.

과거 유럽의 많은 국가들이 힘을 모아 쟁투했지만 결국 성공하지 못했던 할리우드의 단단한 아성이 한국이라는 변방에서 그것도 세계 영화사에 기록될 만한 예술적 조류에도 끼지 못했던 곳에서 할리우드를 누르고 국산 영화가 성공하는 신기록이 거듭 갱신되고 있는 것이다. 한국 영화의 쾌거는 세계 영화계의 모델이 될 만한 문화 혁명의 작은 이적으로 기록되기에 부족함이 없다.

그러면, 이제 한국 영화가 할리우드에 맞서 이룩해 놓은 성과가 무엇인지 세계의 모델로서 성취한 족적이 무엇인지 꼼꼼히 따져볼 시점이다. 한국 영화의 양적 성장과 더불어 할리우드의 직접적인 압력에 대항해 이룩한 정치적 성과는 누구도 부정할 수 없다. 하지만, 실제 양적 성장과 정치적 저항 이면을 들여다보면, 할리우드의 권력에서 결코 자유롭지 못하다는 것을 발견할 수 있다. 이것이 푸코가 말한 새로운 개념의 권력의 작용, 또 포스트식민주의자들이 신세기에도 작용한다고 주장하는 제국주의적 권력의 양면성이라고 볼 수 있다.

포스트식민주의 시대의 국가간 권력 관계는 표면적으로는 거세게 저항하고 자주 독립을 부르짖지만, 보다 심층적 차원에서는 동화되고 모방하여 국가적 정체성이 와해되는 수순을 밟게 된다. 포스트식민주의적 양면성이 배태한 산물이 이른바 한국형 블록버스터이다. 한국형 블록버스터는 한국 영화의 양적 성장을 주도하여 자국 영화의 관객 동원률 50%의 신화를 창조한 주역이다. 한국형 블록버스터의 성장은 할리우드의 군침을 더욱 돌게 하여 정부간 직접적인 압박을 몰고 왔지만, 한편 이에 거세게 저항할 수 있는 한국 영화계의 입지를 허락하기도 하였다.

그러나 보다 심층적인 차원에서 한국형 블록버스터는 한국 영화의 정체성 위기를 갖고 오기도 하였는데, 이것은 시스템과 내용 두 차원에서 찾아볼 수 있다. 한국형 블록버스터의 성장으로 더 이상 예전의 한국 영화 시스템이 존속할 수 없게 되었다. 이것은 영화의 제작, 배급, 상영의 세 차원이 동시적으로 변화하는 계기를 마련하게 된 것이다. 제작비가 획기적으로 상승하였으며, 제작 인력이 과거 도제 시스템에서 계약 시스템으로 변화하고, 감독 중심에서 프로듀서 중심 시스템으로 변화하고 있다. 이는 할리우드를 모델로 한 것으로, 한국형 블록버스터가 할리우드를 모방하기 때문에, 시스템도 이에 따라 할리우드식으로 변화하게 된 결과이다. 배급 체계는 더욱 빠르게 변화하여 할리우드식의 메이저가 급부상하게 된다. 한국 내 영화 배급은 현재 시네마서비스와 CJ 엔터테인먼트 두 개의 메이저 중심으로 빠르게 재편되어 가고 있고, 이들은 할리우드 메이저와 같은 독점 체제를 구축해 나가고 있다. 상영도 멀티플렉스가 부상하면서 할리우드 방식의 광역 개봉으로 나가게 되고, 블록버스터 위주로 영화가 상영되면서 작은 영화들은 생존 방법이 막막한 실정이다. 한국의 메이저 회사들은 제작, 배급, 상영을 수직적으로 계열화하는 전통적 할리우드의 독점적 사업 방식을 따르고 있다.

한국 영화의 산업적 토대가 변화하면서 영화 내용의 변화도 초래하게 된다. 한국형 블록버스터의 대두는 시스템의 변화 이전에 이루어졌지만, 이것의 성공이 시스템과 내용 변화에 상승 작용하여 두 차원이 유기적으로 결합하여 발전하게 된 것이다. 한국형 블록버스터가 내용적 차원에서 할리우드의 모방인가에 대해서는 긍정론과 부정론이 동시에 존재한다.

이 장에서는 한국 영화의 개별 텍스트를 분석하고자 한 것이 아니고, 들뢰즈가 시도한 대로 영화의 구성 원리를 파악하여 이것의 지적이고 문화적 함의를 찾아내고자 한 것이다. 한국형 블록버스터는 주류 할리우드 영화의 운동 이미지와 시간 이미지의 기법을 모방하면서 영화 이미지가 갖는 독창성과 해방의 가능성을 사장시키고 있다. 들뢰즈가 평가했던 모더니즘 영화의 시간 이미지는 인지의 상투성을 뛰어 넘는 형식적 미학의 독창적 창조로 인식의 전환을 가지고 왔다. 한국형 블록버스터는 시간 이미지를 강조하면서도 이것이 이미 주류 영화에 정착된 상투성을 그대로 모방하면서 독창적 이미지 개발에는 성공하지 못하고 있다. 더 나아가 전통적 영화의 운동 이미지가 갖는 제한적 의미에서의 한국적 정서가 시간 이미지의 강조를 통해 더욱 사장되는 결과를 보인다. 들뢰즈가 말하고 있는 운동 이미지의 아바타인 정서 이미지가 시간 이미지의 강조로 약화되면서 한국적 배경과 상황, 정서의 묘사라는 측면 또한 약화되고 있는 것이다.

한국형 블록버스터가 문화 정체성의 문제를 가졌다고 하여 물론 과거로 회귀해야 한다는 것은 아니다. 과거 한국 영화 산업의 고질적인 비효율성, 군소성, 비인간적일 만큼 희생적인 도제 시스템이 찬양 받을 대상은 결코 아니다. 또한 과거 한국 영화의 상투적인 내용 전개와 시각, 청각적 효과의 저발전성이 한국 영화의 정체성을 의미한다는 주장도 아니다. 다만 한국 영화의 양적 성장과 정치적 저항의 성과는 인정하더라도, 할리우드 방식의 단순 모방이 아닌, 한국적 시스템을 개발하는 것과, 내용적으로도 한국적 영화의 다양한 발전이라는 질적 고려가 선행되어야 한다. 이런 의미에서 한국형 블록버스터가 가진 문화 정체성의 문제를 짚어보고자 하였다.

8

디즈니와 한국 애니메이션 산업의 역학

1. 애니메이션의 문화와 정치 경제학

애니메이션은 한국 영상 산업의 주축으로 전략적으로 진흥을 시도해 왔다. 이는 한국의 애니메이션이 산업 규모 면에서 세계 3위를 자랑하면서도 실제 창작 애니메이션의 기반은 취약한 기형적 구도에 대한 문제 의식에서 출발한다. 한국 애니메이션의 약점을 역으로 이용하여 장점으로 전환시키고자 하는 노력이다. 또한 애니메이션은 영상 문화의 중심을 점하는 기술적, 정치 경제적, 문화적 의미를 가지고 있다. 4장에서 논했듯이 애니메이션은 영상 산업 중에서 멀티유스의 성격을 가장 잘 나타내는 산업 분야라고 할 수 있다. 한국 사회의 문화적 분위기로 인해 애니메이션이 아직 주류 문화에 편입되지 못하고 있지만, 미래의 산업적, 문화적 전망은 매우 밝다고 할 수 있다.

그러나 한국의 애니메이션 산업은 낙관적 전망만 할 수는 없는 위치에 있다. 세계 영상 산업 구도의 변방에서 영상 문화의 역학 구도에 의해 독립적으로 성장하기에는 어려움이 따르기 때문이다. 물론 이것이 명시적 권력이나 억압으로 나타나는 것은 아니다. 세계 자본주의의 총체적 구도에서 선진 영상국의 종속적 위치를 점함에 따라 나타나는 현상이기 때문이다. 이는 포스트식민주의 이론에 의거하여 분석이 가능할 것이다.

이 장에서는 현대 사회에서 자본주의의 실천을 보다 구체적인 차원에서 조망하기 위해 디즈니 애니메이션의 생산 구조를 문화적 시각에서 분석하고자 한다. 특히, 디즈니의 한국 애니메이터들에 의해 생산되는 이른바 OEM 방식의 하청 생산은 후기 자본주의의 복합적 사회 현상을 노정하는 비근한 예라고 볼 수 있다. 이는 과거와 다른 포스트식민주의의 새로운 권력의 실천이며, 후기 자본주의의 정치 경제적 토대를 일상적 차원에서 드러내 주는 경험적 현실이다.

디즈니 애니메이션의 한국에서의 하청 생산 과정은 후기 자본주의에서 가치의 전유 과정과 이에 연루된 문화적 권력의 작용을 잘 예시해 준다. 디즈니는 논란의 여지없이 현재 세계적 문화 권력의 핵심이다. 커뮤니케이션 연구자들에 의해 디즈니의 문화 권력, 특히 문화 제국주의적 시각에서의 비판은 상당히 진전되어 왔다(Dorfmann & Mattchart, 1975; Ang, 1985). 문화 제국주의 논의에 따르면, 세계의 많은 사람들이 어릴 때부터 백설 공주나 도널드 덕의 이미지와 함께 자라면서 잠재 의식 속에서 사고 방식이 미국화되고, 그럼으로써 자국의 토착 문화의 자율성이 침해받는다는 것이다. 문화 제국주의적 논의에 대해 실증주의자들은 물론 비판 이론의 진영 내에서도 많은 문제점이 제기되어 왔다. 문화제국주의론의 가장 큰 문제점은 이론적 주장을 현실적으로 가시화시킬 방법론이 없다는 것이다. 문화 제국주의의 논의는 광범위하게 사변적이고, 간접적인 데이터를 기초로 하여 결론을 유추하는 경우가 많다. 이렇게 경험적으로 증명될 수 없는 가설은 이에 대치되는 현상에 의해 쉽게 부정되어 이론적 타당성을 잃게 된다.

일상성의 경험은 현상의 표피로만 인식할 수 없는 총체성의 맥락 속에서 논의되어야 한다. 그러므로 구조적 권력과 경험적 실천을 모두 고려하여야 하며, 중요한 것은 구조적 힘을 어떻게 일상적 실천의 차원으로 끌어올려 분석할 수 있는가이다. 좀더 구체적으로는 일상적으로 표면화되는 소비의 측면과 구조적 권력이 유추되는 생산의 측면이 따로따로 연구되는 경우가 대부분이었다. 커뮤니케이션 연구에서도 소비의 측면은 문화 이론에서, 생산의 측면은 정치 경제에서 대부분 연구되어, 서로 상대 진영의 이론적 타당성에 대해 공방을 벌이기도 한다. 연구의 대상이야 어떻든, 있는 그대로의 현실에 보다 총체적으로 접근하면서 '속류 경험주의'에 빠지지 않기 위해서는 마르크스주의와 포스트모더니즘의 기존 틀을 벗어난 대안적 이론틀이 필요하다. 들뢰즈와 가타리의 경우는 일상성의 문화적 실천 속에 드러난 구조적 권력의 문제를 다룬다는 면에서 매우 유용한 대안적 인식론의 틀을 제공하고 있다.

후기 자본주의의 변형된 생산 양식에 의해 경험하게 되는 정치 경제적, 문화적, 역사적 변화를 설명하기 위해서는 고전적 정치 경제학이나 텍스트 중심의 문화 연구를 뛰어넘는 새로운 이론틀이 필요하게 된다. 많은 학자들이 정치 경제와 문화 연구를 아울러 총체적으로 보기 위해 시도했지만, 외면적 합성에 그쳤던 것으로 보인다. 이에 인식론과 존재론의 차원에서 근본적인 문제 제기로부터 출발한 들뢰즈와 가타리의 이론은 성공적 사례를 제공한다. 그들은 마르크스의 자본론을 문화적, 심리적 시각에서 재해석하여 자본주의에 대한 새로운 이해를 도모한다. 즉, 이들은 자본주의의 언어와 심리를 읽음으로써 정치 경제의 이면을 이론화한 것이다.

들뢰즈와 가타리가 고안한 이론틀의 독창성은 이른바 구조주의자들이 보이지 않는 실체로 간주해왔던 '구조'를 파헤쳐 경험적 현실로 드러내 놓았다는 데 있다. 즉, 근대 이후 비판 이론의 인식론적 기반을 이룬 헤겔의 변증법이나 마르크스의 계급론은 현상이 아닌 그 이면의 구조적 실체가 현상을 지배한다고 인식되어 왔다. 이에 대항하여, 이른바

'포스트구조주의'는 현상 이면의 구조의 실체성을 강하게 부정하면서, 이에 연루된 지식/권력의 음모를 고발한다. '포스트 사상'은 과거 비판 이론가들의 주된 관심사였던 토대와 상부 구조의 상관 관계 혹은 비가시적 구조에 대한 탐구는 단지 부적절성을 지적하기 위한 목적 외에는 연구 대상으로 기피하여 왔다(Baudrillard, 1981). 대신 현상의 표피 그대로 드러난 일상성에 대한 탐구로 현실 인식의 새 지평을 열어왔다. 특히, 포스트모더니즘에 이르면, 인식론에 대한 논의도 접어두고 일상성과 현재성을 강조하게 되어, 현상 유지적 권력에 편승하는 또 다른 형태의 보수주의라는 오해를 불러일으키기도 했다.

들뢰즈와 가타리는 포스트구조주의 진영에 속하면서도 다른 이론가들과 대조적으로 구조의 문제를 연구의 핵심으로 삼으면서, 비가시적 구조 권력을 일상성 속에서 가시화시키는 방법론을 개발하고 있다. 이들의 방법론은 피상적 현상의 분석 수준을 넘어 철저한 인식론적 문제를 탐구하면서 경험적 현상에 접근하는 매우 사변적이면서도 경험적인 분석을 하고 있다. ≪앙티오디푸스≫와 ≪천 개의 고원≫에서 들뢰즈와 가타리는 자본주의라는 거대 구조를 보이지 않는 저변에서 가시성의 차원으로 끌어올려 일상성의 문화적 실천을 통해 논의하고 있다.

디즈니의 한국에서의 하청 생산은 식민주의나 신식민주의 이론으로 설명하기 어려운 복합적 성격의 권력 작용을 배태하고 있다. 자원이나 노동의 착취 같은 직접적 정치적 통치나 경제 변수보다는 문화적 요인이 간접적이나마 한층 강력하게 작용한다. 디즈니의 생산 과정은 마르크스식으로 말하면 '상부 구조'나 '교환 가치'가 이미 상부나 허구가 아닌 토대와 같은 수준에서 현실을 구성하게 되는 것이다(Marx, 1967: 47~60). 이런 의미에서 경제의 문화성 혹은 문화의 경제성과 같은 정치 경제와 문화의 상호 작용을 고려하는 것이 매우 중요해진다. 들뢰즈와 가타리의 틀을 빌어 본다면, 자본주의의 심리와 언어로 토대를 읽어내는 작업, 즉 20세기 후반을 풍미하는 정치 경제의 문화성을 규명하는 작업을 수행할 수 있게 된다.

2. 들뢰즈와 가타리 이론에 나타난 자본주의적 실천

들뢰즈와 가타리는 자본주의를 새로운 시각으로 접근하는데, 정치 경제의 문화적 맥락을 언어와 심리를 통해 읽어 내려간다. 이들은 구조주의의 기반이 되어왔던 본질론을 부정하면서, 어떤 형태의 자연적 유기체나 인간의 정체성을 인정하지 않는다. 그리하여 이들은 논란이 많은 주체의 정체성이란 개념 대신 기계라는 말을 즐겨 쓰게 된다.

그러나 개체는 고정된 정체성이 없는 이상한 것으로 기관이 없는 신체로 배회하면서 그가 소비한 상품의 몫만큼으로 정의되는 욕망의 기계의 주변을 언제나 서성이고 있다(Deleuze & Guattari, 1983: 16).

푸코와 같은 포스트구조주의 입장에서 들뢰즈와 가타리는 주체의 본질성을 인정하지 않고 주체는 시간과 공간의 맥락에서 구성되어 가는 것으로 본다. 반면, 다른 포스트구조주의 이론가들이 주체 구성에 모호한 입장을 보이는 데 반해, 들뢰즈와 가타리는 주체 구성이 어떻게 이루어지는가에 대해 명확한 입장을 보이고 있다. 그들은 포스트 사상가들이 흔히 회피하는 구조적 요인에서 주체 구성의 축을 찾는데, 욕망과 상품의 소비로 주체 구성의 과정을 설명하고 있다.

들뢰즈와 가타리는 주체를 구성하는 욕망은 실체적 성격을 가진 것이 아니라 환상이라고 보고 있다(p.25). 그러나 들뢰즈와 가타리가 욕망을 허위 의식과 같은 비현실로 보는 것은 아니고, 욕망은 현실을 생성하는 요인이라고 보고 있다.

> 만일 욕망이 생산한다면, 이의 산물은 현실이다. 만일 욕망이 생산적이라면, 현실 세계에서만 생산적일 수 있고, 현실만을 생산할 수 있다······ 욕망은 무언가를 결핍한 것이 아니다······ 오히려 욕망에서 결핍된 것은 주체이며, 고정된 주체를 결핍한 것이 욕망이다. 고정된 주체는 억압이 있을 때만 존재한다(p.26).

들뢰즈와 가타리에 따르면 현실을 생성하는 것은 주체가 아닌 욕망이다. 이는 마르크스가 스스로의 의지는 아니지만 인간 주체에 의해 현실이 구성된다는 입장이나 푸코가 현실을 구성하는 것은 권력이라고 보는 입장과 대조를 이룬다. 푸코는 권력을 억압으로서가 아니라, 생성적 권력이라는 새로운 개념으로 권력의 현실 구성을 강조하였다(Foucault, 1979). 현대 사상에 끼친 푸코의 막대한 영향력에 대해서는 이의가 없지만, 그가 강조한 권력의 개념은 그 자신도 인터뷰를 통해 고백했듯이 매우 모호한 개념이다(Foucault, 1980). 이에 비해 들뢰즈와 가타리는 욕망과 생산의 문제를 자본주의에 대한 재해석으로 접근함으로써 보다 명확한 입장을 노정하고 있는 것이다.

들뢰즈와 가타리는 자본주의에 대한 매우 독창적인 인식틀을 제공하는데, 사회 구조의 문제를 인간의 일상 생활에 대입하여 분석하고 있다. 이들의 분석틀은 마르크스의 전통적 토대－상부 구조의 분석틀에 비해 훨씬 경험적이라 볼 수 있다.

> 현실을 구성하는 사회적 생산을 별개로 하고 욕망의 생산은 단지 환상이라고 하는 것은 존재하지 않는다…… 화폐, 금, 자본과 자본주의의 삼각형을 한 축으로 하고, 리비도, 항문, 남근, 가족의 삼각형을 또 다른 축으로 완벽한 평행선이 형성된다면 말이다. 진실은 사회적 생산이 순수히 또 단순히 결정적 조건하에서 욕망 생산 자체라는 것이다(Deleuze & Guattari, 1983: 28~9).

들뢰즈와 가타리는 일반적으로 포스트구조주의자들이 회피하는 문제를 과감히 들고 나와 사회적 생산과 욕망이 일치하는 것으로 보고 있다. 사회적 생산과 욕망의 구조를 보기 위해 어떤 매개나 변증법적 현실 왜곡도, '상대적 자율성'의 논제도 필요없이 직접적 상관 관계를 천명하고 있는 것이다.

들뢰즈와 가타리가 마르크스 자본주의 이론의 기본틀을 전적으로 부정하고 있지는 않지만, 자본주의를 새로운 언어로 재해석하고 있다는 데 그들의 독창성이 있다. 이들은 "탈코드화된 흐름과 사회체의 탈영토화가 자본주의를 구성하는 가장 중요한 요소"라고 본다(p.34). 들뢰즈와 가타리의 난해한 개념인 탈영토화와 탈코드화를 마르크스의 역사적 분석에 대입하여 보면, 아마 이해에 도움이 될 것이다. 마르크스는 자본주의의 시작을, 농민을 영토로부터 내쫓아 임노동자로 변화시키는 원시적 축적에서 찾고 있다(Marx, 1967: 713~60). 마르크스가 ≪자본론≫과 자신의 초기 저작 ≪독일 이데올로기≫에서 강조하다시피, 이 단계에서 인간은 물질적으로 또 정신적으로 궁핍화하여 자신의 노동력을 파는 것 외에는 다른 수단을 아무것도 갖지 않는 프롤레타리아가 된다(Marx, 1970). 들뢰즈와 가타리가 탈영토화로 개념화한 것도 마르크스가 자본주의의 배아 단계의 역사적 구조를 분석한 것과 상통하는 것이다. 단, 들뢰즈와 가타리의 탈영토화의 개념은 원시 축적 이후 자본주의에서 지속적으로 재생산되는 영속적 개념이며, 물리적 토대에서뿐만 아니라 일상성의 문화적, 정치적, 사회적 측면에서 발생하는 실천적 개념이다. 들뢰즈와 가타리의 자본주의 분석에서는 탈영토화가 탈코드화가 동시적으로 진행되는데, 탈코드화(구체적인 예로는 마르크스 이론에서 교환 가치에 해당)의 힘은 현실의 재현 혹은 사용 가치를 넘어 지배적 권력을 형성하게 된다. 현대 사회에서 지배력을 발휘하는 문화 자본이나 화폐(금융)의 힘은 다름 아닌 자본주의의 탈코드화된 권력을 대변하는 것이다.

들뢰즈와 가타리는 언어와 심리를 통해 자본주의의 구조를 읽어, 마르크스가 말한 자본주의의 구조적 모순을 정신 분열증으로 진단한다.

> 우리가 말하고자 하는 핵심은 자본주의가 생산의 과정을 통해 정신 분열증적 에너지와 비용을 축적해 가는데, 이는 견뎌내어야 할 막대한 억압적 힘으로 내리누르지만, 한편 자본주의의 한계를 부여하는 역할을 지속적으로 수행한다(Deleuze & Guattari, 1983: 34).

여기서 들뢰즈와 가타리는 자본주의의 탈영토화와 탈코드화의 유통이 병적인 욕망과 권력을 배태한다고 보는 것으로, 이것이 정신 분열 증상을 노출시키는 것이다.

들뢰즈와 가타리의 이론틀을 종합해 보면, 마르크스주의에서 말하는 대로 전자본주의와 자본주의 간의 연속성을 주장한다. 그러나 마르크스의 생산 양식 5단계론과 대조적으로, 들뢰즈와 가타리는 역사를 4개의 양식, 혹은 이들 자신의 용어로 표현한다면, 4개의 '기계*machine*'로 묘사한다. 이는 원시적 영토 기계, 야만적 전제 기계, 원국가, 문명화된 자본주의 기계를 포함한다. 들뢰즈와 가타리는 4개의 역사적 기계를 심리적으로 접근하여, "정신 분열증은 자본주의 기계의 산물이며, 전제 기계에서는 조울증, 영토 기계에서는 히스테리의 증상을 보인다"고 주장한다(Deleuze & Guattari, 1983: 33). 이들의 사회 구조에 대한 심리적 진단을 보면, 역사적으로 사회가 발전할수록 정신병 증상은 히스테리에서 조울증, 정신 분열증으로 더욱 심각해진다는 것을 알 수 있다.

그림 8-1. 역사 발전의 언어와 심리

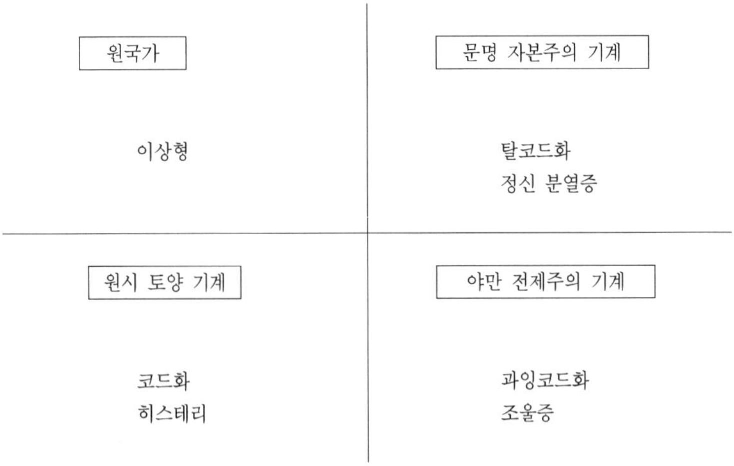

원국가	문명 자본주의 기계
이상형	탈코드화 정신 분열증
원시 토양 기계	야만 전제주의 기계
코드화 히스테리	과잉코드화 조울증

자본주의의 정신 병리적 현상인 정신 분열증은 근본적으로 탈영토화와 탈코드화를 통해 진행된 것이다.

> 욕망 생산은 처음부터 존재해 왔다. 사회적 생산과 재생산이 시작된 시점부터 욕망 생산은 존재해 왔다. 그러나 정확히 말해서 전자본주의적 사회 기계에 욕망은 본래적이다. 이들은 코드를 만들고, 욕망의 흐름을 코드화한다…… 자본주의는 탈코드화된 흐름을 바탕으로 형성된 유일한 사회적 기계이다. 이는 본능적 코드를 대체하여 화폐의 형태로 추상적 양으로 대치된다(p.139).

들뢰즈와 가타리에 따르면, 전자본주의 단계에서는 욕망과 권력이 코드화되는 반면 자본주의에서는 욕망과 권력이 탈코드화되어 정신 분열증적 증상을 보이게 되는 것이다.

들뢰즈와 가타리는 마르크스의 사회관이 집대성된 ≪자본론≫을 재해석하면서, 두 가지 요소를 지적한다.

> 탈영토화된 노동자는 자신의 노동력만을 [무기로] 가진 채 자유롭지만 헐벗은 상태에 있게 된다. 또한 탈코드화된 화폐는 자본으로 구축하고 구매력의 기반이 된다…… 생산자의 흐름과 화폐의 흐름…… 자유 노동자에게는 토지의 사유화에 의한 탈영토화, 생산 수단의 전유에 의한 탈코드화, 가족과 회사 간의 격리로 소비 수단의 상실, 노동 자체 혹은 기계로 대치되는 노동자의 탈코드화가 [부담된다]. 자본에 대해서는 추상적 화폐에 의한 부의 탈영토화, 상업 자본에 의한 생산 흐름의 탈코드화, 금융 자본과 공공 부채에 의한 국가의 탈코드화, 산업 자본의 형성을 통한 생산 수단의 탈코드화 등이 [진행된다](p.225).

위의 인용문에 나타나듯이 들뢰즈와 가타리는 마르크스가 노동과 자본에 대해 분석한 이론에 기본적으로 시각을 같이 하면서도 이를 새로운 언어와 개념으로 풀어 나가고 있다. 마르크스가 자본주의 모순을 계급의 문제로 환원시켜 본 반면, 들뢰즈와 가타리는 사회 관계의 심리적 언어적 측면을 강조하는 차이점을 보인다.

자본주의 사회에 고도로 진전되는 탈영토화는 후기 자본주의에 이르면 지나치게 고조되어 자본주의 체제 자체의 존립을 위태롭게 할 지경에 이르게 된다. 전통 마르크스주의의 정치 경제학에 따르면, 자본주의 체제의 붕괴는 이윤율 저하의 법칙에 의해 진행된다. 이윤율 저하의 법칙에 비추어 볼 때, 금융 자본주의는 자본의 유기적 구성을 최고도로 하는 생산 구조를 형성하여 체제의 위기를 가져올 조건을 구성하게 된다고 볼 수 있다(Hilferding, 1981). 들뢰즈와 가타리는 마르크스주의에서 주장하는 체제 붕괴의 과정에는 일반적으로 의견을 같이 하면서도, 전통 마르크스주의적 경제학자들이 간과하는 금융권의 영향력을 보다 면밀히 살펴봐야 한다는 문제 의식을 제기한다.

> 한편 전체 체계를 통제하고 욕망을 투자하는 기관은 은행이다…… 그러므로 마르크스주의 경제학자들이 생산 양식에 지나치게 집착하다 보니, ≪자본론≫ 첫 장에서 똑같이 강조되는 화폐의 이론을 금융계의 실천, 자금 운용, 신용 화폐 유통의 보다 구체적 측면을 간과하는 것은 불행한 일이다. 마르크스 화폐 이론에서 마르크스 자신의 의미로 돌아가야 한다 (Deleuze & Guattari, 1983: 230).

들뢰즈와 가타리는 마르크스 경제학자들이 생산 과정 혹은 실물 경제에 지나치게 집착하여 금융 과정, 화폐 경제의 측면을 간과하는 것에 불만을 나타내고 있다. 이는 마르크스주의자들의 구조주의적 인식론에 기인하는 것으로 금융 자본주의의 현상적 측면을 생산 양식의 본질론으로 자꾸 환원해서 보는 시각에서 기인하는 것이다. 들뢰즈와 가타리는 구조주의적 인식론을 넘어 현상에 지배적인 가치를 있는 그대로 인식하고자 하는 시각이다. 이로서 현재 사회 관계에서 가치를 창출하고 통제하는 에이전트로서 금융의 중요성을 강조하게 된 것이다.

들뢰즈와 가타리가 마르크스로의 회귀를 주장하고 있긴 하지만, 실제 분석에 있어 마르크스의 정치 경제학의 범위를 넘어 자본주의의 탈코드화된 실천의 측면을 다각도로 부상시키고 있다. 이들은 경제 체제의 문제뿐만 아니라, 사람들의 일상 생활을 통해 드러나는 탈코드화된 실천의 문제를 탐구함으로써 마르크스를 뛰어 넘어 구조와 실천의 문제를 다루는 인식틀을 제공하고 있다.

> 문명은 자본주의 생산에서 탈코드화되고 탈영토화된 흐름으로 정의될 수 있다…… 보편화된 탈코드화로 사유화는 동산과 부동산 생산 수단에만 발생하는 것이 아니라, '사적 인간' 자신의 오장육부도 사유화된다. 화폐적 성격의 추상화, 노동량의 추상화, 자본과 노동력간 관계와 재정의 흐름과 소득 혹은 지불 수단의 흐름 간의 관계의 무제한적 성격, 코드 자체 흐름으로 가정된 과학적 기술적 형태, 정체성을 구분할 수 없는 선과 점으로 시작되는 부유 형태[에도 사유화는 진행된다](pp.244~5).

들뢰즈와 가타리의 주장에 따르면, 자본주의적 실천은 사회 체계의 차원을 넘어 개인의 정신과 육체에 동시적으로 발생한다. 자본주의의 근거를 이루는 자본의 사유화는 물리적으로만 발생되는 것이 아니라, 인간의 정체성과 문화적 실천을 망라하여 전개된다는 것이 그들의 입장이다. 자본과 노동이라는 자본주의의 두 가지 큰 축은 추상화를 통한 문화적 사유화 과정을 거쳐 단위화된다. 자유 노동을 통제하는 최대의 수단인 임금의 지불도 거시 경제를 이끄는 재정의 흐름도 사유화로 단위화되며 이의 계산은 과학과 기술이라는 또 하나의 코드 체계로 사유화를 촉진하는 것이다.

결국 들뢰즈와 가타리는 정치 경제적, 인류학적 분석을 망라한 후 오이디푸스로 되돌아간다. 그러나 프로이드와 라캉의 오이디푸스 이론과 달리 그들은 오이디푸스를 "근친 상간이나 배설물의 흐름"에서 기인하는 것으로 보지 않고, "자본-화폐의 탈코드화된 흐름"(p.267)에서 기인하는 것으로 본다. 오이디푸스는 "자본주의를 구가하는 사회적 재영토화에 부합하는 개인적 사적 영토화"(p.266)를 뜻한다는 것이 그들의 입장이다.

자본주의 체제의 붕괴는 최소한 현재까지는 마르크스나 들뢰즈, 가타리의 예견에 따라 진행되지는 않았다. 마르크스주의적 경제학자들은 이윤율 저하의 법칙을, 들뢰즈와 가타리는 정신 분열증적 탈영토화를 체제 붕괴의 증상으로 보고 있지만, 이는 필연적 조건은 될지언정 충분 조건은 구성하지 못한다. 체제 붕괴의 혁명은 자본주의 핵심부에서 일어나지 않았으며, 자본주의는 여전히 건재한 모습으로 자기 보강에 힘쓰고 있다. 많은 학자들이 자본주의 체제 유지의 메커니즘을 연구해왔는데, 여기서 이를 상세히 다루는 것은 이 장의 초점과 맞지 않다. 단지 이를 요약하면, 체제 개혁, 국가 개입, 세계화, 생산 양식의 완화 이상 네 가지를 들 수 있다.

첫째, 체제 개혁의 메커니즘은 주류 경제학자들이 마르크스주의를 비판하면서 가장 활발하게 제기했던 것으로 자본주의의 자기 보정력을 강조한 것이다. 마르크스가 예견했던 체제 붕괴의 위기는 1930년대 대공황으로 발생했지만, 케인즈 경제학으로 자본주의는 자기 보정력을 가지고 회복되었다는 것이다. 둘째, 국가 개입주의는 케인즈의 거시 경제학이 국가 정책적으로 집행되어 자본주의 위기를 회복시키는 가장 강력한 요인으로 작용하였다는 것이다. 20세기 국가는 절대 왕권 이후 가장 강력한 권력을 행사했으며, 자유 시장과 어깨를 나란히 경제적 역할에 매진하고 있다는 것이다. 셋째, 주류 경제학자들이 케인즈 경제학과 국가의 경제적 역할에 의한 자본주의의 자기 보정력을 강조한다. 이에 비하여, 비판 이론가들은 자본주의 체제 자체의 개혁성은 부인하면서, 자본주의 모순이 세계적 차원으로 확대되면서 중심부의 위기가 탈출구를 찾는 세계화의 현상에서 요인을 찾고 있다. 종속 이론이나 월러스타인의 세계 체제 이론, 1980년대를 풍미했던 사회 구성체 이론과 1990년대 문화 연구에서 다시 고개를 든 포스트식민주의 논의는 모두 자본주의의 자기 심화 과정에서 배태한 세계 자본주의 구성을 논의하고 있다. 들뢰즈와 가타리도 자신들의 책에서 사미르 아민을 인용하면서, 세계 자본주의에 대한 논의에 한몫을 거들고 있다. 그들의 논의를 축약하면, 이윤율 저하의 법칙은 중심에만 적용이 되며, 이의 모순이 세계로 확산되어 주변부에는 탈영토화와 분열증이 심화된다는 논의이다(pp.231~2).

넷째, 자본주의 생산 양식의 변형은 최후의 보루이며 가장 강경한 수단이라고 볼 수 있다. 현재 세계는 정보 사회, 멀티미디어 시대, 영상 시대 등 새로운 시대의 장이 열리면서 전통적 자본주의 생산 양식이 변화되었다고들 한다. 변형된 생산 양식에서 핵심적으로 떠오르는 것이 바로 미디어 산업이다. 들뢰즈와 가타리의 틀을 빌어 설명하면, 미디어 산업은 화폐 가치를 창조할 뿐 아니라, 재영토화의 역할을 담당한다. 앞서 설명했듯이, 자본주의의 발전은 사람들을 그들의 본거지에서 추방시키는 원시적 축적으로 시작하여 끊임없는 탈영토화를 통해 발전되어 온 것이다. 이는 사람들의 정신을 황폐화시키고 소외를 심화시켰다. 탈영토화에서 비롯된 빈자리는 무언가에 의해 채워지기를 갈망하게 되는데, 이것이 욕망의 본체이다. '자본주의 기계'에서 탈영토화된 빈 공간은 유사 가치, 즉 시뮬라시옹을 통해 채워지는데, 이것이 재영토화의 과정이다. 미디어 산업은 자본주의의 탈영토화와 인민의 소외를 근간으로 하여 존재 이유를 갖게 되는데, 재영토화를 통해 화폐적 잉여를 창출하게 된다. 이렇듯 자본주의에서 진행되는 탈영토화와 재영토화는 동시적 과정이며, 재영토화로 창출된 욕망은 탈영토화를 다시 부추기게 된다.

미디어 산업 중에서 애니메이션은 가장 고도의 유사 가치를 창출하면서 재영토화를 촉구하는 산업이라고 이해할 수 있다. 여기서는 금세기 최고 시뮬라시옹의 창출자인 디즈니의 환상적 기호를 생산 과정에 접근하여 분해해 보고자 한다. 디즈니의 생산 과정은 후기 자본주의, 혹은 교환 가치와 화폐의 흐름이 지배하는 금융 자본주의 단계에서 변형된 자본주의 생산 양식의 면모를 보여 줄 것이다. 또한 미국에서 기획되고 한국인의 훈련된 손으로 그려지는 디즈니 애니메이션의 공정 과정은 자본주의 기계의 권력과 욕망이 세계적 차원에서 실현되고 있다는 것을 보여 줄 것이다. 또한 이를 통해 경제적이며 동시에 문화적 가치를 창출하는 후기 자본주의 생산 형태의 재영토화 과정을 보여 줄 것이다.

3. 디즈니와 한국 애니메이션 산업

보드리야르는 디즈니가 시뮬라시옹을 창조함으로써 환상은 디즈니 랜드에 한정되고 실제 세계는 유치함도 어리석음도 없다는 오인을 불러일으킨다고 역설하였다(Baudrillard, 1983). 시뮬라시옹은 과거의 권력과는 상이한 권력을 행사하는데, 즉 과거의 권력이 억압과 은폐를 위한 것이었다면, 시뮬라시옹은 억압이나 은폐가 아닌, 현실의 새로운 창조를 통해 권력을 발휘한다는 것이다. 이런 시각에서 보면, 디즈니 애니메이션은 새로운 현실, 혹은 파생 실재를 창조하는 가장 발전된 시뮬라시옹을 구성한다.

디즈니 애니메이션의 생산 과정을 보면, 특히 TV물인 경우 할리우드에서 기획되고 한국에서 제작되는 경우가 많다. 한국은 매출액 측면에서 보면, 미국과 일본 다음으로 세계 애니메이션의 세 번째 최대 생산국이다. 그러나 질적인 측면에서는 세계 시장에서 자체 제작력으로 보면 약소국 중 하나이기도 하다. 한국이 제작하는 애니메이션의 90% 이상은 디즈니, 워너, 폭스 등 할리우드와 일본의 하청 생산이다. 한국은 1960년대 후반 이후 하청 생산에 동원되어 왔다. 1960년대 후반은 미국이 값싼 노동력을 찾아 해외로 눈을 돌렸던 시기이고, 1970년대 들어와서는 일본도 '저패니메이션'의 창조에 한국의 노동력을 동원하기 시작하였다.

현재 한국의 애니메이션 산업에 종사하는 업체는 400여 군데에 이르고 있는데, 애니메이션 제작자협회에 등록된 업체가 76군데로 상대적으로 규모가 큰 편이고, 그 외 재하청을 통해 일부 애니메이션 공정 과정에 참여하는 군소 업체가 300여 군데가 난립하고 있다. 이들 400여 업체 중 제작 전 과정의 생산 능력을 갖추고 연간 20편 이상 안정적으로 제작하며, 고용 인원 100명 이상을 갖춘 A급 업체는 상위 여덟 군데 정도이다.

애니메이션 산업의 하청 구조로 인해 야기되는 첫 번째 문제점은 자생력을 가질 수 없다는 것이다. 앞서 들뢰즈와 가타리의 이론틀을 통해 설명했듯이, 탈영토화된 권력은 자본주의 구조나 생산품뿐 아니라, 주체 구성에까지 개입하여, 자율성 없는 주체를 양산해 낸다. 오랜 하청 생산의 종속성으로 인해, 한국 애니메이션은 자생력을 잃게 된 것이다.

둘째, 애니메이션 산업의 하청 구조가 야기하는 문제는 노동 문제이다. 디즈니 애니메이션을 OEM 방식으로 제작하는 업체는 한국 애니메이션 업체 중 최대 규모를 가진 A급 업체에 속한다. 한국 애니메이션 산업은 해외 투자나 수주에 의한 생산 형태의 전형을 보이는데, 가장 큰 특징은 고용의 불안정이다. 고용 인원 중 대다수는 파트 타임 계약직인데, 디즈니 본사와의 불안정한 계약 관계 때문에, 대다수의 고용 인원은 계약직으로 고용할 수밖에 없는 실정이다.

애니메이션 생산은 세계 자본주의의 노동 분화를 나타내는데, 디즈니 본사는 스토리와 캐릭터를 창조하고 한국의 OEM 업체는 레이아웃에서, 원화 동화, 채색, 선화, 촬영 등 노동 집약적 작업에 동원된다. 한국의 애니메이션 하청 산업은 노동 집약적인 산업이며, 노동력의 투입 대비 저임금 구조인 것을 알 수 있다. 이와 같은 하청 산업의 문제점으로 인해, 전문 교육을 받은 신진 애니메이터들은 업체에 진입하려 하지 않고 독자적인 노선을 걸으면서 어려움을 감수하고 있다. 이로 인해 창의성 소멸과 저임금의 악순환이 계속되는 것이 애니메이션 산업의 실정이다. 하청의 경제 구조 자체가 한국 애니메이션의 자생력을 싹부터 자르는 결과를 빚어내고 있다.

앞서 지적했듯이 후기 자본주의에서는 시뮬라시옹이 높은 물질적 이윤과 강력한 문화적 힘을 발휘한다. 한편 실재적 가치, 혹은 마르크스가 본질론으로 본 노동 가치는 격하되어 예나 지금이나 생계 수준을 넘지 못하고 있다. 노동력은 임노동자의 일반 조건보다 더욱 격하된 상태에서 불안정한 계약 관계와 더불어 단체 행동의 가능성이 제거된 상태에서 가치가 전이되는 것이다.

한편, 기술의 발전에 의해 한국의 애니메이터들은 더욱 위기감을 실감하고 있다. 애니메이션 제작 과정이 기술의 발전에 의해 점점 디지털화됨에 따라 애니메이션 산업에도 자본의 유기적 구성이 점점 높아지게 된다. 이에 따라 고용 인구는 급격히 줄게 된다. 한 제작사 관리자의 말에 따르면, 셀애니메이션 제작 과정에 동화와 채화가 디지털화됨에 따라 고용 인원의 3분의 1이 감소하게 될 것이라 한다.

디즈니와 하청 업체와의 관계도 권력의 측면을 노정하고 있다. 디즈니는 세계 자본주의의 노동 분업에 의한 가치 전유와 문화 권력을 발휘하면서 높은 수익률을 기록하고 있지만, 여러 가지 생산 관리 시스템을 도입하여 최소 비용으로 최대의 이윤을 내기 위해서 다각적인 노력을 기울이고 있다. 예를 들어 하청 업체에 대해서도 한국의 임금 수준이 과거에 비해 높아지자, 곧 중국, 필리핀, 베트남 등으로 더 값싼 노동력을 찾아 사업을 이전시키고 있다. 그 결과 한국 업체들은 불안정한 계약 관계에 의해 위기 의식을 느끼고 있다.

한국 애니메이션 제작사 관계자들은 'IMF' 위기를 겪으면서 애니메이션 산업이 일시적인 호황을 맞았다고 하는데, 애니메이션 OEM 업체 관리자들은 디즈니 본사에서 IMF를 기회로 제작비 수준을 낮추기 위해 압력을 가했다고 전한다. 디즈니 제작에 참여하는 OEM 업체들은 디즈니와 대등한 힘의 관계가 성립되어 있지 않기 때문에 계약 조건은 일방적으로 이루어진다. IMF 이전 10년 동안 하청 제작시 제작비는 거의 상승되지 않았음에도 불구하고, IMF 사태에 의해 달러의 가치가 높아지자, 제작비를 일방적으로 20~30%선에서 인하하는 계약을 디즈니 측에서 제안하여 제작사들은 이를 따를 수밖에 없었다고 한다.

셋째, 디즈니 애니메이션의 하청 생산 구조는 문화 권력의 작용에 의한 경제 구조의 모순을 심화시킬 뿐 아니라, 주체의 종속화를 심화시킨다. 애니메이션의 하청 생산이 노동 가치를 하락시키는 전형적인 마르크스주의 착취의 예로 보는 이도 있지만, 디즈니의 노동 가치 전유 방식은 포스트구조주의자들이 주장하는 간접적이고 미시적인 방식에 의해 통제된다. 들뢰즈와 가타리가 말한 대로 디즈니 애니메이션의 세계적 생산 과정은 탈코드화된 흐름의 전형을 보이고 있다. 디즈니의 생산 과정에서 노동 가치를 전이하고 노동자를 통제하는 수단은 가시적 힘이나 억압이 아니라 화폐의 흐름과 문화적 가치의 창출에 의해서이다. 이는 식민주의나 신식민주의에서 노동 가치를 탈취하는 방식과는 근본적으로 다르다. 마르크스가 주장하는 잉여 가치의 '절대적,' '상대적' 착취를 넘어 (Marx, 1967), 포스트식민주의기에는 새로운 가치를 창출함으로 가치를 전이하는 것이다. 이를 푸코의 권력 개념을 원용하여 '생성적' 착취로 부를 수 있다면, 탈코드화의 기제를 통해 새로운 가치를 끊임없이 창조함으로 잉여를 착취하는 방법이다. 문화 자본에 힘입어 디즈니는 가시적 억압 수단을 동원하지 않고 노동력을 통제하게 되고, 자신은 창조자로서의 우월적 위치를 견지하고 있는 것이다.

예를 들어, 한국의 애니메이터들이 과거 수십 년 간 디즈니 생산 과정에 참여하고 있지만, 이들은 선 하나 점 하나에 이르기까지 디즈니 본사에서 기획한 면밀한 주문을 따라 생산한다. 그 결과 수십 년의 경험에도 불구하고 한국 애니메이터들 스스로가 자체 제작을 할 수 있는 창조력은 축적하지 못하고 있다. 이는 미디어 산업이 21세기형 지식 산업임에도 불구하고 한국의 애니메이터들은 지식 생산 과정에서 철저하게 배제되어왔기 때문이다. 한편 하청 생산자들은 종속적 위치에서 생산한 작품에 자신을 동일화시키며, 물신주의적 경향을 보이기도 한다. 디즈니 OEM 업체 중 최대 규모를 자랑하는 에이콤의 경우, 디즈니가 아카데미 상을 받을 때는, 작품에서 자신은 이름 없는 존재임에도 불구하고 자신의 수상 경력으로 주장하기도 하였다.

　디즈니는 하청 기업의 애니메이터들의 모든 세부 사항을 일일이 점검하고 감시 감독한다. 디즈니의 경우 작품 수주를 줄 때는 통상 본사에서 현지로 슈퍼바이저를 파견하게 되는데, 작업 과정에서 빈번히 문제를 야기하기도 한다.[1] 이들 새로 진입하는 업체들은 여러 군소 업체에 재하청을 주어 비용을 줄이고 덤핑 등의 방법으로 과잉 경쟁을 초래하여 애니메이션 제작 시장을 교란시키는 경우가 많다는 것이 기존 제작사 관리자들의 불만이다. 이와 같이 생산 과정에서 발생되는 디즈니 파견 관리와 국내 하청 업체 직원 간의 개인적 관계가 다시 시장에 영향을 미치게 되는 일상 생활에서의 실천적 권력 작용을 목격하게 된다. 이는 앞서 들뢰즈와 가타리가 말한 대로 자본주의의 사유화의 과정이 자본뿐 아니라, 심리와 문화, 인간 자신의 사유화로 발생한다는 것을 알 수 있다. 이러한 일상 생활의 권력 관계는 다시 시장 구조에 직접적 영향을 끼치는 사실을 경험적으로 알 수 있게 된다.

　한국 애니메이션 제작자들은 산업의 체질 개선으로 자생력을 길러야 한다는 데는 의견을 같이하고 있다. 애니메이션 제작자협회 회장은 인터뷰 중에 한국의 애니메이션이 생존을 유지하기 위해서는 장기적으로는 창작 애니메이션을 육성시켜야 한다는 것이 제작자들의 입장이라는 것을 밝혔다. 또한 국제 시장에서 경쟁력을 유지하기 위해서는 고품질, 테크놀로지 개발로 새로운 방법의 제작 기술을 발전시켜야 한다는 의견을 개진하였다.

　그러나 현재 한국 애니메이션 산업은 새로운 제작 환경을 구축

---

1. 제작사의 한 관리자는 외국인 슈퍼바이저와 제작진과 갈등을 빚을 때가 종종 있다고 한다. 그의 말에 따르면, "한국 나와 있는 동안 편히 쉬면 되는데, 잘 모르면서 참견을 하다 보니 갈등이 생기죠."(1998년 3월 25일 오후 3시 B 제작사 관리자와의 인터뷰. 인터뷰 대상자들과의 약속에 의해 그들의 소속과 성명은 실명으로 밝힐 수 없음을 알리는 바이다.) B 제작사 외에도 A, D사 등 관리자들의 말에 따르면, 한국에 파견된 슈퍼바이저들이 주재 기간 동안 주로 통역을 맡은 여성 직원과 사귀거나 결혼하여 이들이 새로운 애니메이션 업체를 만드는 경우가 많다고 한다.

하는 데 많은 걸림돌이 있는 것이 현실이다. 앞서 논의했던 푸코의 생성적 권력이나 들뢰즈와 가타리의 탈영토화의 개념틀로 적용시켜 볼 때, 오랫동안 디즈니의 통제와 주문에 길들여온 순종적 신체와 정신이 갑자기 구조적 필요에 의해 체질을 개선하기는 힘들다. 이는 권력이 경제적 결정성에 따라 일관되게 구조화되는 것이 아니고, 일상적 실천에 의해 문화와 심리, 정신과 신체를 구성하는 현실 구성적 힘을 갖기 때문이다. 외국 하청 생산의 오랜 실천 과정을 통해 한국의 애니메이터들은 창작을 할 때도 디즈니나 저패니메이션의 탈코드화된 문화를 그대로 재현하고 있는 것이다.

넷째, 탈영토화된 디즈니 애니메이션 생산 과정의 모순은 영상 세대의 저항적 생산과 소비의 과정에서 대안을 기대해 볼 수 있을 것이다. 하청 업체를 주축으로 한 기존 업계가 자생력이나 자율적 주체 의식에 문제점을 노정하는 데 비해, 현재 재야에서 활동하고 있는 20여 개의 집단은 대항적, 독립적 제작 구도를 구성하고 있다.2 이들은 앞서 제기한 영상 문화에 억압적인 기성 문화의 로고스 중심주의에 저항하면서, 어린이용 유희 도구를 넘는 애니메이션의 새 지평을 확대해 나간다. 현재 사회적 지원이 없는 상태에서 고독한 작업을 계속하고 있지만, 영상 문화의 주체성을 찾기 위한 노력을 기울이고 있다. 즉, 캐릭터 디자인이나, 기술 개발뿐 아니라, 일본 만화에 대항하는 '우리 만화의 선 살리기,' 디즈니 만화 영화식의 유사 리얼리즘을 극복하기 위한 대항적 만화 구성 등에 힘쓰고 있다.3

이들 독립 애니메이터들의 시도는 기존의 탈영토화되고 탈코드화된 애니메이션 생산을 극복하기 위해 상실된 영토를 찾기 위한 노력으로 보인다. 이들은 단편 작품 제작에 힘을 쓰는 한편, 새로운 아이디어

---

2. 독립 애니메이터 J 감독과의 인터뷰. — 1998년 5월 21일.
3. 독립 애니메이터 K 감독과의 인터뷰. — 1997년 11월 25일.

와 기술 개발로 기존 매체에 애니메이션을 유용하기도 한다. 영화에 삽입되는 수초짜리 애니메이션이나, 광고 애니메이션, 최근 개봉된 영화의 프리뷰*preview*를 애니메이션으로 구성한 것은 그런 아이디어에 속한다. 이들 작품에 나타난 캐릭터나 동작은 기존 애니메이션의 전형적 형태를 벗어난 실험적인 작품이라는 것을 발견할 수 있을 것이다.

그러나 저항적 영상 세대의 대안 애니메이션의 구성이 모순 없이 진행되는 것은 아니다. 영상의 신세대를 길러내야 하는 교육 제도를 보더라도 이런 저항과 실험 정신은 배양될 수 없는 풍토에 있다. 현재 애니메이션에 대한 사회적 관심에 따라 피교육 인구는 한 해에 2000명을 배출할 만큼 급속도로 성장하였다. 5장에서 애니메이션 교육 현황에 대해 논의하였듯이 교수와 시설 설비의 미비함을 비롯하여, 비체계적인 교과 과정으로 인해 전문성에 큰 문제가 있다(윤선희, 1998). 결국 포스트자본주의에서 탈영토화된 애니메이션 생산의 모순은 체계화된 저항 운동 없이 몇몇의 독립 제작자들이 개인적인 차원에서 부딪치고 타협해야 하는 현실에 문제가 있는 것이다. 영상 세대 저항성에 의한 탈영토화의 복구 가능성과 방향성 설정은 앞으로 극복하고 해결해야 할 애니메이션 미래의 과제가 된다.

5. 한국 애니메이션의 정체성과 문화적 저항

포스트구조주의의 진영에서 경제 구조와 문화적 실천을 동시에 다루면서 현대 사상의 인식론적 배경을 근본으로부터 파헤친 들뢰즈와 가타리의 이론틀은 금세기의 위기를 인식하는 데 새롭고도 유용한 시각을 제공해 준다. 한편 방법론적인 면에서 들뢰즈와 가타리의 이론이 현실 문제를 분석하는 데 유용한 틀이 되는 이유는 구조적 권력의 해묵은 논쟁을 경험적 차원에서 분석할 수 있는 틀을 제공한다는 점에 있다. 그들은 자본주의 경제 구조와 같은 구조적 문제를 일상 생활 속에 전개되는 문화적 실천 속에서 찾고 있다. 우선 현대 사상가들이 비판하든 받아들이든 반드시 한 번은 짚고 넘어가야 할 마르크스의 이론을 자본주의의 심리와 언어를 통해 해독함으로써 재해석하고 있다. 들뢰즈와 가타리는 그들의 새로운 해석에 의해 자본주의를 정신 분열증으로 진단하고 있으며, 이는 자본주의의 시작부터 끊임없이 재생산되는 탈영토화와 탈코드화의 과정에서 원인을 찾고 있다.

들뢰즈와 가타리는 사회 구조와 욕망이 직접적 관계가 있다고 보고 역사의 발전을 심리적 기제와 언어의 체계로서 분석하고 있다. 이들은 마르크스주의의 토대－상부 구조나 1980년대를 풍미했던 사회 구성체의 복잡한 논쟁에 비해 훨씬 간단 명료한 논리로 사회의 변화를 진단하고 있는데, 그것은 들뢰즈와 가타리가 변증법적 매개나 상대적 자율성 같은 논의 없이 구조와 실천을 동일선상으로 놓고 보기 때문이다. 이들의 논의를 단순화시켜 본다면, 앞서 그림 8-1에서 보았듯이, 역사는 언어적 측면에서 부호화, 과부호화, 탈부호화의 과정을 거쳐 발전되었으며, 심리적 기제로 보면 히스테리, 조울증, 정신 분열증의 심화된 병리적 현상을 보이며 발전되어 온 것이라고 한다. 그렇다고 들뢰즈와 가타리가 마르크스와 같이 역사를 단계론적으로 인식한 것은 아니고, 인간이나 사회의 정체성을 부정하기 위해 그들은 사회도 본질성 (혹은 기관) 없는 기계로 보아, 관념적 모델인 원국가를 거쳐 원시 토양 기계, 야만적 전제 기계, 문명화된 자본주의 기계로 역사가 발전되어 왔다는 것이다.

자본주의가 발전할수록 병리적 심리는 더욱 깊어지고 정신 분열증은 극에 달해 체제의 붕괴를 초래하게 된다. 이에 체제를 유지하기 위한 다각적인 노력이 모색되는데, 이를 약술하면 체제의 개혁, 국가 개입주의, 세계화로 위기의 탈출구 마련, 생산 양식의 변형, 이 네 가지로 요약할 수 있다. 이 네 가지 기제는 동시적으로 진행되지만, 생산 양식의 변형은 가장 강력한 최후의 수단이 될 수 있다.

영상 산업은 생산 양식의 변형을 가져오는 첨병이 되는데, 이는 과거 에너지와 자원 집중적 산업에 대안적 생산 양식을 기반으로 할 뿐 아니라 새로운 형태의 가치를 생산하는 가치 생산적 지식 산업이기 때문이다. 이는 화폐 형태의 이윤을 낼 뿐 아니라, 문화적 가치 창출도 수반하는데, 들뢰즈와 가타리의 용어로 설명하면 탈영토화와 재영토화를 동시에 진행시키는 역할을 수행하는 것이다. 영상 산업 중에서도 애니메이션 산업은 고도의 탈코드화로 탈영토화와 재영토화를 효과적으로 진행시키는 콘텐츠 산업이다.

이 장에서는 디즈니의 한국에서의 하청 생산 과정을 통해 자본주의의 경제적이고 문화적인 권력 실천을 조망해 보았다. 디즈니는 이론의 여지없이 20세기의 환상을 이끌어온 꿈의 공장으로 인식되어 왔다. 디즈니 만화에는 선 하나 면 하나 색상 하나에까지 자본주의의 (탈)코드가 면밀하게 계산되어 수용되어 왔다. 디즈니 애니메이션의 수용 과정에서의 시뮬라시옹 효과와 더불어 생산 과정을 봐도 디즈니는 탈코드화를 극대화시켜 자본주의적 정신 분열증을 부추겨왔던 것이다. 디즈니 애니메이션은 생산 과정에서 갈가리 찢겨지고 분해되어 한국의 하청 업체에서 '기관 없는 신체,' 혹은 정체성 없는 개체의 유순한 손에 의해 창조성 없이 덧붙여지고 덧칠해졌다. 이런 탈코드화된 생산 과정은 디즈니가 우월적 창조자의 위치를 유지하도록 했으며, 경제적으로나 문화적으로 강력한 권력을 발휘하도록 하였다.

전 세계를 단위로 한 디즈니 애니메이션의 생산과 소비 과정은 탈코드화된 흐름에 의한 자본주의의 자기 변형 메커니즘을 여실히 보여주고 있다. 디즈니는 금융의 흐름과 문화 가치 같은 교환 가치의 관할에 의해 세계적 차원에서 생산을 관리하고 가치를 전이하여 왔다. 디즈니의 생산 관리는 마르크스가 말한 절대적, 상대적 잉여 가치의 착취에 의거하는 것이 아니라, 푸코의 권력 개념을 원용하면 '생성적' 가치 창출의 메커니즘에 의존하여 가치를 전이한다. 이는 주어진 가치의 착취가 아닌 탈코드화의 기제를 통해 가치를 끊임없이 생산하여 달성될 수 있는 것이다.

후기 자본주의에서 탈영토화된 생산 과정의 전형을 보이는 디즈니 애니메이션의 하청 구조는 정치 경제적, 문화적 차원에서 발휘되는 권력의 막다른 골목에 다다르게 해 이를 극복하는 것이 실로 어려운 것 같아 보인다. 대안의 가능성은 독립성과 자율성을 구가하는 영상 세대의 저항성에서 타진해 볼 수 있을 것 같다. 현재 독립 애니메이터로 활동하는 소수의 집단들은 상실된 한국 애니메이션의 영토를 찾기 위해 캐릭터나 배경의 디자인에서 우리 고유의 선 찾기에 노력하고 있다. 이들은 또 실험성과 예술성을 바탕으로 기술 개발과 아이디어 개발에 기치를 올리고 있다. 이들의 저항적 노력이 체계적 운동으로 결집되지 못하고, 개인적 차원에 그치고 있어 탈영토화되고 탈코드화된 현대 자본주의의 권력 작용을 다시금 실감케 한다.

참고 문헌

김경 (1998). "한국의 해외 직접 투자 유입과 유출의 산업적 결정 요인 분석,"
　　　 <경영학 연구>, 27권 1호, pp.241~61.

김경욱 (2002). ≪블록버스터의 환상, 한국 영화의 나르시시즘≫. 서울: 책세상.

김기현 (1999). "국가 효과가 외국인 투자 기업의 자본 구조 결정에 미치는 영향
　　　 에 관한 연구," <경영학 연구>, 27권 5호, pp.1195~212.

김성구 (1998). ≪자본의 세계화와 신자유주의≫. 서울: 문화과학사.

김소영 편 (2001). ≪한국형 블록버스터: 아틀란티스 혹은 아메리카≫. 서울: 현
　　　 실문화연구.

──── (2003). "해체에 나선 남성 감독들, 장도에 오른 여성 감독들," <씨네 21>,
　　　 통권 437호, pp.50~3.

김승현 (2000). "세계화와 국제 커뮤니케이션 연구의 새로운 문제틀," <한국 언
　　　 론 정보학>, 통권 14호, pp.89~114.

김재영·이재호 (2002). "외주 정책 10년의 평가와 선진 외국의 외주 실태," 문화
　　　 방송.

남인영 (1998). "블록버스터 또는 아이러니," <키노>, 11월호, pp.163~5.

박종훈·김광수 (2002). "전략적 제휴와 기업 생산성 간의 관계," <경영학 연구>, 31권 1호, pp.165~89.

방송진흥원 (1999a). <외주 제작 의무 편성 정책의 효과 및 개선 방향 연구>.

———— (1999b). <다매체 시대 영상 산업의 문호 개방과 국제 공동 제작>.

———— (1998). <영상 산업의 아시아 시장 진출을 위한 수출 전략 연구>.

서울산업진흥재단 (1998). <애니메이션 센터 운영 계획>.

손승혜 (2001). "아시아에서의 위성 방송과 국제 커뮤니케이션 논의의 패러다임 전환," <한국 방송 학보>, 15권 2호. pp.121~54.

송경희 (2002). <프로그램 제작비 지원 제도>. 한국방송진흥원.

스크린쿼터문화연대 (2000). 보도 자료.

CJ 엔터테인먼트 (2001). <Anual Report 2001>. CJ 엔터테인먼트.

영화진흥위원회 (2002). <영화 진흥 위원회 정책 보고서>. 영화진흥위원회.

윤선희 (1998). "디즈니 애니메이션에 나타난 영상 산업의 탈영토화와 탈코드화," <한국 언론 학보>, 43권 2호. pp.210~42.

———— (1998). "대중 음악의 영상 기호와 한국 청소년 문화의 노마디즘 공간," <언론과 사회>, 22호, pp.121~50.

———— (1998). "자본주의 거울에 비친 나르시시즘," <언론과 사회>, 가을호.

———— (1998). "창작 애니메이션 인프라 구축을 위한 제언," <한국 영상 산업과 영화 진흥을 위한 심포지움>. 영상원. 미발간.

———— (2001). "인터랙티브 방송 프로그램에 나타난 문화 권력," <한국 방송 학보>, 15권 2호, pp.197~232.

———— 외 (1997). <애니메이션 산업 육성 정책>. 한국방송개발원.

이경은 (2001). "한 민족, 두 국가의 비극적 서사를 노래하라," ≪한국형 블록버스터: 아틀란티스 혹은 아메리카≫. 서울: 현실문화연구, pp.155~78.

이영진 (2002a. 2. 1). "예술 영화부터 블록버스터, 모두 쿼터가 낳았다: 5인 대담," <씨네 21>. 통권 338호. http://www.cine21.co.kr

———— (2002b. 3. 21). "자율성 죽이면 문화는 탈난다: 영화인회의 이춘연 이사장

인터뷰," < 씨네 21 > . 통권 345호. http://www.cine21.co.kr

이현승 외 (2002). < 한국 영화 제작 환경 개선을 위한 연구 > . 영화인회의.

임동욱 (1997). "정보 통신 혁명과 초국적 정보 질서," < 한국 언론 학보 > , 42권
　　　1호, pp.199～231.

전규찬 (1999). "문화 개방의 시대 미디어 문화 연구와 문화 정책," < 한국 언론
　　　학보 > 43권 3호, pp.270～300.

정용준 (1999). "루퍼트 머독의 뉴 미디어 전략 연구," < 방송 연구 > , 통권 49호,
　　　pp.191～210.

최영 (1998). "OECD 가입에 따른 한국의 지역 및 세계 블록에서의 위치와 역할:
　　　커뮤니케이션 네트워크를 중심으로," < 한국 언론 학보 > , 43권 1호,
　　　pp.277～311.

한국문화정책개발원 (1997). < 국내 애니메이션 산업 육성 방안 > .

한국애니메이션창작자협회 (2003). < 애니메이션 정보 자료집 > .

한진만 (2003). "외주 제작의 현황 — 외주 정책의 현황과 대책," 독립제작사협회
　　　주관 세미나.

한창완 (2003). ≪저패니메이션과 디즈니메이션의 영상 전략≫. 서울: 한울아카
　　　데미.

허문영 (2003). "차승재라는 화두 혹은 나의 시선에 대해 근심하기," < 씨네 21 > .
　　　통권 438호, pp.36～40.

홍찬선 (2000). ≪주식 자본주의와 미국의 금융 지배 전략≫. 서울: 무한.

< 경향신문 > (2002. 6. 19). "영화관 사업이 뜬다," 17면.

< 국민일보 > (1999. 2. 20). "두 마리 토끼 잡은 블록버스터 < 쉬리 > 강제규
　　　감독 인터뷰," 32면.

< 대한매일 > (2000. 9. 1). "공동경비구역 JSA 박찬욱 감독 인터뷰," 18면.

< 동아일보 > (1998. 8. 31). "스크린 쿼터제, 한미 투자 협정 새 변수," 6면.

< 동아일보 > (2002. 9. 4). "복합 상영관 영토 쟁탈 전쟁," 35면.

< 씨네 21 > (2000. 10. 28). "박찬욱 감독 류승완 감독 인터뷰," http://www.cine21.co.kr

<조선일보> (2002. 1. 21). "스크린 쿼터 일수 축소 검토," 12면.

<키노> (2001. 3. 29). "친구의 곽경택 감독 인터뷰," 15면.

<한국일보> (1999. 3. 5). "쉬리 유사 할리우드 장르 전략의 성공," 15면.

nkino (2001. 6. 1.). "<친구>, 한국 영화의 모든 기록을 깬다." http://www.nkino.com

차승재·김승재 (2003). 제8회 부산 국제 영화제 세미나 토론.

문화관광부. 내부 자료.

공보처. 내부 자료.

플레너스 (2002). 내부 자료.

플레너스 (2003). http://www.plenus.co.kr

한국게임종합지원센터 (2000). 내부 자료.

한국인터넷멀티문화협회 (1999). 보고서.

Adam, I. & H. Tiffin. (eds.) (1990). *Past the last post: theorizing post-colonialism and post-modernism.* Calgary: University of Calgary Press.

Alexander, A. et al. (1993). *Media Economics.* N.J.: Laurence Publisher.

Amin, S. (1976). *Unequal development.* N.Y.: Montly Review Press.

Amsden, A. (1989). *The Asia's Next Giant.* Oxford: Oxford University Press.

Andrew, D. (2000). "The rooots of the nomadic: Gilles Deleuze and the cinema of West Africa," *The brain is the screen.* G. Flaxman (ed.). Minneapolis: University of Minnesota Press. pp.215~52.

Ang, I. (1985). *Watching Dallas: Soap Opera and the Melodramatic Imagination.* London: Methuen.

Ashcroft, B. et al. (eds.) (1989). *The Empire Writes Back: theory and practice in postcolonial literature.* London: Routledge.

────── et al. (eds.) (2000). *Post-colonial studies: the key concepts.* London: Routledge.

Bagdikian, B. (1992). *The Media Monopoly*. Boston: Beacon Press.

Balio, T. (ed.) (1985). *The American film industry*. Madison: The University of Wisconsin Press.

Barglow, R. (1994). *The Crisis of the Self in the Age of Information*. N.Y.: Routledge

Barthes, R. (1983). *Selected Writings*. S. Sontag (ed.). London: Fontana.

Baudrillard, J. (1981). *For a Critique of the Political Economy of the Sign*. St. Louis: Telos Press.

—— (1983). *Simulations*. N.Y.: Semiotext.

Baudry, J. (1975). Ideological Effects of the Basic Cinematographic Appratus Film Quaterly, pp.104～26.

—— & M. Cohen (eds.) (1999). *Film Theory and Criticism*. N.Y.: Oxford University Press.

Bell, D. (1984). *The Coming Post-Industrial Society*. N.Y.: Basic Books.

Bhabha, H. (1994). *The Locatation of culture*. London: Routledge.

Boehmer, E. (1995). *Colonial and postcolonial literature*. Oxford: Oxford University Press.

Bryton, D. (ed.) (2000). *Postcolonialism: critical concepts in literacy and cultural studies*. London: Routledge.

Compaign, B. (1982). *Whoo Owns the Media?: Concentration of Ownership in the Mass Communications Industry*. N.Y.: Knowledge Industry Publication

Deleuze, G. (1986). *Cinema 1: the movement-image*. Tomlinson & Habberjam (trans.) Minneapolis: University of Minnesota Press.

—— (1989). *Cinema 2: the time-image*. Tomlinson & Galeta (trans.) Minneapolis: University of Minnesota Press.

—— & F. Guattari (1983). *Anti-Oedipus: Capitalism and Schizophrenia*. Minneapolis: University of Minnesota Press.

—— & —— (1987). *A thousand plateaus: capitalism and schizophrenia*. Minneapolis: University of Minnesota Press.

Denzin, N. (1991). *Images of Postmodern Society*. CA: Sage.

———— (1995). *The Cinematic Society*. London: Sage

Derrida, J. (1978). *Writing and Difference*. London: Routledge.

Dorfman, A. & Mattelart, A. (1975). *How to Read Donald Duck: Imperialist Ideology in the Disney Comunication*. N.Y.: International General.

Ess, C. (ed.) (2001). *Culture, Technology, Communication: towards an intercultural global village*. N.Y.: SUNY Press.

Flaxman, G. (2000). *The brain is the screen*. Minneapolis: University of Minnesota Press.

Foucault, M. (1965). *Madness and civilisation*. N.Y.: Vintage Books.

———— (1972). *The archaeology of knowledge*. N.Y.: Pantheon Books.

———— (1977). *Discipline and punish: birth of the prison*. N.Y.: Vintage Books.

———— (1978). *The history of sexuality*. N.Y.: Vintage Books.

———— (1979). *Discipline and Punish: Birth of the Prison*. A. Sheridan (trans.). N.Y.: Vintage Books.

———— (1980). *Power/Knowledge: Selected Interviews and Other Writings 1972~ 1977*. Gordon (trans.) N.Y.: Pantheon Books.

Frank, A. (1979). *Dependent accumulation and underdevelopment*. N.Y.: Montly Review Press.

Gandhi, L. (1998). *Postcolonial theory: a critical introduction*. N.Y.: Columbia University Press.

Garnham, N. (1979). "Contribution to a Political Economy of Mass Communication," *Media, Culture, Society*. v.1 pp.123~46.

Gikandi, S. (1992). *Narration in the post-colonial moment: Merle Hodge's crick crack monkey. Past the last post*. (pp. 13~22)

Guback, T. (1969). *The International film industry: Western Europe and America since 1945*. Bloomington: Indiana University Press.

Habermas, J. (1989). *The Stuructural Transformation of the Public Sphere*.

Cambridge: MIT Press.

Heath, S. & T. Lauretis (1980). *The Cinematic Apparatus.* London: McMillan.

Hilferding, R. (1981[1910]). *Finance Capital.* London: Routledge.

IDATE, Sector Analysis (1998).

Johnson, S. (1997). *Interface Culture.* SF: Basic Books.

Kaplan, A. (ed.) (1990). *Psychoanalysis and Cinema.* N.Y.: Routledge.

Kress, G. & Leeuwen, T. (1997). *Reading Images.* London: Routledge.

Lacan, J. (1977). *Four fundamental concepts of Psychoanalysis.* London: Hogarth
Press.

Lenin, V. (1970[1916]). *Imperialism: The Highest Stage of Capitalism.* Peking:
Foreign Studies Press.

Litman, B. et. al. (1994). "Measuring diversity in US television programming," *Studies
in Boradcasting.* v.30. pp.131~53.

Luxemburg, R. (1951). *The accumulation of capital.* London: Routledge.

Marx, K. (1967) *Capital* Vol. 1. N.Y.: International Publishers.

―――― (1970). *German Ideology.* N.Y.: Greshau Press.

Metz, C. (1982[1975]). *The Imaginary Signifier.* Bloomington: Indiana University
Press.

―――― (1991). *Film Language.* Chicago: University of Chicago Press.

Modelski, Tania. (1988). *The Women who knew too much: Hitchcock and Feminist
Theory.* N.Y.: Methuen.

Mosco, V. (1996). *The Political Economy of Communication.* London: Sage.

Mulvey, L. (1975). "Visual Pleasure and Narrative Cinema," *Screen.* v.16, n.3, pp.6~
18.

Murdock, G. (1989). "Cultural Studies; Missing Links," *Critical Studies in Mass
Communication.* v.6 n.4, pp.436~40

Nandy, A. (1983). *The intimate enemy: loss and recovery of self under colonialism.*
Delhi: Oxford University Press.

O'donnell, G. (1979). *Modernization and bureaucratic-authoritarianism.* Berkeley: University of California Press.

Quayson, A. (2000). *Postcolonialism: theory, practice or process.* Cambridge: Polity Press.

Restivo, A. (2000). "Into the Breach: Between the movement-image and the time-image," In *The Brain is the screen.* pp.171～92.

Said, E. (1978). *Orientalism.* N.Y.: Pantheon Book.

Schiller, H. (1989). *Culture, Inc.* N.Y.: Oxford University Press.

───── (1996). *Information in equality.* N.Y.: Routledge.

Silverman, J. (1992). *Maile subjectivity at the Margins.* N.Y.: Routledge.

Singh, K. (1999). *Globalization of finance: a citizens' guide.* Zed Books; 김진구 옮김 (1999). ≪핫머니는 어떻게 세계를 지배하는가: 국제 금융 자본의 지배 전략과 시민 운동의 대응≫. 서울: 바다.

Smoodin, E. (ed.) (1994). *Disney Discourse: producing the Magic Kingdom.* N.Y.: Routledge.

Smythe, D. (1977). "Communication: Blindspot of Western Marxism," *Canadian Journal of Political and Social Theory.* v.1, n.3. pp.1～27.

Spivak, G. (1994). "Can the subaltern speak." In Williams, P. & Chrisman. (eds.) *Colonial discourse and post-colonial theory.* (pp.66～111) N.Y.: Columbia University Press.

Squire, J. (ed.) (1992). *The Movie Business Book.* N.Y.: Simon & Schuster

Studlar, G. (1988). *In the Realm of Pleasure.* Urbana: University of Illinois Press.

Wallerstein. (1974). *The Modern world system.* N.Y.: Academic Press.

Wasko, J. (1982). *Movies and Money: financing the American film industry.* N.J.: Ablex.

───── (1994). *Hollywood in the Information Age.* Texas: University of Texas Press

Willams, F. & J. Pavlik (eds.) (1994). *The People's right to know: media, democracy, and the information highway.* London: Lawrence Erilbaum.

Williams, P. & L. Chrisman (eds.) (1994). *Colonial discourse and post-colonial theory*. N.Y.: Columbia University Press.

Wilson, R. (2001). *Korean cinema on the road to globalization*; 김소영 편, ≪한국형 블록버스터: 아틀란티스 혹은 아메리카≫. 서울: 현실문화연구, pp.249~71.

Winston, B. (1996). *Technologies of Seeing*. London: British Film Institute.

Wolf, M. (1999). *The Entertainment Economy*. N.Y.: Random House.

Yoon, S. (1996). "Power Online: A Poststructuralist Perspective on CMC," *Philosophical Perspective on Computer Meidated Communication*. Charles Ess (ed.). Albany: SUNY Press.

Yoon, S. (2002). "Democratisation and restructuring the media industry in South Korea," *Media Development*. V.54 v.1, pp.23~8.